Bettina Leitner,
Fady German,
Stephan Procházka

Lehrbuch des Irakisch-Arabischen

Praxisnaher Einstieg in den Dialekt von Bagdad

Semitica Viva · Series Didactica

Herausgegeben von Otto Jastrow

Band 7

2021
Harrassowitz Verlag · Wiesbaden

Bettina Leitner,
Fady German,
Stephan Procházka

Lehrbuch des Irakisch-Arabischen

Praxisnaher Einstieg in den Dialekt von Bagdad

2021
Harrassowitz Verlag · Wiesbaden

Bibliografische Information der Deutschen Nationalbibliothek
Die Deutsche Nationalbibliothek verzeichnet diese Publikation in der Deutschen Nationalbibliografie; detaillierte bibliografische Daten sind im Internet über https://dnb.de abrufbar.

Bibliographic information published by the Deutsche Nationalbibliothek
The Deutsche Nationalbibliothek lists this publication in the Deutsche Nationalbibliografie; detailed bibliographic data are available on the internet at https://dnb.de.

Informationen zum Verlagsprogramm finden Sie unter
https://www.harrassowitz-verlag.de

Gedruckt auf alterungsbeständigem Papier.
Druck und Verarbeitung: Memminger MedienCentrum AG
Printed in Germany

ISSN 0935-7556
eISSN 2747-3481

ISBN 978-3-447-11592-6
Ebook ISBN 978-3-447-39091-0

Inhalt

Vorwort XV

Einleitung 1

Struktur des Lehrbuchs 1

Transkription und Abkürzungen 2

Die Laute des Bagdadischen 3

Ausspracheübungen 7

Wurzel und Schema 8

Sprachhistorische Anmerkungen 9

Lektion I 11

Texte 11

Text I/1: Begrüßung und Verabschiedung – *is-salām w-il-wadāʕ* 11

Text I/2: Sich vorstellen – *it-taʕāruf* 11

Text I/3: Am Telefon – *ʕa-t-talifōn* 12

Übung zu den Texten 12

Grammatik 12

1.1 Der bestimmte Artikel 12

1.2 Die unabhängigen Personalpronomen 13

1.3 Das Demonstrativpronomen für die Nahdeixis 13

1.4 Feminin und Maskulin 14

1.5 Nominalsätze 15

1.6 Existenz – „es gibt“ 15

Übungen zur Grammatik 15

Lektion II 19

Texte 19

Text II/1: Wie heißt du? – *š-ismak?* 19

Text II/2: Woher bist du? – *min wēn inti?* 19

Text II/3: Wie geht's? – *šlōnak? šlōnič?* 19

Text II/4: Wo wohnt ihr? – *wēn bētkum?* 20

Text II/5: Wo ist …? – *wēn …?* 20

Übung zu den Texten 20

Grammatik ... 21
2.1 Lautlehre ... 21
2.1.1 Betonungsregeln ... 21
2.1.2 Hilfsvokale ... 21
2.1.3 Ausfall von unbetonten Vokalen ... 21
2.2 Abhängige Personalpronomen – Pronominalsuffixe ... 22
2.3 Präpositionen (1) ... 24
2.4 Interrogativa ... 26
2.5 Attribute ... 27
2.6 Die Vokativpartikel *yā* ... 27
Wortfeld 1: Eigenschaften – *iṣ-ṣifāt* ... 28
Übungen zur Grammatik ... 28
Lektion III ... 33
Texte ... 33
Text III/1: Im Kaffeehaus – *b-il-kāfē* ... 33
Text III/2: Ich bin hungrig – *āni ǧūʕāna* ... 33
Text III/3: Wo ist das Hotel? – *wēn il-findiq?* ... 33
Übung zu den Texten ... 34
Grammatik ... 34
3.1 Der Plural von Nomen (1) – Externer Plural ... 34
3.2 Negation von Nominalsätzen ... 37
3.3 Die Wörter *šwayya, hwāya* und *kulliš* ... 37
3.4 Das Verb (1): Das Präsens ... 38
Die Flexionsaffixe des Präsens ... 38
3.5 Die Entsprechung von „wollen“ ... 42
Übungen zur Grammatik ... 42
Lektion IV ... 45
Texte ... 45
Text IV/1: Bagdadisches Frühstück – *rayūg baġdādi* ... 45
Text IV/2: In der Schule – *b-il-madrasa* ... 45
Text IV/3: Ein gewöhnlicher Tag – *yōm ʕādi* ... 46
Text IV/4: Studium oder Arbeit? – *dirāsa lō šuġuḷ?* ... 46
Übungen zu den Texten ... 46
Grammatik ... 47
4.1 Der Plural von Nomen (2) – Interner Plural ... 47
4.2 Kongruenz mit Pluralformen ... 47

4.3 Pronominalsuffixe bei femininen Substantiven ... 48
4.4 Negation des Verbs ... 49
4.5 Das Verb (2): Die Verlaufsform des Präsens ... 50
Wortfeld 2: Die Familie – *il-ʕāʔila* ... 50
Übungen zur Grammatik ... 52
Interne Plurale der bisher gelernten Wörter ... 54
Lektion V – Wiederholungslektion ... 57
Texte ... 57
Text V/1: Frühstück im Restaurant – *rayūg b-il-maṭʕam* ... 57
Text V/2: Woher kommt ihr? – *intu min wēn?* ... 57
Text V/3: Meine Familie – *ʕāʔilti* ... 58
Wortfeld 3: Im Haus gibt es … – *b-il-bēt aku* ... 58
Übung zu den Texten ... 59
Übungen zu Grammatik und Wortschatz ... 59
Lektion VI ... 67
Texte ... 67
Text VI/1: Alis Tochter – *bitt ʕAli* ... 67
Text VI/2: In der Mutanabbi-Straße – *b-šāriʕ il-Mutanabbi* ... 67
Text VI/3: Am Markt von Šōrğa – *b-sūg iš-Šōrğa* ... 68
Übungen zu den Texten ... 68
Grammatik ... 68
6.1 Demonstrativadverben ... 68
6.2 Das Verb (3): Das Perfekt ... 69
6.3 Präpositionen (2) – Präpositionen mit Suffixen ... 70
6.4 Die Entsprechung des deutschen Verbs „haben“ ... 73
6.5 Der Dual ... 73
6.6 Die Kardinalzahlen von 1 bis 10 ... 75
6.7 Die Zählplurale ... 76
Wortfeld 4: Geschirr und Besteck – *ġarāḏ̣ il-maṭbax* ... 76
Übungen zur Grammatik ... 77
Perfektformen der bisher gelernten regulären Verben ... 80
Lektion VII ... 81
Texte ... 81
Text VII/1: Die Stadt Bagdad – *madīnat Baġdād* ... 81
Text VII/2: Am Telefon 1 – *talifōn 1* ... 81
Text VII/3: Am Telefon 2 – *talifōn 2* ... 82

Text VII/4: Die Familie – *il-ʕāʔila* 82
Übungen zu den Texten 82

Grammatik 83
7.1 Die Kardinalzahlen von 11 bis 5.000.000.000 83
7.1.1 Die Zahlen von 11 bis 19 83
7.1.2 Die vollen Zehnerzahlen von 20 bis 90 83
7.1.3 Die Hunderter 84
7.1.4 Die Tausender 84
7.1.5 Die weiteren Zahlen 85
7.1.6 Zahlen über 100 mit Zehner- oder Hunderterstelle Null 85
7.1.7 Bestimmte Zählphrasen 85
7.2 Fragen nach dem Preis 86
7.3 Der Genitivexponent *māl* 86
7.3.1 Umschreibung des Genitivs 86
7.3.2 Die Form *māl* mit Suffixen 87
7.4 Das Verb (4): Die konkaven Verben 88
7.5 Das Verb „kommen" 88
7.6 Modalausdrücke 89
7.7 Kausalsätze („weil"-Sätze) 90
Wortfeld 5: Die Wochentage – *ayyām l-isbūʕ* 91
Wortfeld 6: Tageszeiten – *awqāt il-yōm* 91
Übungen zur Grammatik 92
Perfektformen der bisher gelernten konkaven Verben 96

Lektion VIII 97

Texte 97
Text VIII/1: Wie komme ich nach Khan Mirjan? – *iṭ-ṭarīq il-xān Mirǧān?* . 97
Text VIII/2: Eine Wegbeschreibung – *waṣif ṭarīq* 97
Text VIII/3: Wo gibt es eine Apotheke? – *wēn aku ṣaydaliyya?* 97
Text VIII/4: Was machen wir am Abend? – *š-insawwi b-il-lēl?* 98
Text VIII/5: Verkehrsmittel in Bagdad – *il-muwāṣalāt ib-Baġdād* 98
Übungen zu den Texten 98

Grammatik 99
8.1 Das Verb (5): Defektive Verben 99
8.2 Die Ordinalzahlen 99
8.3 Das Verb (6): Der Imperativ 101
8.4 Negation von Verben (Zusammenfassung) 102
8.5 Der unbestimmte Artikel *fadd* 103

8.6 Substantivische Attribute (Genitivverbindungen) 104
Wortfeld 7: Richtungen und Ortsangaben – *l-ittiğāhāt w-il-mawāqiʕ* 105
Übungen zur Grammatik 106

Lektion IX 113

Texte 113
Text IX/1: Wie spät ist es? – *is-sāʕa bēš?* 113
Text IX/2: Bist du aus Bagdad? – *inti min Baġdād?* 113
Text IX/3: *il-maqām il-ʕIrāqi* 114
Text IX/4: Im Handygeschäft – *b-il-maḥall māl mōbāyḷāt* 114
Übungen zu den Texten 115

Grammatik 115
9.1 Das Verb (7): Geminierte Verben 115
9.2 Das Verb (8): Abgeleitete Stämme 116
9.3 Der II. Stamm 116
9.4 Der V. Stamm 117
9.5 Objektsuffixe am Verb 118
9.6 Die Uhrzeit 120
9.7 Ergänzung zu den Fragewörtern 123
Wortfeld 8: Höflichkeitsformeln (1) – *ʕibārāt il-muǧāmala w-il-adab* 123
Übungen zur Grammatik 125

Lektion X – Wiederholungslektion 131

Texte 131
Text X/1: Meine neue Freundin – *ṣadīqti ğ-ğidīda* 131
Text X/2: Im Kaffeehaus – *b-il-gahwa* 132
Übungen zu den Texten 133

Übungen zu Grammatik und Wortschatz 134

Lektion XI 141

Texte 141
Text XI/1: Im Damenschuhgeschäft – *ib-maḥall māl aḥḏiya nisāʔiyya* 141
Text XI/2: Im Männermodengeschäft – *ib-maḥall il-malābis ir-riğāliyya* .. 141
Text XI/3: Umtausch – *tabdīl* 142
Text XI/4: Am Kleidermarkt – *b-sūg il-malābis* 143
Übungen zu den Texten 143

Grammatik 144
11.1 Indirekte Objektsuffixe 144
11.2 Das Verb „sein" – *čān / ykūn* 145

11.3 Das Verb (9): Abgeleitete Stämme: Der III. und der VI. Stamm 147
11.3.1 Der III. Stamm 147
11.3.2 Der VI. Stamm 147
11.4 Verben mit zwei Objekten und die Partikel *-yyā* 148
11.5 Adjektive vom Schema *afʕal* 150
Wortfeld 9: Farben – *il-alwān* 151
Wortfeld 10: Kleidungsstücke und Schuhe – *malābis w aḥḏiya* 152
Übungen zur Grammatik 154

Lektion XII 159

Texte 159
Text XII/1: Was spielen wir? – *š-nilʕab?* 159
Text XII/2: Wichtige Stadtteile von Bagdad
manāṭiq muhimma b-Baġdād 159
Text XII/3: Irakisches Essen 1: Vorspeisen – *akil ʕirāqi 1: il-muqabbilāt* 160
Übungen zu den Texten 161

Grammatik 162
12.1 Der Elativ und die Steigerung 162
12.1.1 Bildung des Elativs 162
12.1.2 Der Komparativ 163
12.1.3 Der Superlativ 164
12.2 Das Verb (10) – Assimilierte Verben des Grundstamms 165
12.3 Aktive Partizipien 165
12.3.1 Bildung der Partizipien 165
12.3.2 Verwendung der aktiven Partizipien 168
12.3.3 *čān* + Partizip 169
12.4 Das Verbalnomen (*maṣdar*) 169
12.5 Die Funktionen von *kull* 171
12.5.1 Alleinstehend 171
12.5.2 Mit unbestimmtem Substantiv 171
12.5.3 Mit bestimmtem Substantiv 171
12.5.4 Mit Possessivsuffixen 172
12.6 Der Diminutiv 172
Übungen zur Grammatik 173

Lektion XIII 179

Texte 179
Text XIII/1: Im Leihwagenbüro – *b-il-maktab māl taʔǧīr is-sayyārāt* 179

Text XIII/2: Am Gemüsemarkt 2 – *ib-sūg l-imxaḏḏar* ... 180
Text XIII/3: Eine Wasserpfeife bestellen – *tawṣiyat nargīla* ... 181
Übungen zu den Texten ... 182
Grammatik ... 183
13.1 Das Demonstrativpronomen für die Ferndeixis ... 183
13.2 Die Verlaufsform des Präsens mittels *gāʕid* ... 183
13.3 Das Verb (11) – Vierradikalige Verben ... 184
13.4 Relativpronomen und Relativsätze (1) ... 184
13.5 Temporalsätze ... 185
13.6 *gadd, ha-l-gadd* und *gadd-ma* ... 186
13.7 Das Adverb „fast" ... 187
Wortfeld 11: Hotel und Reise – *il-findiq w-is-safar* ... 187
Übungen zur Grammatik ... 188
Lektion XIV ... 193
Texte ... 193
Text XIV/1: Im Taxi – *b-it-taksi* ... 193
Text XIV/2: In der Moschee – *b-il-masǧid* ... 193
Text XIV/3: Irakisches Essen 2: Kuḅḅa – *akil ʕirāqi 2: il-kuḅḅa* ... 194
Übungen zu den Texten ... 195
Grammatik ... 195
14.1 Das Reflexivprononomen ... 195
14.2 „selbst" und „alleine" ... 196
14.3 „der-, die-, dasselbe" ... 196
14.4 Das Futur ... 196
14.5 Das Verb (12) – Der VII. Stamm ... 197
14.6 Das Passiv ... 198
14.7 Passive Partizipien ... 198
14.8 „dass"-Sätze ... 200
Wortfeld 12: Wichtige Körperteile – *aʕḏāʔ iǧ-ǧisim il-muhimma* ... 200
Übungen zur Grammatik ... 202

Lektion XV – Wiederholungslektion 207

Texte 207

Text XV/1: Flussfahrt auf dem Tigris
ǧawla b-il-ʕabbāra b-nahar Diǧla 207

Text XV/2: Noch einmal im Kaffeehaus – *marra lux b-il-kāfē* 208

Text XV/3: Irakisches Essen 3: Ein Rezept für Dolma
ṭarīqat taḥḏīr id-dōḷma 208

Wortfeld 13: Höflichkeitsformeln (2) – *ʕibārāt il-muǧāmala w-il-adab* 209

Übungen zu den Texten 210

Übungen zu Grammatik und Wortschatz 211

Lektion XVI 217

Texte 217

Text XVI/1: Ramadan und andere Feste – *Rumḍān w-il-aʕyād* 217

Text XVI/2: E-mail an meine Freundin Faraḥ – *īmēḷ il-Faraḥ ṣadīqti* 218

Text XVI/3: Eine Reise nach Mossul – *safra l-il-Mūṣil* 218

Übungen zu den Texten 220

Grammatik 222

16.1 Reziprozität „einander“ 222

16.2 Das Wort *ġēr* 222

16.3 Das Verb (13): Der IV. Stamm 223

16.4 Das Verb (14): Der VIII. Stamm 224

16.5 Relativsätze (2) 224

16.6 Kollektiv- und Einzelnomina sowie „Zählwörter“ 225

Wortfeld 14: Obst und Gemüse – *fākiha w-imxaḍḍar* 227

Übungen zur Grammatik 228

Lektion XVII 231

Texte 231

Text XVII/1: Wallfahrten nach Kāḍimayn und Najaf
ziyārāt il-Kāḍimayn w-in-Naǧaf 231

Text XVII/2: Dalias Geburtstag – *ʕīd mīlād Dālya* 231

Text XVII/3 ʕAli lernt Autofahren – *ʕAli da-yitʕallam isyāqa* 232

Übungen zu den Texten 233

Grammatik 233

17.1 Das Verb (15) – Der IX. Stamm 233

17.2 Das Verb (16) – Der X. Stamm 234

17.3 Hilfsverben 234

17.3.1 *gām* ... 234
17.3.2 *rāḥ* und *ǧā* ... 235
17.3.3 *buqa* und *ḏall* ... 235
17.4 Besondere Zeitausdrücke ... 235
17.4.1 „noch immer"/„noch nicht" ... 235
17.4.2 „nicht mehr" ... 236
17.4.3 „niemals" und „noch nie" ... 236
17.5 Reale Konditionalsätze ... 236
17.6 Ausdrücke der Unbestimmtheit ... 237
17.6.1 *čam* „ein paar" ... 237
17.6.2 Die Indefinitpronomen *wāḥid* und *aḥḥad* ... 237
17.6.3 *šī* „etwas" ... 238
17.6.4 *ayy* ... 239
17.6.5 *š-isma* „Dings" ... 239
17.7 Ausdruck von Beziehungen und Eigenschaften mit *abu* und *umṃ* ... 239
Wortfeld 15: Zustimmung und Ablehnung – *il-qubūl w-ir-rafuḏ* ... 240
Übungen zur Grammatik ... 241

Lektion XVIII ... 245

Texte ... 245
Text XVIII/1 Beim Arzt – *ʕidd id-diktōr* ... 245
Text XVIII/2 Visum verlängern – *taǧdīd il-vīza* ... 246
Text XVIII/3 Witze – *nukat* ... 246
Text XVIII/4 Abschied von Bagdad – *wadāʕiyyat Claudia* ... 247
Übungen zu den Texten ... 248

Grammatik ... 249
18.1 Irreale Konditionalsätze ... 249
18.2 Das Verb *xalla* „lassen" ... 249
18.3 Finalsätze ... 250
18.4 Wunschsätze ... 250
18.5 Doppelte Markierung von Objekten ... 250
18.6 Die Partikel *xō* ~ *xōb* ... 251
Wortfeld 16: Krankheiten und Beschwerden – *amrāḏ w mašākil ṣiḥḥiyya* 251
Übungen zur Grammatik und Wortschatz ... 253

Weiterführende Literatur ... 257

Vorwort

Das Interesse am Erlernen von gesprochenen Varietäten des Arabischen ist in den vergangenen Jahren enorm gewachsen. Lange Zeit auf akademische Forschung beschränkt, hat das Interesse an den im Alltag verwendeten arabischen Dialekten einen zunehmend größer werdenden Kreis von Leuten erreicht, was nicht zuletzt durch die inzwischen stark gestiegene Zahl von Arabisch sprechenden Menschen im gesamten deutschsprachigen Raum zurückzuführen ist.

Die diesem Lehrbuch zugrunde liegende Varietät ist der Dialekt der irakischen Hauptstadt wie er heute von jungen gebildeten Menschen gesprochen wird. Als Umgangssprache des kulturellen und administrativen Zentrums des Landes hat der Dialekt von Bagdad ein sehr hohes Prestige und wird daher im gesamten Irak nicht nur verstanden, sondern von vielen Bewohnerinnen und Bewohnern auch aktiv beherrscht.

Das Bagdadische ist zwar ein städtischer Dialekt, hat aber sehr viele Charakteristika der ländlichen, beduinisch geprägten Dialekte des Umlands aufgenommen. Die lokalen Dialekte des zentralen und südlichen Irak weichen nur unwesentlich vom Bagdadischen ab, das gilt auch für die Mundarten anderer Großstädte wie Basra, Nasiriya oder Najaf. Die Kenntnis des Bagdadischen ermöglicht im Allgemeinen auch eine problemlose Verständigung mit Sprechern und Sprecherinnen der Golfdialekte (Kuwait, Qatar, Emirate).

Es ist uns bewusst, dass ein Lehrbuch wie dieses nicht sämtliche Aspekte einer so reichen Sprache wie Irakisch-Arabisch gleichermaßen erfassen kann. Manches mag vermisst werden, anderes wiederum als zu detailliert erscheinen. Hinzu kommt, dass es sich hier um eine nicht standardisierte Sprachform handelt, die äußerst komplex und variantenreich sowie von ständiger Veränderung geprägt ist.

Unser herzlichster Dank ergeht an Professor Dr. Otto Jastrow, welcher der Idee dieses Lehrbuchs von Anfang an sehr positiv gegenüberstand und dieses schließlich in die erfolgreiche Reihe *Semitica viva* aufgenommen hat. Danken möchten wir auch unserer geschätzten Kollegin Gisela Kitzler für die vielen didaktischen Ideen, welche sie zu diesem Buch beigesteuert hat. Ein ganz großes Dankeschön geht auch an Frau Claudia Laaber, die mit bewundernswerter Akribie und viel Geduld das gesamte Buch durchging. Frau Julia Guthmüller vom Harrassowitz-Verlag hat die Drucklegung dieses Bandes betreut und viel zur Verbesserung des Layouts beigetragen, wofür ihr auch herzlich gedankt sei.

Alle, die dieses Buch zur Hand nehmen, wissen natürlich, dass der Irak seit nunmehr vielen Jahrzehnten ein von Kriegen und internen Krisen gebeuteltes Land ist. Wenn wir in den Texten ein „friedliches Alltagsleben“ schildern, wollen wir damit nicht unsere Augen vor der harten Lebensumständen der meisten Menschen im Irak verschließen. Aber trotz aller Widrigkeiten leben die Irakerinnen und Iraker auch ein normales Leben, welches eben auch Einkaufen, Feste, Ausflüge und den Besuch von Kaffeehäusern inkludiert. Es bleibt zu hoffen, dass sich die Alltagsituation für die Bewohnerinnen und Bewohner des Irak in näherer Zukunft verbessert und das Land mehr politische Stabilität und einen wirtschaflichen Aufschwung erlebt.

Bettina Leitner
Fady German
Stephan Procházka

Wien, im Jänner 2021

Einleitung

Struktur des Lehrbuchs

Das Lehrbuch ist so konzipiert, dass keine Vorkenntnisse des Arabischen (oder anderer semitischer Sprachen) nötig sind. Wie bereits im Vorwort erwähnt, wird hier jene Sprachform zugrunde gelegt, die von der jüngeren und gebildeten Generation in Bagdad gesprochen wird und häufig auch in den Medien gehört werden kann. Das heißt, es werden nicht nur Formen und Wörter des ursprünglichen Dialekts, sondern auch die zahlreichen Einflüsse der arabischen Hochsprache berücksichtigt. Dies hat den Vorteil, dass damit auch über Themen gesprochen werden kann, für welche dem reinen Dialekt das entsprechende Vokabular fehlt.

Insgesamt ist dieses Lehrwerk auf 18 Lektionen angelegt. Neben Texten und Übungen enthält es eine umfassende Beschreibung aller wichtigen grammatikalischen Regeln. Eine Liste mit weiterführender Literatur zur Grammatik und zum Wortschatz des Irakisch-Arabischen findet sich am Schluss des Buches. Jede fünfte Lektion ist als Wiederholungslektion konzipiert und enthält keine neue Grammatik. Im Durchschnitt werden pro Lektion etwa 70 bis 80 neue Wörter eingeführt, womit den Lernenden am Ende ein Grundwortschatz von knapp 1.500 Wörtern zur Verfügung steht. In vielen Lektionen wird zusätzlich dazu ein spezielles Wortfeld vorgestellt, das auch zum Lernstoff gehört.

Erklärungen zu den Texten, Vokabellisten zu den einzelnen Lektionen und eine Zusammenstellung sämtlicher Konjugationstabellen befinden sich nicht im Buch selbst, sondern können von der Webseite des Harrasowitz-Verlags heruntergeladen werden [www.harrassowitz-verlag.de]. Dieses Supplement enthält auch ein Glossar Irakisch-Arabisch–Deutsch sowie Lösungen zu den meisten Übungen. Alle Wörter können auch online über die Webseite des „Vienna Corpus of Arabic Varieties" (VICAV) der *Österreichischen Akademie der Wissenschaften* (ÖAW) auf Arabisch, Deutsch und Englisch abgefragt werden. Dies macht das oft mühsame Suchen von vergessenen Wörtern in den Glossaren überflüssig. Die derzeit gültige Webadresse ist https://vicav.acdh.oeaw.ac.at/baghdad (falls diese nicht funktioniert, ist die Seite über http://hdl.handle.net/21.11115/0000-000D-F809-2 erreichbar).

Aufgrund unserer eigenen Erfahrung kann der Stoff dieses Buches bei einer Intensität von drei bis vier Unterrichtsstunden pro Woche in eineinhalb bis zwei Jahren durchgearbeitet werden. Da sämtliche Texte und Dialoge auf der oben angegebenen Webadresse der ÖAW auch als Audiodateien zur Verfügung stehen werden, ist eigenständiges Lernen durchaus möglich. Es sei jedoch darauf hingewiesen, dass das Lehrbuch nicht dezidiert für autodidaktischen Unterricht verfasst wurde.

Im gesamten Lehrbuch wird das Arabische in lateinschriftlicher Transkription wiedergegeben. Eine konsequente Verwendung der arabischen Schrift zusätzlich zur Lateinschrift hätte den Umfang des Buches um gut ein Drittel vergrößert, ohne für Lernende wirklich viel zusätzlichen Nutzen zu bringen. Denn der schriftliche Gebrauch des Dialekts ist mehr oder weniger auf den privaten Gebrauch in den *social media* beschränkt. Der Hauptgrund für die Verwendung einer Transkription ist und bleibt jedoch der Umstand, dass eine Schrift, die sämtliche Laute inklusive der Vokale eindeutig wiedergibt, für Lernende wesentlich besser geeignet ist. Wer bereits Hocharabisch kann, wird geschriebenes Bagdadisch ohne Probleme erfassen und auch selbst produzieren können.

Transkription und Abkürzungen

Die in diesem Lehrbuch verwendete Transkription richtet sich im Großen und Ganzen nach dem Umschriftsystem der Deutschen Morgenländischen Gesellschaft (DMG). Wie in der arabischen Dialektologie üblich werden jedoch *x* statt *ḫ* sowie *ay* und *aw* statt *ai* und *au* verwendet. Außerdem werden durchgehend *iyy* und *uww* statt *īy* und *ūw* notiert. Die Laute *ʕAyn* und *Hamza* werden durch die beiden Zeichen *ʕ* und *ʔ* wiedergegeben, damit sie auch im Schriftbild klarer als vollwertige Konsonanten erkennbar sind. Am Wortanfang schreiben wir *ʔ* nur in Wortfugen wie z.B. *b-ʔawwal yōm* „am ersten Tag", da es sonst im Satzinneren oft nicht artikuliert wird.

Die Transkription ist mit wenigen Ausnahmen morphophonemisch, das heißt, dass in manchen Fällen auf die Wiedergabe der tatsächlichen Lautung verzichtet wurde, damit die zugrunde liegende Wortstruktur sichtbar bleibt. Dies betrifft insbesondere die reduzierte Aussprache verdoppelter Konsonanten in geschlossenen Silben sowie partielle Assimilationen (wir schreiben *tdarrsūn* „ihr lehrt", obwohl die tatsächliche Aussprache [ddarsuːn] ist).

Vor allem in schneller Rede kommt es häufig zu Assimilationen zwischen Konsonanten. Diese berücksichtigen wir nur in morphologisch fixen, insbesondere derivierten Formen, z.B. im V. Verbalstamm (*tṣawwar* ~ *ṣṣawwar* „er stellte sich etw. vor"), nicht jedoch in der Flexion (also immer *tdursīn* „du (F) lernst", obwohl die Aussprache meist *ddursīn* ist).

Um die Transkription übersichtlicher zu machen, werden Eigennamen von Personen sowie auch Ortsnamen großgeschrieben. Bestimmte Partikeln wie zum Beispiel der Artikel, manche unbetonte Präpositionen (z.B. *l-*, *b-*, *mn-*), Verbmodifikatoren (*da-*, *raḥ-*), enklitisches *š-* „was?“ und die Konjunktion *w-* „und“ (s.u. den Abschnitt über Halbvokale) werden graphisch durch einen Bindestrich vom nachfolgenden Wort abgetrennt. Um den Artikel *il-* vom gleichlautenden Relativpronomen zu unterscheiden, wird letzteres ohne Bindestrich geschrieben. Ebenfalls ohne Bindestrich werden die häufig betonten Negationen *ma* und *la* geschrieben.

In den Texten und Dialogen werden auch Interpunktionszeichen wie Beistriche und Gedankenstriche verwendet, damit die grammatikalischen Strukturen deutlicher zu erkennen sind.
Abkürzungen für grammatikalische Termini sind:

K	für Konsonant
v/v̄	für kurzer bzw. langer Vokal
SG	Singular
PL	Plural
M/F	maskulin/feminin
KOLL	Kollektivnomen
VN	Verbalnomen (*maṣdar*)

Die Laute des Bagdadischen

Konsonanten

Der Dialekt von Bagdad besitzt (mindestens) 32 Konsonanten, also mehr als das Hocharabische. Manche davon kommen allerdings nur in Lehn- und Fremdwörtern vor. Die richtige Aussprache einiger für das Arabische typische Konsonanten stellt für Lernende eine gewisse Hürde dar. Dazu gehören insbesondere bestimmte Rachenlaute sowie die sogenannten emphatischen Laute, welche in der Transkription durch einen Punkt darunter gekennzeichnet werden (also /ṭ/ neben /t/). Diejenigen, die sich bisher noch nicht mit dem Arabischen beschäftigt haben, sollten die folgenden Ausspracheübungen gut durcharbeiten. Wer bereits Hocharabisch oder einen anderen Dialekt beherrscht, wird keinerlei Schwierigkeiten haben, die Laute des Bagdadischen adäquat auszusprechen.

Die folgende Liste enthält alle Konsonanten in der Reihenfolge ihrer Artikulationsstelle von vorne (Lippen) nach hinten (Stimmritze). In der ersten Spalte findet sich das in diesem Buch verwendete Transkriptionszeichen, in der zweiten die IPA-

Lautschrift, in der dritten (falls vorhanden) der entsprechende arabische Buchstabe gefolgt von einer phonetischen Definition sowie einer Erklärung.

b	[b]	ب	stimmhafter bilabialer Okklusiv; entspricht in etwa deutschem /b/, z.B. *bāb* „Tür“
ḅ	[ᵬ]		stimmhafter velarisierter bilabialer Okklusiv, z.B. *ḅāḅa* „Papa“
p	[p]	پ	stimmloser bilabialer Okklusiv; entspricht in etwa deutschem /p/, z.B. *panka* „Ventilator“
v	[v]	ڤ	stimmhafter labiodentaler Frikativ; kommt nur in Fremdwörtern vor und entspricht deutschem /w/ in „Wasser“, z.B. *vīza* „Visum“
f	[f]	ف	stimmloser labiodentaler Frikativ; entspricht dem deutschen /f/, z.B. *ḥafla* „Party“
w	[w]	و	stimmhafter bilabialer Halbvokal; entspricht englischem /w/ in „water“ und unterscheidet sich daher vom deutschen /w/, z.B. *wēn* „wo?“
m	[m]	م	stimmhafter bilabialer Nasal; entspricht deutschem /m/, z.B. *miyya* „100“
ṃ	[ᵯ]		stimmhafter velarisierter bilabialer Nasal, z.B. *ṃayy* „Wasser“
d	[d]	د	stimmhafter postdentaler Okklusiv; entspricht in etwa deutschem /d/, z.B. *daris* „Lektion“
ḍ	[ᵭ]	ض, ظ	stimmhafter velarisierter interdentaler Frikativ, z.B. *marīḍ* „krank“, *ḍuhur* „Mittag“
ḏ	[ð]	ذ	stimmhafter interdentaler Frikativ; wie englisch /th/ in „this“ , z.B. *ḏahab* „Gold“
t	[t]	ت	stimmloser postdentaler Okklusiv; entspricht in etwa dem deutschen /t/, z.B. *tamur* „Datteln“
ṯ	[θ]	ث	stimmloser interdentaler Frikativ, *ṯūm* „Knoblauch“
ṭ	[ᵵ]	ط	stimmloser velarisierter postdentaler/alveolarer Okklusiv; hartes /t/ mit gepresster („emphatischer“) Aussprache, z.B. *ḥaṭṭ* „er legte“
n	[n]	ن	stimmhafter postdentaler Nasal; entspricht deutschem /n/, z.B. *nāmat* „sie schlief“
s	[s]	س	stimmloser alveolarer Sibilant; entspricht in etwa dem deutschen scharfen ß, z.B. *hassa* „jetzt“
ṣ	[ᵴ]	ص	stimmloser velarisierter alveolarer Sibilant; scharfes ß mit gepresster („emphatischer“) Aussprache, z.B. *waṣṣaw* „sie bestellten“
z	[z]	ز	stimmhafter alveolarer Sibilant; entspricht dem stimmhaften deutschen /s/ im Wort „Rose“ oder englischem /z/ in „zoom“, z.B. *ziyāra* „Besuch“

ẓ	[z̴]		stimmhafter velarisierter alveolarer Sibilant, stimmhaftes /z/ mit gepresster („emphatischer“) Aussprache, z.B. *ẓalāṭa* „Salat“
l	[l]	ل	stimmhafter alveolarer Lateral; entspricht deutschem /l/, *ḥilu* „schön“
ḷ	[ɫ]		stimmhafter velarisierter alveolarer Lateral, z.B. *gabuḷ* „vor“
r	[r]	ر	stimmhafter alveolarer Vibrant; ist immer als Zungen-r zu artikulieren, z.B. *riğğāl* „Mann“
ṛ	[r̴]		stimmhafter velarisierter alveolarer Vibrant, z.B. *waṛa* „hinter“
š	[ʃ]	ش	stimmloser präpalataler Sibilant; entspricht deutschem /sch/, z.B. *šamis* „Sonne“
ğ	[ʤ]	ج	stimmhafte dental-palatale Affrikate; entspricht deutsch /dsch/, z.B. *ğamal* „Kamel“
č	[ʧ]	چ	stimmlose dental-palatale Affrikate; entspricht dem /tsch/ in „deutsch“, z.B. *čāy* „Tee“
y	[j]	ي	stimmhafter mediopalataler Halbvokal; entspricht in etwa deutschem /j/, z.B. *yōm* „Tag“
g	[g]	گ	stimmhafter postpalataler Okklusiv; entspricht deutschem /g/ in „Gans“, z.B. *gilit* „ich sagte“
k	[k]	ك	stimmloser postpalataler Okklusiv; entspricht in etwa deutschem /k/, z.B. *Karbala* „Kerbela“
ġ	[ɣ]	غ	stimmhafter velarer Frikativ; stark gerolltes Zäpfchen-r, z.B. *Baġdād* „Bagdad“
x	[x]	خ	stimmloser velarer Frikativ; entspricht dem hinteren deutschen /ch/ wie im Wort „Bach“ (aber nie wie /ch/ in „ich“) , z.B. *xubuz* „Brot“
q	[q]	ق	stimmloser uvularer Okklusiv; sehr weit hinten artikuliertes /k/; nie wie deutsch /qu/ auszusprechen, z.B. *qalam* „Stift“
ʕ	[ʕ]	ع	stimmhafter pharyngaler Frikativ; ein tief im Rachen artikulierter Reibelaut, z.B. *ʕirāqi* „irakisch“
ḥ	[ħ]	ح	stimmloser pharyngaler Frikativ; das stimmlose Gegenstück zu dem vorigen Laut; klingt in etwa wie das Fauchen einer Katze, z.B. *ḥubb* „Liebe“
ʔ	[ʔ]	ء	stimmloser laryngaler Okklusiv; Stimmabsatz wie im deutschen Wort „beʔenden“; kommt in allen Positionen im Wort vor, z.B. *siʔal* „er fragte“
h	[h]	هـ	stimmloser laryngaler Frikativ; wie deutsches /h/ in „Hafer“, kommt aber auch nach Konsonanten vor und darf nie als „Dehnungs-h“ gelesen werden, z.B. *hdūm* „Kleider“

Vokale

Der Dialekt von Bagdad hat fünf lange Vokale, welche in der Transkription mit einem Strich darüber wiedergegeben werden. Es sind dies:

ā	wie in *rās* „Kopf"
ē	wie in *bēt* „Haus"
ī	wie in *čīs* „Sack"
ō	wie in *yōm* „Tag"
ū	wie in *nūr* „Licht"

Nach vorderen Konsonanten wird *ē* sehr oft wie *ie* ausgesprochen, z.B. *zēn* [zien], was als typisch Irakisch gilt. Der Unterschied zwischen langen und kurzen Vokalen ist immer bedeutungsunterscheidend. Daher muss unbedingt auf die exakte Aussprache der Vokallänge geachtet werden.

Vier dieser Vokale finden sich auch im absoluten Wortauslaut, wo sie jedoch kurz ausgesprochen werden, also *-a*, *-i*, *-o*, *-u*. Sie werden im Allgemeinen lang, wenn eine Endung an das entsprechende Wort tritt.

Im System der kurzen Vokale finden sich vier Laute.

a	dieser Vokal kann in allen Positionen eines Wortes vorkommen; je nach den umgebenden Konsonanten klingt er wie deutsches /a/ in „Bach", z.B. *xabar* „Nachricht" oder eher wie deutsches /ä/ in „Bäche", z.B. *čälib* „Hund"
i	entspricht oft deutschem *i*, z.B. *kitab* „er schrieb"; manchmal klingt es auch ähnlich wie der „Murmelvokal" *ə*, z.B. *ḏ̣ərab* „er schlug"
u	entspricht im Allgemeinen *u*, z.B. *ʕugub* „nach"
o	kommt selten und nur am Wortende vor, z.B. *šāmpo* „Shampoo".

Halbvokale

Die durch /w/ und /y/ wiedergegebenen Laute werden auch als Halbvokale bezeichnet. Im Bagdadischen werden sie meist konsonantisch ausgesprochen (siehe die Liste oben), wenn sie jedoch direkt vor einem weiteren Konsonanten oder am Wortende stehen, dann ist ihre Aussprache /u/ bzw. /i/ (*wṣalna* sprich *uṣalna* „wir kamen an", *yğīb* sprich *iğīb* „er bringt").

Das ist vor allem bei der häufigen Konjunktion *w* „und" zu beachten. Um die richtige Aussprache zu erleichtern, wird *w* alleine und ohne Bindestrich geschrieben, wenn es vokalisch ausgesprochen wird (z.B. *buṣal w ṯūm* „Zwiebeln und Knoblauch" sprich *buṣal u ṯūm*). Folgt ein Bindestrich, heißt dies, dass konsonantische Aussprache vorliegt (z.B. *ič-čalib w-il-bazzūna* „der Hund und die Katze").

Von den folgenden drei Abschnitten sind die ersten beiden für Lernende gedacht, die noch keine Vorkenntnisse im Arabischen besitzen. Der letzte Abschnitt „Sprachhistorische Anmerkungen“ enthält für jene, die Hocharabisch beherrschen, einige nützliche Hinweise, wie sich viele Wörter des Dialekts vom Hocharabischen ableiten lassen.

Ausspracheübungen

Übung 1

ṣār	zār	ṯār	furṣa	furča
ḍarīf	ǧazīra	ẓġayyra	gṣayyra	ǧarrab
ṣēf	sēf	ʕazīma	ʕaḏ̣īma	ʔisim
quṣṣa	guṣṣa	ḏakkar	ṯabbat	ḏ̣ābuṭ

Übung 2

marbūṭ	ʔustāḏ	ḥiraṯ	barid	ġaraḏ̣
xaḏ̣ra	ḥaḏra	šāṭir	bāt	baṭṭ
tīn	ṭīn	ḍarība	ḏīč	dīč
maṛa	waṛa	huṃṃa	ṃayy	pāṣ
čāy	ǧāy	šāyif	qalīl	gabuḷ

Übung 3

bēta	ġēma	ġāra	sāda	sāʕa
xēr	ġēr	ʕāmūd	qāmūs	ǧāmūsa
rixīṣ	niḏ̣īf	saxīf	ṣaḥīḥ	ṣarīḥ
baxšīš	xinzīr	šiḥḥāṭa	butēta	simmāʕa
maḥaṭṭa	maġaṯṯa	ṣiḥḥa	ʔāxir	ḥāḏ̣ir

Übung 4

xāṣṣ	xass	mgaṣṣ	ḥammaṣ	ḥammas
dihin	daxxan	dixal	ḥāyiṭ	xēṭ
baxat	wāḥid	ʕīd	ʔīd	ʕūd
ʕaṣīr	safīr	ḥalīb	xabīr	baxīl
ʔaṣil	ʕasal	ġisal	qaṣir	ʕaṣir

Wurzel und Schema

Der arabische Wortschatz zeigt die Besonderheit, dass die Grundbedeutung eines semantischen Feldes nicht in einem aus Konsonanten und Vokalen bestehenden Wortstamm, sondern in einer rein konsonantischen Wortwurzel enthalten ist. Die große Mehrheit der Wurzeln besteht aus drei oder vier Konsonanten, einige wenige besitzen auch fünf. In der Arabistik werden die Wurzelkonsonanten als Radikale bezeichnet, und man spricht demnach auch von drei- oder vierradikaligen Wörtern. Nur einige Funktionswörter wie etwa Präpositionen sowie die meisten Lehn- und Fremdwörter lassen sich keiner klaren Wurzel zuordnen.

Auch bei der Erlernung eines Dialekts wie Irakisch-Arabisch ist es von großem Vorteil, wenn man über das Grundprinzip von Wurzel und Schema Bescheid weiß. Vor allem hilft es dabei, die Regeln der Konjugation von Verben zu erfassen und damit einmal gelernte Paradigmen schneller auf andere Verben derselben Kategorie anwenden zu können.

Die großen Wortkategorien (Verben, Substantive, Adjektive) weisen im Normalfall bestimmte Musterstrukturen auf, in denen die Wurzelkonsonanten traditionellerweise durch /f-ʕ-l/ (K_1-K_2-K_3) wiedergegeben werden. Ein solches Schema besteht aus einer fixen Abfolge von Vokalen und Wurzelkonsonanten sowie teilweise auch anderen, nicht zur Wortwurzel gehörenden Konsonanten. Einige Schemata dienen zum Ausdruck ganz spezifischer Bedeutungskonzepte, die meisten sind jedoch mehrdeutig. Eine besondere Rolle für Lernende spielen die Schemata der Verben, da sie die Zuordnung von Perfekt- und Präsensstämmen ermöglichen und noch dazu sehr regelmäßig sind.

Beispiel 1: Wurzel *l-b-s* „kleiden“

libas „er zog an“ – *yilbas* „er zieht an“
labbas „er kleidete an“ – *ylabbis* „er kleidet an“
malābis „Kleider“

Beispiel 2: Wurzel *k-t-b* „schreiben“

kitab „er schrieb“ – *yiktib* „er schreibt“
kātib „Schriftsteller“ – *kātiba* „Schriftstellerin“
ktāb „Buch“ – *kutub* „Bücher“

In den Vokabellisten wird die Wortwurzel immer angegeben, wobei darauf hingewiesen werden soll, dass sich die dort genannten Wurzeln *nur* auf den Dialekt beziehen, also strikt synchron sind. Wer sich für die etymologische Wurzel einzelner Wörter interessiert, sei auf die bereits im Vorwort genannte Website der Österreichischen Akademie der Wissenschaften verwiesen.

Sprachhistorische Anmerkungen

Die Lautung vieler Wörter des Bagdadischen Dialekts lässt sich von hocharabischen Wörtern durch einige wenige Lautgesetze ableiten. Die Kenntnis dieser Lautgesetze ist daher von großem Nutzen, muss aber insofern mit Vorsicht eingesetzt werden, als natürlich nicht jedes hocharabische Wort im Dialekt eine Entsprechung hat (z.B. verwendet man im Dialekt für „er sah" das Wort *šāf*, welches nichts mit dem hocharabischen *raʔā* رأى zu tun hat).

Was die **Konsonanten** betrifft, so gilt Folgendes:

- Die hocharabischen Laute *ḍ* und *ḏ̣* (*ẓ*) werden beide als *ḏ̣* ausgesprochen: *abyaḏ̣* أبيض „weiß"; *ḏ̣uhur* ظهر „Mittag".
- *q* wird sehr häufig zu *g*: *sūg* „Markt", *gamar* „Mond"; dieser Lautwandel ist aber keineswegs regelmäßig, da es auch viele Wörter gibt, die *q* aufweisen, z.B. *qamīṣ* „Hemd", *quṣṣa* „Geschichte".
- *k* wird in der Umgebung von hellen Vokalen zu *č*: *čibīr* „groß", čān „er war", *čam* „wie viele?".
- *Hamza* wird nur noch am Wortanfang bzw. in Lehnwörtern aus der Hochsprache (z.B. *siʔal* „er fragte") ausgesprochen. Sonst fällt es aus, wobei folgende Faustregeln gelten:
    - *Hamza* nach kurzem Vokal führt zu dessen Längung: *raʔs* → *rās* „Kopf"; *biʔr* → *bīr* „Brunnen"
    - *Hamza* zwischen Vokalen wird zu *y: ḥāʔiṭ* → *ḥāyiṭ* „Wand"
    - *Hamza* nach einem Konsonanten fällt aus: *malʔān* → *malān* „voll", *marʔa* → *mara* „Frau"
    - *Hamza* am Wortende fällt aus: *masāʔ* → *masa* „Abend"; Ausnahmen sind Wörter aus der Hochsprache wie *ʔaṣdiqāʔ* „Freunde"

Für die **Vokale** und **Diphthonge** gelten praktisch durchgehend folgende wichtige Regeln:

- Die langen Vokale *ā*, *ī*, *ū* bleiben im Wort unverändert.
- Die langen Vokale am Wortende werden gekürzt: *Baġdādi* „Bagdader", *hadāya* „Geschenke".
- Die kurzen Vokale am Wortende fallen im Allgemeinen aus: *zāra* → *zār* „er besuchte"; *ḍaraba* → *ḏ̣irab* „er schlug"; *ʕinda* → *ʕind* „bei".
- Der Diphthong *ay* wird zu *ē*: *bayt* → *bēt* „Haus".
- Der Diphthong *aw* wird zu *ō*: *yawm* → *yōm* „Tag".

Die kurzen Vokale *a*, *i* und *u* haben sich sehr unterschiedlich entwickelt und weichen daher oft von jenen des entsprechenden hocharabischen Wortes ab. Zum Beispiel: *ṭawīl* → *ṭuwīl* „lang“, *ğadīd* → *ğidīd* „neu“, *katab* → *kitab* „er schrieb“, *samak* → *simač* „Fische“.

Die Details dieses Wandels sind sehr komplex und können in der Fachliteratur nachgelesen werden (siehe Liste am Ende des Buches).

Endet ein Wort auf zwei Konsonanten, wird fast immer ein unbetonter Hilfsvokal eingeschoben (*a*, *i* oder *u*). Dieser Vokal ist instabil und wird nie betont, z.B.: *xubz* → *xubuz* „Brot“, *milḥ* → *miliḥ* „Salz“, *šahr* → *šahar* „Monat“.

Auch wenn ein Wort mit zwei Konsonanten beginnt, wird sehr oft ein unbetonter Hilfsvokal *i* davor artikuliert, z.B.: *iğbāl* „Berge“. Dieser Hilfsvokal wird im Folgenden nur im Kontext, nicht jedoch in den Wortlisten notiert.

Morphologie

Wie in allen anderen Dialekten auch, existiert im Bagdadischen kein Kasussystem. Die kurzen Kasusendungen des Hocharabischen fallen weg, bei den übrigen wird die ursprüngliche Genitiv- bzw. Akkusativ-Form gebraucht. Letzteres betrifft den externen maskulinen Plural und den Dual:

> *muwaḏḏaf* „Beamter“, PL *muwaḏḏafīn* (die Form **muwaḏḏafūn* existiert im Dialekt nicht).
>
> *yōm* „Tag“, Dual *yōmēn* (*ay* → *ē*, *yawmān* existiert im Dialekt nicht).

Das *Tanwīn* als Zeichen der Unbestimmtheit gibt es nicht mehr: *bēt* „Haus, ein Haus“; *ktāb* „Buch, ein Buch“.

Lektion I

Texte

Text I/1: Begrüßung und Verabschiedung – *is-salām w-il-wadāʕ*

Amīr: marḥaba!
Farāḥ: marḥaba!

Amīr: ṣabāḥ il-xēr!
Farāḥ: ṣabāḥ in-nūr!

Amīr: masāʔ il-xēr!
Farāḥ: masāʔ in-nūr!

Amīr: is-salāmu ʕalaykum!
Farāḥ: wa-ʕalaykum is-salām!

Amīr: fīmānillā!
Farāḥ: maʕa s-salāma, Aḷḷa wiyyāk!

Amīr: tiṣbaḥīn ʕala xēr!
Farāḥ: w-inta min ahl il-xēr!

Farāḥ: maʕa s-salāma!
Amīr: maʕa s-salāma, Aḷḷa wiyyāč!

Farāḥ: tiṣbaḥ ʕala xēr!
Amīr: w-inti min ahlu!

Text I/2: Sich vorstellen – *it-taʕāruf*

Amīr: marḥaba!
Farāḥ: marḥaba!
Amīr: āni ismi Amīr.
Farāḥ: furṣa saʕīda, Amīr. w-inta? š-ismak? (~ šinu ismak?)
Aḥmad: āni Aḥmad.
Amīr: w-inti? š-ismič?
Farāḥ: ismi Farāḥ.
Amīr w Aḥmad: tšarrafna b-maʕriftič!

Text I/3: Am Telefon – *ʕa-t-talifōn*

Amīr:	marḥaba Farāḥ! āni Amīr.
Farāḥ:	marḥaba Amīr, šlōnak?
Amīr:	zēn, inti šlōnič?
Farāḥ:	il-ḥamdillā.

Übung zu den Texten

Ü 1.1 Wiederholen Sie die beiden Dialoge von Text I/2 und I/3, indem Sie Ihre eigenen Namen verwenden (achten Sie auf die Verwendung des richtigen Geschlechts).

Grammatik

1.1 Der bestimmte Artikel

Die Basisform des bestimmten Artikels ist *l*, wobei Folgendes zu beachten ist:

- Vor Wörtern, die mit *einem* Konsonanten beginnen, heißt der Artikel *il-*, z.B. *il-fallāḥ* „der Bauer". Endet das vorangehende Wort auf einen Vokal, so fällt das *i* des Artikels aus: *šifti l-fallāḥ?* „Hast du (F) den Bauern gesehen?"
- Vor Wörtern, die mit *zwei* Konsonanten beginnen, wird zwischen dem Artikel und dem Substantiv ein Hilfsvokal eingefügt: *l-ixyūṭ* „die Fäden", *l-iskamli* „der Stuhl"; hier existiert eine häufige Variante mit einem zusätzlichen Vokal vor dem Artikel: *il-ixyūṭ* „die Fäden".

Bei Wörtern, welche mit untenstehenden Konsonanten beginnen, wird der Artikel an den ersten Konsonanten des Wortes assimiliert, das heißt, die Form mit und ohne Artikel wird primär durch die Verdoppelung des entsprechenden Lautes ausgedrückt. Es handelt sich dabei um folgende Phoneme:

d, ḏ, ḍ, t, ṯ, ṭ, s, ṣ, z, ẓ, ğ, č, š, l, n, r

Betroffen sind also sämtliche *t-* und *s*-Laute, die Interdentallaute sowie die sogenannten Liquide (*l, n, r*). Sie werden in der arabischen Grammatik nach dem Musterwort *iš-šamis* „die Sonne" auch als „Sonnenbuchstaben" bezeichnet. Beispiele: *in-nār* „das Feuer", *iṣ-ṣūra* „das Bild", *iḏ-ḏahab* „das Gold".

Bei Wörtern, die mit zwei Konsonanten beginnen, unterbleibt die Assimilation oft ganz: *(i)l-iğbāl* „die Berge". Falls die Assimilation durchgeführt wird, wird ein Hilfsvokal (siehe Lektion 2.1.2) nach den beiden identischen Konsonanten eingeschoben, z.B.: *axūk ič-čibīr* „dein großer Bruder".

Beachte: Der anlautende Vokal des Artikels wird so gut wie immer „weich“ artikuliert (ohne ʔ) und entfällt daher, wenn das vorhergehende Wort auf einen Vokal endet: *šift il-bēt*, aber *šifna l-bēt* „ich sah/wir sahen das Haus“. Nur bei sehr langsamem Sprechtempo oder nach einer kurzen Pause wird in diesem Fall der Artikel als *ʔil-* ausgesprochen.

1.2 Die unabhängigen Personalpronomen

Wie aus folgender Tabelle ersichtlich wird, gibt es im Irakisch-Arabischen nicht nur in der dritten, sondern auch in der zweiten Person Singular eine Unterscheidung zwischen feminin und maskulin. Dies gilt natürlich auch für die später behandelten Verben.

In den ländlichen Dialekten wird auch in der 2. und 3. Person des Plurals zwischen feminin und maskulin unterschieden. In Bagdad sind diese Pluralformen jedoch selten und es genügt daher, wenn man sie passiv versteht.

	SINGULAR	PLURAL
1. PERS.	*āni*	*iḥna*
2. PERS. M.	*inta*	*intu*
2. PERS. F.	*inti*	(*intan*)
3. PERS. M.	*huwwa*	*huṃṃa*
3. PERS. F.	*hiyya*	(*hinna*)

Sprachhistorische Anmerkung: Im Vergleich mit dem klassischen Arabisch fällt auf, dass die Dualformen für Pronomen und Verben aufgegeben wurden.

1.3 Das Demonstrativpronomen für die Nahdeixis

	SINGULAR	PLURAL
MASK.	*hāḏa*	*haḏōla*
FEM.	*hāḏi* ~ *hāy(a)*	Kurzform: *ḏōla*

Anmerkung: Die seltener gebrauchten femininen Pluralformen lauten *haḏanni* bzw. *ḏanni*.

In attributiver Funktion stehen die Demonstrativpronomen meist vor einem Substantiv, welches immer mit dem bestimmten Artikel versehen ist. Es wird in Geschlecht und Zahl mit dem Bezugswort übereingestimmt, z.B. *hāḏa r-riğğāl* „dieser Mann“, *hāḏi/hāy l-ibnayya* „dieses Mädchen“, *haḏōla l-muwaḏḏafīn* „diese

Beamten". Um eine (leichte) Betonung auszudrücken, kann das Demonstrativpronomen auch hinter dem Substantiv mit Artikel stehen, z.B. *l-ibnayya hāy* „dieses Mädchen".

Es gibt auch eine Kurzform *ha-*, die invariabel ist, z.B. *ha-l-manṭaqa* „dieses Gebiet", *ha-š-šikil* „diese Art".

Als Subjekt geht das Demonstrativpronomen dem Prädikatsnomen des Satzes voraus und wird – im Gegensatz zum Deutschen – mit diesem in Genus (und meist auch Numerus) übereingestimmt.

hāḏa bēt ičbīr. „Das ist ein großes Haus."
hāḏi sayyāra čbīra. „Das ist ein großes Auto."

1.4 Feminin und Maskulin

Bei allen Substantiven und Adjektiven sowie bei den Pronomen und Verben der 2. und 3. Person Singular wird zwischen feminin und maskulin unterschieden. Für Substantive und Adjektive im Singular gilt dabei:

Das Maskulin ist unbezeichnet, das Feminin hat die Femininendung *-a.* Ausnahmen davon, d.h. nicht durch diese Endung markierte feminine Substantive, sind u.a. *šamis* „Sonne", *gāʕ* „Erde", *nār* „Feuer" sowie viele paarig vorkommende Körperteile (z.B. *ʕēn* „Auge", *īd* „Hand"). Auch fast alle Namen von Städten und Ländern – sofern sie keinen Artikel haben – sind feminin.

Wie in allen Sprachen gilt, dass das natürliche Geschlecht stärker als das grammatische ist, d.h. Wörter wie *umṃ* „Mutter" und *faras* „Stute" sind feminin.

Die Aussprache der Femininendung variiert je nach dem direkt vorausgehenden Konsonanten. Nach *r* sowie hinteren und emphatischen Konsonanten lautet sie *-a*, sonst *-ä*. Beispiele:

maṛa „Frau", *missāḥa* „Radiergummi", *ṣanʕa* „Handwerk", *guṣṣa* „Stirn", *ʕarīḏa* „breit (F)", *čalbä* „Hündin", *zabūnä* „Kundin", *sallä* „Korb", *tūṯä* „Maulbeerbaum", *madrasä* „Schule".

⌘ Sprachhistorische Anmerkung: Nomen bzw. Partizipien, die auf *-i* enden, gehen etymologisch gesehen entweder auf *-iyy* oder auf *-in/-ī* zurück. Erstere bilden das Feminin auf *-iyya*, letztere auf *-ya*:

ʕIrāqiyy^{un} → *ʕIrāqi* „Iraker" → *ʕIrāqiyya* „Irakerin"; *qawiyy*^{un} → *qawi* „stark (M)" → *qawiyya* „stark (F)"; **ʕāl*^{in} → *ʕāli* „hoch (M)" → *ʕālya* „hoch (F)", *bāq*^{in} → *bāqi* „bleibend (M)" → *bāqya* „bleibend (F)".

1.5 Nominalsätze

In nicht-verneinten Sätzen der Gegenwart gibt es keine Kopula, d.h., Sätze des Musters „A ist B." werden im Irakischen meist als „A_B." ausgedrückt. Gegebenenfalls muss allerdings B mit A in Bezug auf Genus und Numerus übereingestimmt werden, insbesondere wenn B ein Adjektiv ist.

> *il-bēt ičbīr.* „Das Haus ist groß."
> *is-sayyāra čbīra.* „Das Auto ist groß."
> *āni taʕbān ~ taʕbāna.* „Ich bin müde." (je nachdem, ob „ich" ein Mann oder eine Frau ist)
> *Arbīl madīna.* „Erbil ist eine Stadt."
> *Muṣṭafa muhandis.* „Muṣṭafa ist Ingenieur."

Wenn A ein Demonstrativpronomen ist, wird dieses mit B übereingestimmt:

> *hāḏa bēt.* „Das ist ein Haus."
> *hāy salla.* „Das ist ein Korb."

1.6 Existenz – „es gibt"

Die Existenz bzw. das Vorhandensein einer Sache oder Person wird durch das invariable Wort *aku* ausdrückt, dessen negierte Form *māku* lautet.

> *hnāna aku gahwa.* „Hier gibt es Kaffee."
> *hnāna māku bīra.* „Hier gibt es kein Bier."
> *il-yōm māku šī.* „Heute gibt es nichts."
> *š-aku?* „Was gibt's?"
> *š-aku māku?* „Was gibt es Neues?" (wörtlich: „Was gibt es und was gibt es nicht?")

Übungen zur Grammatik

Ü 1.2 Versehen Sie folgende Wörter mit dem Artikel und übersetzen Sie sie dann ins Deutsche:

1. ___ faqīr ____________________
2. ___ ḥalīb ____________________
3. ___ čaḏḏāb ____________________
4. ___ miliḥ ____________________
5. ___ muwaḏḏaf ____________________
6. ___ muʕallim ____________________

7. ___ ṣābūn ______________
8. ___ čāy ______________
9. ___ šakar ______________
10. ___ ṭifla ______________
11. ___ ǧīrān ______________

Ü 1.3 Bilden Sie die Femininform folgender Wörter (Achtung auf eventuellen Ausfall kurzer Vokale in der Silbe vor der Femininendung!):

1. ʕamm ______________
2. ǧīrān ______________
3. muʕallim ______________
4. ṭuwīl ______________
5. kātib ______________
6. qarīb ______________
7. muwaḏḏaf ______________
8. čaḏḏāb ______________
9. marīḏ ______________
10. ṯigīl ______________
11. laṭīf ______________
12. faqīr ______________
13. šāġūḷ ______________
14. zaʕlān ______________
15. zangīn ______________
16. qadīm ______________
17. ʕāli ______________
18. niḏīf ______________

Ü 1.4 Bilden Sie aus folgenden Wortpaaren sinnvolle Nominalsätze:

1. muwaḏḏaf – šāġūḷ ______________________.
2. bēt – qadīm ______________________.
3. riǧǧāl – faqīr ______________________.
4. Fāṭma – zaʕlān ______________________.
5. sayyāra – čibīr ______________________.
6. ǧīrān – marīḏ ______________________.

7. ṭifla – laṭīf ______________________________.
8. bēt – ʕāli ______________________________.
9. ʕAli – zangīn ______________________________.
10. ġurfa – fārig ______________________________.

Ü 1.5 Beim Lebensmittelhändler (*il-baggāḷ*) kann man folgende Dinge kaufen:

ḥalīb, liban, xubuz, šakar, čāy, miliḥ, filfil
ṣābūn, tāyid, zāhi, maʕǧūn isnān, šāmpo

Ergänzen Sie folgenden Dialog, indem Sie diese Wörter sowie *aku* verwenden.

Mays:	marḥaba ʕammu!
il-baggāḷ:	marḥaba bīč!
Mays:	ʕammu aku ______________ ?
il-baggāḷ:	il-yōm māku.
Mays:	w ______________________?
il-baggāḷ:	ī, _____.
Mays:	zēn, w __________________?
il-baggāḷ:	ī, _____.
Mays:	____________ w ____________ hamm ____________?
il-baggāḷ:	ṭabʕan!
Mays:	šukran!
il-baggāḷ:	maʕa s-salāma!

Ü 1.6 Ändern Sie den vorgegebenen Satz, indem Sie die angegebenen Personalpronomen verwenden:

1. huwwa muwaḏḏaf.
   āni hammēn __________________. hiyya hammēn __________________.
2. ʕAli našuṭ.
   inti hamm __________________. āni hamm __________________.
3. Zaynab muʕallma.
   huwwa hammēn ________________. inta hammēn ________________.
4. Amīr mitmarriḏ.
   w-āni hammātēn ______________. hiyya hammātēn ______________.
5. il-baggāḷ zaʕlān.
   āni hamm __________________. inti hamm __________________.

Ü 1.7 Beschreiben Sie, was es alles im Korb gibt:

š-aku b-is-salla? – b-is-salla aku ...

Ü 1.8 Setzen Sie das jeweils passende Wort in seiner grammatisch richtigen Form ein: *qadīm, ṯigīl, laṭīf, ʕāli, čaḏḏāb, marīḏ̣, kaslān, niḏ̣īf, ġāli, ḥabbāb*

1. hāḏa l-bēt ______________________________.
2. hāḏa ṭ-ṭifil ______________________________.
3. hāy il-muwaḏ̣ḏ̣afa ______________________________.
4. hāy is-salla ______________________________.
5. hāḏa ṣ-ṣābūn ______________________________.
6. hāḏa l-ḥalīb ______________________________.
7. hāy iṭ-ṭifla ______________________________.
8. hāḏa l-kātib ______________________________.
9. hāy is-sayyāra ______________________________.
10. hāḏa r-riğğāl ______________________________.

Lektion II

Texte

Text II/1: Wie heißt du? – *š-ismak?*

Fāṭma: marḥaba!
Baššār: marḥaba!
Fāṭma: š-ismak?
Baššār: āni ismi Baššār. w-inti, š-ismič?
Fāṭma: ismi Fāṭma.
Baššār: ahlan wa sahlan Fāṭma! tšarrafna!
Fāṭma: tšarrafna!

Text II/2: Woher bist du? – *min wēn inti?*

Lea: halaw! inta šinu ismak?
Amīr: halaw bīč! āni ismi Amīr. w-inti?
Lea: ismi Lea.
Amīr: Lea inti min wēn, min yā balad?
Lea: āni ǧāya mn-in-Namsa.
Amīr: w-išgadd ṣār-lič ib-Baġdād?
Lea: ṣār-li hnāna šahar w nuṣṣ.

Text II/3: Wie geht's? – *šlōnak? šlōnič?*

Aḥmad: ṣabāḥ il-xēr, Maryam!
Maryam: ṣabāḥ in-nūr, Aḥmad! šlōnak?
Aḥmad: kulliš zēn. w-inti šlōnič? zēna?
Maryam: ī, tamām, il-ḥamdillā!
Aḥmad: wēn rāyḥa?
Maryam: rāyḥa l-il-maṭʕam wiyya uxti.
Aḥmad: šwakit itriǧʕūn?
Maryam: b-iṯmānya b-il-lēl.

Text II/4: Wo wohnt ihr? – *wēn bētkum?*

Gisela:	Zaynab, intu wēn bētkum?
Zaynab:	bētna b-Baġdād.
Gisela:	ī, bass wēn b-iḏ-ḏabuṭ ib-Baġdād?
Zaynab:	b-il-Karix.
Gisela:	w šinu ism iš-šāriʕ?
Zaynab:	šāriʕ Ḥayfa.
Gisela:	w šinu raqm il-ʕimāra mālatkum?
Zaynab:	ʕimāra raqum sabʕa w bāb raqum xamsa b-iṭ-ṭābuq iṯ-ṯāni.

Text II/5: Wo ist ...? – *wēn ...?*

Farāḥ ib-waḥidha b-il-bēt (xaṭiyya!), ʕammatha tiǧi w-tisʔalha ...:
Farāḥ ist alleine zu Hause (die Arme!); ihre Tante kommt vorbei und fragt sie ...:

il-ʕamma:	Farāḥ wēn abūč?
Farāḥ:	b-il-maktab.
il-ʕamma:	w wēn uṃṃič?
Farāḥ:	rāyḥa l-is-sūg.
il-ʕamma:	w wēn ǧiddič?
Farāḥ:	ǧiddi b-il-gahwa.
il-ʕamma:	w wēn uxūtič?
Farāḥ:	uxūti b-il-madrasa.
il-ʕamma:	w wēn uxtič l-iẓġayyra?
Farāḥ:	b-il-ifrāš.
il-ʕamma:	laʕad il-bazzūna wēnha?
Farāḥ:	il-bazzūna ǧawwa l-mēz.
il-ʕamma:	zēn, aṣdiqāʔič? wēnhum?
Farāḥ:	mā-ʕruf.

Übung zu den Texten

Ü 2.1 Wiederholen Sie die drei Dialoge der Texte II/1, 2 und 3 und verwenden Sie darin Ihre eigenen Namen. Achten Sie dabei auch auf die Verwendung des richtigen Geschlechts.

Grammatik

2.1 Lautlehre

2.1.1 Betonungsregeln

Um die Betonung festzustellen, führen wir den Begriff des „schweren Vokals“ ein. Ein „schwerer Vokal“ ist entweder lang (*ā, ē, ī, ō, ū*) oder er ist kurz, aber von mindestens zwei Konsonanten gefolgt: -vKK- (K = Konsonant; v̄ = langer Vokal, v = kurzer Vokal; manche Hilfsvokale zählen für die Betonung nicht). Der betonte Vokal wird hier zur Verdeutlichung mit einem Akzent versehen.
Folgende drei Regeln ergeben die Betonung für fast alle Wörter:

1. Hat ein Wort gar keinen „schweren Vokal“, ist die erste Silbe betont: *qálam, kútub, wálad, nísa*
2. Hat ein Wort genau einen „schweren Vokal“, ist dieser betont: *kitábna, madī́na, mádrasa, ʕarū́sa, maḥáll*
3. Hat ein Wort mehrere „schwere Vokale“, ist der hinterste betont: *sayyārā́t, ʕaṣfū́r, čākū́č, bētḗn.*

Bei einsilbigen Wörtern ist der Vokal am Wortende lang und betont, z.B. *ī́* „ja!“. Die wenigen Ausnahmen von diesen Regeln werden später behandelt.

2.1.2 Hilfsvokale

Der Hilfsvokal ist normalerweise ein *i*, das aber sehr unterschiedlich ausgesprochen werden kann (siehe *Einleitung*). Der Hilfsvokal steht vor allem in zwei Positionen:

1. Am Wortanfang, wenn das Wort mit zwei Konsonanten (= KK-) beginnt, z.B. *iğbāl, iktāb, ibyūt, inkisar.*
2. Zwischen zwei Wörtern, wenn mehr als zwei verschiedene Konsonanten aufeinanderfolgen. In diesen Fällen ist die Position des Hilfsvokals KiKK bzw. KKiKK, z.B. *š-itrīd, xams igḷāṣāt.*

2.1.3 Ausfall von unbetonten Vokalen

Im Irakischen fallen gewisse kurze Vokale in unbetonten, offenen Silben der Struktur |Kv| aus. Der Ausfall dieser Vokale ist unregelmäßig und wird daher hier nur kurz beschrieben. Die Einzelheiten finden sich bei den jeweiligen Formen:

- Relativ häufig fallen aus: *i, u*:
  yḥāwil „er versucht“ → **yḥāwil-ū́n* → *yḥāwlū́n* „sie versuchen“
  lābis (M) → **lā́bis-a* → *lābsa* (F) „tragend (Kleider)“

našuṭ (M) → **násuṭ-a* → *našṭa* (F) „fleißig"
ẓġayyir (M) → **ẓġáyyir-a* → *ẓġayyra* (F) „klein".

- Unregelmäßig fällt auch *a* aus, z.B. bei den Verben der Struktur KvKaK-v und in manchen Partizipien der Struktur mKaKKaK-v/v̄:
  kitab „er schrieb → **kitab-aw* → *kitbaw* „sie schrieben"
  mrattab „organisiert (M.SG)" → **mrattab-īn* → *mrattbīn* „organisiert (PL)"

⌘ Sprachhistorische Anmerkung 1: Diachron gesehen, fallen vor allem jene unbetonten *i* und *u* nicht aus, die eigentlich auf *a* zurückgehen (z.B. *kitábna* ← *katabnā* „wir schrieben", *ṭubáxti* ← *ṭabaxti* „du kochtest".

⌘ Sprachhistorische Anmerkung 2: Auch in einigen Nominalformen ist *a* diachron ausgefallen, insb. in den Schemata *afʕāl* und *mafāl(a)*, z.B. *asnān* → *snān* „Zähne"; *maġāra* → *mġāra* „Höhle". Bei einigen Adjektiven des Schemas *faʕīl* wurde *a* → *i*, welches auch ausfallen kann: *kabīr* → *čibīr* oder *čbīr* „groß".

2.2 Abhängige Personalpronomen – Pronominalsuffixe

Die in §1.2 angeführten Personalpronomen kommen nur in Subjektstellung vor. In allen anderen Positionen werden Pronominalsuffixe verwendet, die verschiedene Funktionen haben. Insbesondere dienen sie zum Ausdruck von Besitz und zur Angabe des direkten Objekts (siehe §9.5). Außerdem treten sie an Präpositionen an, wenn das Substantiv durch ein Pronomen ersetzt werden soll. Für die femininen Pluralformen in der folgenden Tabelle gilt das in §1.2 Gesagte.

Pronominalsuffixe an Nomen

SINGULAR	NACH KONSONANT	NACH VOKAL
1. PERS.	*-i*	*-ya* (~ *-yi*)
2. PERS. M.	*-ak*	*-k*
2. PERS. F.	*-ič*	*-č*
3. PERS. M.	*-a*	–́
3. PERS. F.	*-ha*	*-ha*
PLURAL		
1. PERS.	*-na*	*-na*
2. PERS. M.	*-kum*	*-kum*
2. PERS. F.	(*-čan*)	(*-čan*)
3. PERS. M.	*-hum*	*-hum*
3. PERS. F.	(*-hin*)	(*-hin*)

- Beispiel für „nach Konsonant" anhand von *bēt* „Haus":

  SG – *bē**ti*** „mein Haus", *bē**tak*** „dein (M) Haus", *bē**tič*** „dein (F) Haus", *bē**ta*** „sein Haus", *bē**tha*** „ihr Haus"
  PL – *bē**tna*** „unser Haus", *bē**tkum*** „euer Haus", (*bē**tčan*** „euer (F) Haus"), *bē**thum*** „ihr (PL) Haus", (*bē**thin*** „ihr (F.PL) Haus").

- Beispiel für „nach Vokal" anhand von *abb* „Vater" (die Form vor Suffix lautet immer *abū-*), *duwa* „Arzneimittel" und *muḥāmi* „Rechtsanwalt":

  SG – *abū**ya*** „mein Vater", *abū**k*** „dein (M) Vater", *abū**č*** „dein (F) Vater", *abū́* „sein Vater", *abū**ha*** „ihr Vater"
  PL – *abū**na*** „unser Vater", *abū**kum*** „euer Vater", (*abū**čan*** „euer (F) Vater"), *abū**hum*** „ihr (PL) Vater", (*abū**hin*** „ihr (F.PL) Vater").

  SG – *duwā**ya*** „meine Medizin", *duwā**k*** „deine (M) Medizin", *duwā**č*** „deine (F) Medizin", *duwā́* „seine Medizin", *duwā**ha*** „ihre Medizin"
  PL – *duwā**na*** „unsere Medizin", *duwā**kum*** „eure Medizin", (*duwā**čan*** „eure (F) Medizin"), *duwā**hum*** „ihre (PL) Medizin", (*duwā**hin*** „ihre (F.PL) Medizin").

  SG – *muḥāmī**yi*** „mein Rechtsanwalt", *muḥāmī**k*** „dein (M) Rechtsanwalt", *muḥāmī**č*** „dein (F) Rechtsanwalt", *muḥāmī́* „sein Rechtsanwalt", *muḥāmī**ha*** „ihr Rechtsanwalt"
  PL – *muḥāmī**na*** „unser Rechtsanwalt", *muḥāmī**kum*** „euer Rechtsanwalt", (*muḥāmī**čan*** „euer Rechtsanwalt"), *muḥāmī**hum*** „ihr (PL) Rechtsanwalt", (*muḥāmī**hin*** „ihr (F.PL) Rechtsanwalt").

Beachte:

- Alle (kurzen) Vokale am Ende eines Wortes – außer das *-a* der Femininendung – werden lang, wenn eine Endung/ein Suffix antritt (*duwa* „Medizin" – *duwāk* „deine Medizin").
- Wie man sieht, ist das Suffix für die 3.M.SG nach Vokal nur durch die Längung und die damit verbundene Verschiebung der Betonung erkennbar: *dúwa* „Medizin" – *duwā́* „seine Medizin", *muḥā́mi* „Rechtsanwalt" – *muḥāmī́* „sein Rechtsanwalt".
- Manche Substantive verlieren den kurzen Vokal (*a, i, u*) in der letzten Silbe, wenn ein vokalisches Suffix antritt: *taxat* → *taxatkum* „eure Sitzbank", aber *taxta* „seine Sitzbank", *daris* → *darisna* „unser Unterricht", aber *darsi* „mein Unterricht", *uxut* → *uxutha* „ihre Schwester", aber *uxti* „meine Schwester". Dafür gibt es keine Regel, da Substantive derselben Struktur

den Vokal auch nicht verlieren, z.B. *qalami* „mein Stift". In den Vokabellisten wird daher auf diese Besonderheit hingewiesen.

⌘ Sprachhistorische Anmerkung: Eigentlich lauteten diese Substantive ursprünglich auf zwei Konsonanten aus (*taxt*, *dars*, *uxt*), und der Vokal ist nur ein Sprossvokal zur Vermeidung einer Doppelkonsonanz am Wortende. In Wörtern wie *qalam* „Stift" ist er jedoch ursprünglich und fällt daher nicht aus.

- Die auf *-a* auslautenden femininen Substantive haben eine eigene Form, wenn Suffixe antreten (siehe § 4.3).
- Eigene Formen haben auch die beiden Nomen *abb* und *axx*, s. Wortfeld 2 in Lektion IV und Beispiel oben.

2.3 Präpositionen (1)

Die meisten Präpositionen des Irakischen sind eigenständige Wörter, einige treten jedoch direkt an das von ihnen regierte Wort (dies wird durch einen Bindestrich ausgedrückt) und bilden mit diesem eine Akzenteinheit, wobei die betreffende Präposition immer unbetont ist.

Zu den wichtigsten Präpositionen gehören:

min/mn-	„von, aus" *hiyya min Baġdād.* „Sie ist aus Bagdad." Vor Artikel häufig nur *mn-*; *huwwa mn-il-ʕIrāq/min il-ʕIrāq.* „Er ist aus dem Irak."
il-/l-	„für; nach, zu" *hāy il-ʕammi.* „Das gehört (wörtl.: ist für) meinem Onkel."; *il-Baġdād* „nach Bagdad". Vor einem Vokal, insbesondere vor dem Artikel, wird *l-* gebraucht: *l-is-sūg* „zum Markt".
lī	„bis" *min sāʕa xamsa lī sāʕa sitta* „von 5 bis 6 Uhr"
ʕala/ʕa-	„auf" Wird vor dem Artikel meist zu *ʕa-* verkürzt: *ʕa-l-mēz* „auf dem Tisch"
ib-/b-	„in; mit (instrumental)" *ib-bēt* „in einem Haus", *ib-Karkūk* „in Kirkuk"; vor einem Vokal, insbesondere vor dem Artikel, wird *b-* gebraucht: *b-il-ġurfa* „im Zimmer"; *b-il-pāṣ* „mit dem Bus/im Bus"; *b-il-qalam* „mit dem Stift".
yamm	„neben, an, bei" *yamm il-bāb* „neben der Tür"

ʕidd ~ ʕind	„bei“ *čān ʕidd xāḷi xuṭṭār.* „Bei meinem Onkel war ein Gast.“
wiyya	„(zusammen) mit“ *wiyya uṃṃi* „mit meiner Mutter“
bala	„ohne“ *bala šakar* „ohne Zucker“
fōg	„über“ *fōg il-mēz* „über dem Tisch“
ğawwa	„unter“ *ğawwa l-gāʕ* „unter der Erde“
giddām	„vor (lokal)“ *giddām il-bēt* „vor dem Haus“
waṛa	„hinter; nach (temporal)“ *waṛa l-maṭʕam* „hinter dem Restaurant“; *waṛa šwayya* „nach kurzer (Zeit)“
gabuḷ	„vor (temporal)“ *gabuḷ šahar*„vor einem Monat“; folgt ein Vokal, lautet es *gabḷ*: *gabḷ il-ʕīd* „vor dem Fest“
baʕad	„nach (temporal)“ *baʕad sāʕa* „nach einer Stunde“; folgt ein Vokal, lautet es *baʕd*: *baʕd il-ʕīd* „nach dem Fest“
bēn	„zwischen“ *bēn Sūrya w-il-ʕIrāq* „zwischen Syrien und dem Irak“
miṯil	„(so) wie“ *huwwa miṯil abūk.* „Er ist wie dein Vater.“; folgt ein Vokal, lautet es *miṯl*: *huwwa miṯlak.* „Er ist wie du.“
barra	„außerhalb“ *barra l-madīna* „außerhalb der Stadt“
dāxil	„innerhalb“ *dāxil il-bēt* „innerhalb des Hauses“
ğawwa b-	„innerhalb, in … drinnen“ *uṃṃi ğawwa b-il-bēt.* „Meine Mutter ist im Haus drinnen.“

2.4 Interrogativa

Die wichtigsten Interrogativpronomen und -adverbien sind:

minu	„wer?“; auch „wen?“ *hāḏa minu / minu hāḏa?* „Wer ist das?“ *minu šifit?* (oder *il-man šifit?*) „Wen hast du gesehen?“
-man	In Zusammensetzungen (mit Nomen) wird die suffigierte Form verwendet: *wiyyā-man* „mit wem?“ *il-man* „wen?“, „wem?“ *hāḏa bēt-man* „Wessen Haus ist das?“
š- *šinu*	„was?“ *š-* verwendet man obligatorisch zusammen mit Verben sowie in *š-aku?* „Was gibt es?“; *š-itrīd?* „Was willst du?“ *šinu* bedeutet eigentlich „was ist/sind …“ und wird daher nur in Sätzen ohne Verb gebraucht: *šinu hāḏa?* „Was ist das?“ *šinu l-mawḏūʕ il-yōm?* „Was ist heute das Thema?“ In manchen Phrasen ist aber auch *š-* üblich, insbesondere *š-ismič?* „Was ist dein Name? ~ Wie heißt du?“
wēn	„wo?“ „wohin?“
mnēn ~ *min wēn*	„woher?“
šlōn	„wie?“
šwakit	„wann?“
šgadd	„wie viel?“ *šgadd ʕumrak?* „Wie alt bist du (M)?“
čam	„wie viele?“ (für zählbare Dinge/Personen) Das Substantiv steht im Singular: *čam šahar?* „Wie viele Monate?“, *čam riğğāl?* „Wie viele Männer?“
bēš	„(um) wie viel?“ *bēš il-kēlu?* „wie viel kostet das Kilo?“
lēš ~ *luwēš*	„warum?“
yā	welche/r/s? *yā ğunṭa?* „Welche Tasche?“; *il-yā madrasa trūḥ?* „In welche Schule gehst du?“

Die beiden Interrogativadverbien *wēn* und *šlōn* können auch mit Suffixen versehen werden:

wēnič? „Wo bist du (F)?"
šlōnak? „Wie geht es dir (M)?"

Wenn man nur „wie viele" ohne Bezugswort ausdrücken will, muss *čam* mit *wāḥid* bzw. *wiḥda* (F) ergänzt werden.

čam wāḥid intu? „Wie viele seid ihr?"
čam wiḥda b-il-ġurfa? „Wie viele (Frauen) sind im Zimmer?"

2.5 Attribute

Ein adjektivisches Attribut steht immer *unmittelbar nach* dem Substantiv. Das Attribut muss im Genus und im Determinationsgrad mit dem Substantiv übereingestimmt werden (zur Kongruenz mit Plural siehe §4.2).

bēt ičbīr	„ein großes Haus" [M indeterminiert]
il-bēt l-ičbīr	„das große Haus" [M determiniert]
ġurfa čbīra	„ein großes Zimmer" [F indeterminiert]
il-ġurfa l-ičbīra	„das große Zimmer" [F determiniert]

Beachten Sie den Unterschied:

il-ġurfa l-ičbīra	„das große Zimmer" [Phrase]
il-ġurfa čbīra.	„Das Zimmer ist groß." [Satz]

Das Adjektiv *xōš* „gut" steht immer *unmittelbar vor* einem Substantiv, das fast immer indeterminiert ist. Es ist außerdem unveränderlich, wird also in Geschlecht und Zahl nicht mit dem Substantiv übereingestimmt.

huwwa xōš walad. „Er ist ein guter Junge."
hāy mū xōš fikra. „Das ist keine gute Idee."
hadanni xōš banāt. „Das sind gute Mädchen."
hadōla xōš wilid. „Das sind gute Jungen."

2.6 Die Vokativpartikel *yā*

Wenn man Menschen direkt anspricht, kann vor den Namen bzw. vor die Anrede die unveränderliche Partikel *yā* gestellt werden. (zu weiteren höflichen Anreden siehe Wortfeld 8).

Beispiele: *yā Zaynab! – yā Aḥmad! – yā ʕammi! – yā uṃṃi!*

Wortfeld 1: Eigenschaften – *iṣ-ṣifāt*

biʕīd ʕan F *biʕīda ʕan*	weit von	b-ʕ-d
čibīr F *čibīra*	groß; alt (Mensch)	č-b-r
ḏiʕīf F *ḏiʕīfa*	schlank	ḏ-ʕ-f
faqīr F *faqīra*	arm	f-q-r
fāriġ F *fārġa*	leer	f-r-ġ
ġāli F *ġālya*	teuer	ġ-l-y
ğidīd F *ğidīda*	neu	ğ-d-d
gṣayyir F *gṣayyra*	kurz; klein (Mensch)	g-ṣ-r
ḥilu F *ḥilwa*	hübsch, schön, süß	ḥ-l-w
ḥabbāb F *ḥabbāba*	nett, lieb	ḥ-b-b
malyān F *malyāna*	voll	m-l-y
niḏīf F *niḏīfa*	sauber	n-ḏ-f
ma-ḥilu F *ma-ḥilwa*	hässlich	ḥ-l-w
qarīb min F *qarība min*	nahe von	q-r-b
rixīṣ F *rixīṣa*	billig	r-x-ṣ
simīn F *simīna*	dick, fett	s-m-n
ṯigīl F *ṯigīla*	schwer	ṯ-g-l
ṭuwīl F *ṭuwīla*	lang; groß (Mensch)	ṭ-w-l
waṣix F *waṣxa*	schmutzig	w-ṣ-x
xafīf F *xafīfa*	leicht	x-f-f
zangīn F *zangīna*	reich	z-n-g-n
ẓġayyir F *ẓġayyra*	klein; jung	ẓ-ġ-r
ʕāli F *ʕālya*	hoch	ʕ-l-y
ʕatīg F *ʕatīga* *qadīm* F *qadīma*	alt (für Dinge)	ʕ-t-g q-d-m

Übungen zur Grammatik

Ü 2.2 Beantworten Sie folgende Fragen:

1. šlōnič, uxti? ________________________________.
2. wēnkum, yā šabāb? ________________________________.
3. wēnak, ʕammi? ________________________________.
4. marḥaba Amīr, marḥaba Ḥasan! šlōnkum? ________________.
5. wēnič, ṃāṃa? ________________________________.

Ü 2.3 Ergänzen Sie nach folgendem Muster:

Lea min iVyanna, yaʕni hiyya Namsāwiyya. w Josef hamm Namsāwi.

Einige Länder und ihre Bewohner/innen: *Aḷmānya → Aḷmāni, Aḷmāniyya; in-Namsa → Namsāwi, Namsāwiyya; Swīsra → Swīsri, Swīsriyya; Lubnān → Lubnāni, Lubnāniyya; Sūrya → Sūri, Sūriyya; il-ʕIrāq → ʕIrāqi, ʕIrāqiyya; Īrān → Īrāni, Īrāniyya; Spānya → Spāni, Spāniyya; Maṣir* (Ägypten) → *Maṣri, Maṣriyya; Tūnis → Tūnisi, Tūnisiyya; Rūsya → Rūsi, Rūsiyya; Īṭālya → Īṭāli, Īṭāliyya; Turkiya → Turki, Turkiyya.*

1. ʕAli min Bayrūt, yaʕni huwwa ____________________. w Zaynab hammēn ________________________.
2. Heidi min iZyūrix, yaʕni hiyya ______________________. w Peter hammēn ________________________.
3. Muṣṭafa mn-il-Qāhira, yaʕni huwwa _________________. w Muna hammēn _____________________.
4. Hādi min Ḥammāmāt, yaʕni huwwa _________________. w Mabrūka hammēn _______________.
5. Gabriella min Rōma, yaʕni hiyya ___________________. w Angelo hammēn __________________.
6. Rostām min Isfahān, yaʕni huwwa __________________. w Mahšīd hammēn __________________.
7. Anja min Barlīn, yaʕni hiyya ______________________. w Jens hammēn ____________________.
8. Ibtisām min Ḥalab, yaʕni hiyya ____________________. w Ḥasan hammēn ____________________.
9. Carmen min Madrīd, yaʕni hiyya __________________. w Fidel hammēn ____________________.
10. Natāša min Mōskō, yaʕni hiyya ____________________. w Vladimīr hammēn ____________________.

Ü 2.4 Versehen Sie die Substantive in der Tabelle mit den entsprechenden Pronominalsuffixen der Formen in der linken Spalte und übersetzen Sie sie dann.

	inti	*huwwa*	*iḥna*	*hiyya*	*intu*	*inta*	*āni*
ktāb							
isim							
ṣadīq							
čalib							
bēt							
ʕamm							
ğīrān							
muʕallim							

Ü 2.5 Bilden Sie Sätze mit denjenigen Wörtern, die sich aus der letzten Spalte ergeben haben (z.B. *ṣadīqi Aḥmad ib-Baġdād*) und übersetzen Sie sie.

Ü 2.6 Setzen Sie die passenden Adjektive in ihrer richtigen Form ein:
ġāli, qadīm, ʕāli, ḥabbāb, ṭuwīl, ğidīd, ṯigīl, waṣix, ẓġayyir, niḏ̣īf.

1. hāḏa l-bēt ______________________.
2. il-qalam ______________________ b-iğ-ğunṭa.
3. iṣ-ṣūra ______________________ b-il-ġurfa.
4. hāy iğ-ğunṭa ______________________.
5. hāḏa l-muʕallim ______________________.
6. l-iktāb ______________________ ʕa-l-mēz.
7. hāḏa d-daftar ______________________.
8. hāḏa l-xāwli ______________________.
9. il-ḥammām il-qadīm ______________________.
10. hāḏa l-qāmūs ______________________.

Ü 2.7 Übersetzen Sie:

1. Diese Tasche ist schwer.
2. Im teuren Restaurant ist ein reicher Mann.
3. Meine kleine Schwester ist schlank.

4. Unser Haus ist in Bagdad. Es ist neu und schön.
5. Wo ist das neue Wörterbuch? Es liegt (= ist) auf dem Tisch.
6. Die kleine Katze ist unter dem hohen Baum.
7. Dieses Bild ist hässlich.
8. Ist das Bad sauber? – Nein, es ist schmutzig.
9. Das neue Restaurant ist nahe von unserem Haus.
10. Dieses Auto ist teuer.

Ü 2.8 Vervollständigen Sie die Sätze nach folgendem Muster:
hāḏa minu? – hāḏa ____________ (ʕamm, āni). – mnēn __________? – huwwa __________ (in-Nağaf). š-ism___? – ism___ __________. → hāḏa minu? – hāḏa ʕammi. – mnēn ʕammič? – huwwa min in-Nağaf. – š-isma? – isma Ḥsēn.

1. hāḏa minu? hāḏa ____________ (ğīrān, huwwa) – mnēn ğīrān___? – huwwa ___________ (Baġdād). – š-ism___ ? – ism__ ______________.
2. hāya minu? – hāya _________ (uxut, hiyya). – mnēn uxt___? hiyya ___________ (Rōma). – š-isim___? – isim___ ______________.
3. hāḏa šinu? – hāḏa___________ (ktāb, āni) – mnēn iktāb ___? – huwwa _____________. (iğ-ğāmʕa) – š-ism ___? – ism ___ ____________.
4. hāḏa minu? – hāḏa ____________ (muʕallim, hiyya). – mnēn muʕallim ___? – huwwa__________. (Karkūk) – š-ism__? – ism ___ il-ustāḏ _________.
5. hāya minu? – hāya___________ (ʕamma, āni). – mnēn ʕammt ___? hiyya___________. (ʕAmmān) – š-isim ___? – isim ___ ___________.
6. hāḏa minu? – hāḏa ____________ (ğīrān, iḥna). – min wēn ğīrān ___? huwwa ___________. (Istanbūl) – š-ism ___? – ism ___ ____________.
7. hāḏa minu? – hāḏa ____________ (ṣadīq, āni). – mnēn ṣadīq ___? – huwwa ___________. (in-Namsa) – š-ism ___? – ism ___ ___________.
8. hāya minu? – hāya ___________ (uṃṃ, huṃṃa). – mnēn uṃṃ ___? – hiyya_____________. (Lubnān) – š-isim ___? – isim ___ ___________.

Ü 2.9 Setzen Sie die Sätze fort, indem Sie das gegenteilige Adjektiv verwenden:
hāḏa ğ-ğāmiʕ qadīm, bass hāḏa ________. → hāḏa ğ-ğāmiʕ qadīm, bass hāḏa ğidīd.

1. ṣadīqi Ḥasan faqīr, bass ṣadīqi Amīr ________________.
2. hāy is-sayyāra rixīṣa, bass hāy ________________.

3. il-madrasa qarība, bass iǧ-ǧāmʕa ______________.
4. ʕammi Muṣṭafa čibīr, bass ʕammi Ḥsēn baʕda (*noch*) ______________.
5. hāḏa r-riǧǧāl simīn, bass bitta ______________.
6. Zaynab ḥilwa, bass čalibha ______________.
7. qalami gṣayyir, bass qalamak ______________.
8. hāḏa l-bēt ǧidīd, bass hāḏa ______________.
9. hāy iǧ-ǧunṭa xafīfa, bass hāya ______________.
10. il-maṭʕam iǧ-ǧidīd niḏīf , bass twālēta ______________.

Ü 2.10 Beschreiben Sie das Bild, indem Sie die bisher gelernten Präpositionen verwenden. Sie sehen hier unter anderem: *bēt ičbīr, bēt iẓġayyir, šaǧara, sayyāra ʕatīga, sayyāra ǧidīda, Zaynab, ʕAlī, čalib, bazzūna, ṭēr* usw.

Beginnen Sie mit: *Zaynab giddām il-bēt l-iẓġayyir …*

Lektion III

Texte

Text III/1: Im Kaffeehaus – *b-il-kāfē*

Sāmi: Aḷḷa ysāʕidhum!
il-bōy: ahlan wa sahlan, intu čam wāḥid?
Sāmi: iḥna arbaʕa, aku ʕiddkum mukān?
il-bōy: aku! tfaḏḏlu! – š-itḥibbūn itšurbūn?
Sāmi: ğīb-ilhum čāyāt bass āni ğīb-li ḥāmuḏ.
il-bōy: itḥibbūn ağīb-ilkum šī lax?
Sāmi: ī, ğīb-ilna dōmna min ruxuṣtak.
il-bōy: tiddallilūn iʕyūni.
Sāmi: maškūr, Aḷḷa yxallīk.
waṛa šwayya...
Sāmi: šgadd l-iḥsāb?
il-bōy: alfēn dīnār.

Text III/2: Ich bin hungrig – *āni ğūʕāna*

Zaynab: āni ğūʕāna, w-inta?
Bassām: šwayya, mū hwāya.
Zaynab: š-itgūl? nrūḥ nākul-inna fadd laffat gaṣṣ iẓġayyra?
Bassām: ī, lēš lā, š-aku bīha!
Zaynab: š-itḥibb akṯar, gaṣṣ laḥam lō diğāğ?
Bassām: gaṣṣ laḥam, bala ṭamāṭa.
Zaynab: w-āni hammēn.
Bassām: ʕēni! fadd iṯnēn gaṣṣ laḥam bala ṭamāṭa, min ruxuṣtak!
il-ʕāmil: ḥāḏir tiddallal!

Text III/3: Wo ist das Hotel? – *wēn il-findiq?*

Muna: min ruxuṣtak ʕēni, tuʕruf wēn findiq ʕAštār?
Aḥmad: yimkin ib-rās iš-šāriʕ, bass mū akīd, āni mū min ha-l-manṭaqa.
Muna: walā yhimmak! raḥ-ʔasʔal šaxiṣ ṯāni.

Aḥmad: ī, aḥsan!
Muna: tislam!
Aḥmad: Aḷḷa ysallmič!
Muna: fīmānillā!
Aḥmad: fīmānillā!

✓ Idiomatische Phrase: *il ma yuʕruf yurguṣ ygūl il-gāʕ ʕōga* „Wer nicht tanzen kann, sagt der Boden ist schief." – Sagt man, wenn jemand Ausreden gebraucht.

Übung zu den Texten

Ü 3.1 Beantworten Sie folgende Fragen zu den Texten III/1–3.

1. aku mukān fārig b-il-kāfē?
2. Sāmi w-aṣdiqāʔa čam wāḥid?
3. šgadd l-iḥsāb b-il-kāfē?
4. Bassām yḥibb gaṣṣ laḥam lō diğāğ?
5. wēn findiq ʕAštār?

Grammatik

3.1 Der Plural von Nomen (1) – Externer Plural

Es existieren drei wichtige Arten der Pluralbildung, welche extern, d.h. durch Anfügung von spezifischen Endungen, gebildet werden. Eine vierte Art der Pluralbildung ist der interne Plural, der in §4.1 besprochen wird.

A. Femininer Plural auf *-āt*

Viele Wörter, die auf *-a* enden und damit grammatisch feminin sind, bilden ihren Plural durch Anfügung der Silbe *-āt.* Dieses Pluralsuffix tritt direkt an den Wortstamm, d.h., das *-a* des Singulars fällt aus und wird durch die Pluralendung ersetzt. Es wird sowohl für Substantive als auch für Adjektive und Partizipien verwendet. Letzteres insbesondere bei Bezug auf weibliche Personen.

sāʕa → sāʕāt	„Uhr, Stunde" – „Uhren, Stunden"
kilma → kilmāt	„Wort" – „Wörter"
šahāda → šahādāt	„Zeugnis" – „Zeugnisse"
sayyāra → sayyārāt	„Auto" – „Autos"
ḥilwa → ḥilwāt	„hübsche (F.SG)" – „hübsche (F.PL)"
lābsa → lābsāt	„(Kleider) tragend (F.SG)" – „tragende (F.PL)"

Einige Substantive, die auf *-a* enden, behalten dieses jedoch. Zwischen dieses *a* und die Pluralendung tritt dann der Gleitlaut *w* oder *y*:

sima → *samawāt*	„Himmel" – „Himmel (PL)"
ḏikra → *ḏikrayāt*	„Erinnerung" – „Erinnerungen"

Gleiches gilt auch für viele Lehnwörter, die auf einen Vokal auslauten:

rādyo → *rādyowāt*	„Radio" – „Radios"
pāša → *pāšawāt*	„Pascha" – „Paschas"
xāwli → *xāwliyyāt*	„Handtuch" – „Handtücher"

Sprachhistorische Anmerkung: Die entsprechenden Wörter im Hocharabischen enden nicht auf *tāʔ marbūṭa*, sondern auf *-āʔ* oder *-ā*, vgl. die obigen Beispiele *samāʔ* (سماء) und *ḏikrā* (ذكرى).

Die Pluralendung *-āt* tritt nicht selten auch an andere Substantive, die im Singular maskulin sind und nicht auf *-a* enden (es bestehen keine Regeln, häufig sind es jedoch Fremdwörter).

maṭār → *maṭārāt*	„Flughafen" – „Flughäfen"
ḥammām → *ḥammāmāt*	„Bad, Toilette" – „Bäder, Toiletten"
nahār → *nahārāt*	„Tag" – „Tage"
tilfizyōn → *tilfizyōnāt*	„Fernseher" – „Fernseher (PL)"
bōy → *bōyāt*	„Kellner" – „Kellner (PL)"

B. Maskuliner Plural *-īn*

An ein Substantiv angefügt dient diese Endung ausschließlich zur Pluralisierung von Wörtern, die männliche Personen bezeichnen.

muhandis →*muhandisīn*	„Ingenieur" – „Ingenieure"
muslim → *muslimīn*	„Muslim" – „Muslime"
ʕIrāqi → *ʕIrāqiyyīn*	„Iraker" – „Iraker (PL)"
naǧǧār → *naǧǧārīn*	„Tischler" – „Tischler (PL)"

Auch eine Reihe von Adjektiven sowie alle aktiven und passiven Partizipien werden durch die Endung *-īn* in den Plural gesetzt. Hierbei besteht keine Beschränkung auf männliche Personen.

fallāḥīn ǧūʕānīn „hungrige Bauern"
banāt ḥilwīn oder *banāt ḥilwāt* „hübsche Mädchen"
xams iglāṣāt fārġīn „fünf leere Gläser"

C. Maskuliner Plural auf *-a*

Eine weitere, nur für männliche Personen gebrauchte Pluralendung ist *-a*. Diese Endung ist also formal mit der Femininendung identisch. Sie tritt vor allem in folgenden Fällen auf:

- Sehr häufig bei Substantiven, die auf *-i* und *-či* enden, sowie bei Adjektiven auf *-sizz*. Der Plural lautet immer auf die Silbe *-iyya*:

ḥarāmi → *ḥarāmiyya*	„Dieb, Räuber" (SG – PL)
čāyči → *čāyčiyya*	„Teeverkäufer" (SG – PL)
fītarči → *fītarčiyya*	„Automechaniker" (SG – PL)
adabsizz → *adabsizziyya*	„unverschämt" (SG – PL)

- Einige Substantive des Schemas *faʕʕāl*, das Berufe bezeichnet:

zabbāl → *zabbāla*	„Müllmann" (SG – PL)
ʕammāl → *ʕammāla*	„Bauarbeiter" (SG – PL)

Beachte: Bei einigen dieser Substantive fallen feminin Singular und maskulin Plural lautlich zusammen, z.B. *ḥarāmiyya* „Räuberin; Räuber (PL)", *gōlčiyya* „Torfrau; Tormänner". Der feminine Plural lautet dann auf *-āt*, z.B. *ḥarāmiyyāt* „Räuberinnen". Um Missverständnisse zu vermeiden, muss hier demnach auf den Kontext geachtet werden.

Exkurs: Nomen auf *-či*

Das Suffix *-či* kommt ursprünglich aus dem Türkischen (in türkischer Orthographie *-ci/-çi* geschrieben) und wird für einfache Berufe sowie zum Ausdruck von gewohnheitsmäßigen Handlungsmustern und Eigenschaften verwendet. Letztere haben so gut wie immer einen negativen Beigeschmack. Alle Substantive auf *-či* bilden den Plural und – falls üblich – die Femininform auf *-čiyya*. Der feminine Plural lautet *-čiyyāt*. Beispiele:

čāyči	„Teeverkäufer"
fītarči	„Automechaniker"
gahawči	„Kaffeehausbesitzer"
gōlči	„Tormann"
pāčači	„Pāča-Verkäufer"
nīšānči	„Scharfschütze"
ʕaragči	„Säufer, Trunkenbold"
laġawči	„Plaudertasche"
niswanči	„Frauenheld"
qamarči	„Spieler"

3.2 Negation von Nominalsätzen

Die einfachste und häufigste Negation von Sätzen, die kein Verb enthalten, erfolgt durch die Partikel *mū*. Diese Partikel steht immer zwischen dem Subjekt und dem Prädikatsnomen. Ist das Subjekt pronominalisiert, muss es durch ein unabhängiges Personalpronomen ausgedrückt werden.

Fāṭma mū hnā.	„Fāṭima ist nicht hier."
Farīd mū muhandis.	„Farīd ist kein Ingenieur."
hāy mū xōš fikra.	„Das ist keine gute Idee."
hāḏa mū ḍarūri.	„Das ist nicht nötig."
hiyya mū ǧūʕāna.	„Sie ist nicht hungrig."
āni mū ʕIrāqi.	„Ich bin kein Iraker."

Häufig gebraucht wird *mū hīč*, das einem Satz nachgestellt wird und wörtlich „Ist es nicht so?" bedeutet. Oft entpricht es deutsch „oder?" bzw. „nicht wahr?".

huwwa maṣri, mū hīč? „Er ist Ägypter, oder?"

Wie bereits erwähnt, wird *aku* durch *māku* negiert:

māku ḥalīb b-iṯ-ṯillāǧa. „Es gibt keine Milch im Kühlschrank."

3.3 Die Wörter *šwayya, hwāya* und *kulliš*

Die Grundbedeutung der Wörter *šwayya* und *hwāya* ist „wenig" bzw. „viel". Sie werden in verschiedener Weise verwendet. Sehr häufig gebraucht wird *hwāya* als Adverb in der Bedeutung „viel".

ʕAli yišrab ihwāya.	„Ali trinkt viel."
uxti hwāya tidrus.	„Meine Schwester lernt viel."

Das Wort *šwayya* wird in dieser Funktion seltener verwendet, meist nur in Befehlen und Aufforderungen.

intiḍir šwayya!	„Warte ein wenig!"
tiǧi šwayya?	„Würdest du kurz einmal kommen?"

Vor unbestimmten Substantiven, die nicht zählbare Mengen bezeichnen, bedeutet es „ein wenig, ein bisschen"; fakultativ wird es in dieser Funktion auch in der Form *šwayyat* gebraucht.

šwayya ~ šwayyat miliḥ	„ein bisschen Salz"
šwayya ~ šwayyat gahwa	„ein wenig Kaffee"

Auch *hwāya* kann vor einem unbestimmten und meist als Kollektiv aufgefassten Substantiv verwendet werden und bedeutet dann „viel(e)“:

hwāya flūs	„viel Geld“
hwāya nās	„viele Leute“

Das Wort *hwāya* wird auch im Sinne von „sehr“ verwendet und steht dann vor dem Adjektiv, auf das es sich bezieht. Häufiger ist in dieser Funktion jedoch *kulliš*, das vor oder hinter dem Adjektiv stehen kann.

iš-šāriʕ hwāya waṣix. ~ iš-šāriʕ kulliš waṣix. ~ iš-šāriʕ waṣix kulliš.
„Die Straße ist sehr schmutzig.“

ha-l-filim kulliš ḥilu. „Dieser Film ist sehr schön.“

kulliš kann auch zur Verstärkung von Verben verwendet werden. Zur noch stärkeren Betonung wird es auch mit *hwāya* kombiniert.

yaʕǧibni hāḏa l-qamīṣ kulliš.	„Dieses Hemd gefällt mir sehr.“
aḥibbič kulliš hwāya.	„Ich liebe dich wirklich sehr.“
inta farḥān? – kulliš.	„Bist du froh? – Sehr!“

3.4 Das Verb (1): Das Präsens

Die Präsensformen werden hauptsächlich durch Anfügung von Vorsilben (Präfixen) konjugiert. In einigen Personen treten zusätzlich zu den Vorsilben auch Nachsilben (Suffixe) an den entsprechenden Verbstamm. Diese sogenannten Flexionsaffixe sind für sämtliche Verben gleich, allerdings gibt es ein paar Varianten, die sich nach dem Anlaut bzw. Auslaut des jeweiligen Verbs richten. Der wichtigste Unterschied besteht zwischen jenen Verben, deren Stamm mit zwei Konsonanten beginnt und jenen, deren Stamm mit nur einem Konsonanten beginnt.

Die Flexionsaffixe des Präsens

	SINGULAR		PLURAL	
	VOR KK	VOR K	VOR KK	VOR K
1. PERS.	*a-*	*a-*	*ni-/nu-*	*n-*
2. PERS. M.	*ti-/tu-*	*t-*	*ti--ūn/tu--ūn*	*t---ūn*
2. PERS. F.	*ti--īn/tu--īn*	*t---īn*		
3. PERS. M.	*yi-/yu-*	*y-*	*yi--ūn/yu--ūn*	*y---ūn*
3. PERS. F.	*ti-/tu-*	*t-*		

Der sogenannte Grundstamm, der die Basisbedeutung des Verbs ausdrückt, hat drei verschiedene Präsensstämme, die sich jeweils durch einen anderen Vokal unterscheiden. Es sind dies -KKaK-, -KKiK- und -KKuK-.

Bei Antritt vokalisch anlautender Flexionssuffixe kommt es zu einem „Umspringen“ und ggf. auch einer Änderung des Vokals zur Basis -KvKK-.

Der Vokal des Präfixes richtet sich mit wenigen Ausnahmen nach dem Stammvokal: Folgt *a* oder *i*, ist er *i*, folgt *u* ist er *u* (Beispiele siehe unten). Der Präfixvokal entfällt fast immer in den Formen mit Flexionssuffixen (2.F.SG, 2.PL, 3.PL): *tliʕbīn* „du (F) spielst“.

Anmerkung: Die femininen Pluralformen werden analog zu den (ursrpünglich) maskulinen gebildet, indem die Endung *-ūn* durch *-an* ersetzt wird. In den Konjugationstabellen im *Supplement* sind auch diese angegeben. Die Nummerierung der Paradigmen (abgekürzt Pd.) bezieht sich auf jene im *Supplement.*

Paradigma: Reguläre Verben im Grundstamm mit Basisvokal *i* (Pd.-1A):

Musterverb: *-ktib-* „schreiben“

	SINGULAR		PLURAL	
1. PERS.	***a**ktib*	*a_ _i_*	***ni**ktib*	*ni_ _i_*
2. PERS. M.	***ti**ktib*	*ti_ _a_*	*tkitb**ūn***	*t_i_ _ūn*
2. PERS. F.	*tkitb**īn***	*t_i_ _īn*		
3. PERS. M.	***yi**ktib*	*yi_ _i_*	*ykitb**ūn***	*y_i_ _ūn*
3. PERS. F.	***ti**ktib*	*ti_ _i_*		

Weitere Verben, die nach diesem Schema konjugiert werden, sind: *yiʕǧib* „gefallen“, *yiġsil* „waschen, (Geschirr) spülen“.

Paradigma: Reguläre Verben im Grundstamm mit Basisvokal *a* (Pd.-1B):

Bei diesem Stamm müssen zwei Unterkategorien unterschieden werden: Eine, in welcher das *a* bei Antritt vokalischer Suffixe zu *i* wird, und eine andere, in welcher es zu *u* wird.

Basisvokal *a* mit Variante *i*

Musterverb: *-lbas-* „anziehen (Kleider)"

	Singular		Plural	
1. Pers.	***al**bas*	*a_ _a_*	***ni**lbas*	*ni_ _a _*
2. Pers. m.	***ti**lbas*	*ti_ _a _*	*tlibs**ūn***	*t_i_ _ūn*
2. Pers. f.	*tlibs**īn***	*t_i_ _īn*		
3. Pers. m.	***yi**lbas*	*yi_ _a_*	*ylibs**ūn***	*y_u_ _ūn*
3. Pers. f.	***ti**lbas*	*ti_ _a_*		

Weitere Verben, die nach diesem Schema konjugiert werden, sind: *yismaʕ* „hören", *yiṭlaʕ* „hinaufgehen", *yilʕab* „spielen".

Basisvokal *a* mit Variante *u*

Musterverb: *-šrab-* „trinken"

	Singular		Plural	
1. Pers.	***a**šrab*	*a_ _a_*	***ni**šrab*	*ni_ _a _*
2. Pers. m.	***ti**šrab*	*ti_ _a _*	*tšurb**ūn***	*t_u_ _ūn*
2. Pers. f.	*tšurb**īn***	*t_u_ _īn*		
3. Pers. m.	***yi**šrab*	*yi_ _a_*	*yšurb**ūn***	*y_u_ _ūn*
3. Pers. f.	***ti**šrab*	*ti_ _a_*		

Weitere Verben, die nach diesem Schema konjugiert werden, sind: *yirkab* „einsteigen, fahren (mit Verkehrsmittel)", *yigrab* „sich nähern".

Paradigma: Reguläre Verben im Grundstamm mit Basisvokal *u* (Pd.-2):

Musterverb: *-ṭbux-* „kochen"

	Singular		Plural	
1. Pers.	***a**ṭbux*	*a_ _u_*	***nu**ṭbux*	*nu_ _u _*
2. Pers. m.	***tu**ṭbux*	*tu_ _u _*	*tṭubx**ūn***	*t_u_ _ūn*
2. Pers. f.	*tṭubx**īn***	*t_u_ _īn*		
3. Pers. m.	***yu**ṭbux*	*yu_ _u_*	*yṭubx**ūn***	*y_u_ _ūn*
3. Pers. f.	***tu**ṭbux*	*tu_ _u_*		

Weitere Verben, die nach diesem Schema konjugiert werden, sind: *yurkuḏ* „laufen, rennen"; *yurguṣ* „tanzen", *yuḏrub* „schlagen", *yuʕruf* „wissen, kennen".

Beachte: Bei einigen wenigen Verben, deren Stammvokal ein *u* ist, lautet der Präfixvokal trotzdem auf *i*. Darunter fallen *yidrus* „lernen, studieren“ und *yidxul* „eintreten“.

Paradigma: Die Verben *yākul* „essen“, *yāxuḏ* „nehmen“ (Pd.-7):

Die beiden Verben „essen“ und „nehmen“ zeigen einen langen Vokal im Präfix:

	SINGULAR		PLURAL	
1. PERS.	*ākul*	*āxuḏ*	***n**ākul*	***n**āxuḏ*
2. PERS. M.	***t**ākul*	***t**āxuḏ*	***t**āklūn*	***t**āxḏ**ūn***
2. PERS. F.	***t**ākl**īn***	***t**āxḏīn*		
3. PERS. M.	***y**ākul*	***y**āxuḏ*	***y**ākl**ūn***	***y**āxḏ**ūn***
3. PERS. F.	***t**ākul*	***t**āxuḏ*		

Sprachhistorische Anmerkung: Der erste Radikal dieser beiden Verben war ursprünglich ein *Hamza*, welches mit dem Präfixvokal *a* zu einem langen Vokal verschmolzen ist (*yaʔkulu* → *yākul*).

Paradigma: Verben mit Basisvokal *ā / ī / ū* (Pd.-5A-C):

Verben mit einem langen Vokal (= v̄) zwischen je einem Konsonanten werden auch als konkave Verben bezeichnet. Der Verbstamm beginnt mit nur einem Konsonanten.

Musterverb: *-rūḥ-* „gehen“

	SINGULAR		PLURAL	
1. PERS.	***a**rūḥ*	*a_ v̄ _*	***n**rūḥ*	*n_ v̄ _*
2. PERS. M.	***t**rūḥ*	*t_ v̄ _*	***t**rūḥ**ūn***	*t_ v̄_ūn*
2. PERS. F.	***t**rūḥ**īn***	*t_ v̄ _īn*		
3. PERS. M.	***y**rūḥ*	*y_ v̄_*	***y**rūḥ**ūn***	*y_ v̄ _ūn*
3. PERS. F.	***t**rūḥ*	*t_ v̄ _*		

Weitere Verben, die nach diesem Muster konjugiert werden, sind: *ynām* „schlafen“, *yxāf* „sich fürchten“, *yṣīr* „werden“, *yǧīb* „bringen“, *yrīd* „wollen“, *yšūf* „sehen“, *ymūt* „sterben“, *yzūr* „besuchen“.

3.5 Die Entsprechung von „wollen"

Mithilfe des Verbs *yrīd* wird ein Wunsch (teilweise auch mit Zukunftsbedeutung) ausgedrückt. Sowohl *yrīd* als auch das folgende Hauptverb werden dabei immer konjugiert!

arīd anām	„Ich will schlafen."
trīdīn itrūḥīn l-il-Baṣra?	„Willst du nach Basra fahren?"

Übungen zur Grammatik

Ü 3.2 Setzen Sie die folgenden Sätze in den Plural und übersetzen Sie sie dann ins Deutsche.

Muster: *āni muwaḏḏaf → iḥna muwaḏḏafīn.* „Wir sind Beamte."

1. inta muslim? ____________. ____________.
2. huwwa čaḏḏāb. ____________. ____________.
3. hiyya xayyāṭa. ____________. ____________.
4. inti ʕIrāqiyya? ____________. ____________.
5. huwwa qundarči. ____________. ____________.
6. āni Namsāwi. ____________. ____________.
7. āni fītarči. ____________. ____________.
8. inti ṭāliba. ____________. ____________.
9. huwwa Maṣri. ____________. ____________.
10. hiyya muʕallma. ____________. ____________.

Ü 3.3 Versuchen Sie zuerst, die Bedeutung der folgenden Fremdwörter herauszufinden. Dann bilden Sie damit einfache Sätze in Singular und Plural. Wie bei vielen Fremdwörtern wird der Plural auf *-āt* gebildet.

1. *garāğ* ____________.
2. *pāṣ* ____________.
3. *kāfē* ____________.
4. *trafik lāyt* ____________.
5. *talifōn* ____________.
6. *pāysikil* ____________.
7. *tilfizyōn* ____________.
8. *kampyūtar* ____________.

Ü 3.4 Setzen Sie die passenden Verbformen ein und übersetzen Sie sie:

	āni	*intu*	*humṃa*	*inta*	*iḥna*	*hiyya*	*inti*
yilʕab							
yāxuḏ							
yuṭbux							
yākul							
ynām							
yidrus							
yismaʕ							
yšūf							

Ü 3.5 Bilden Sie Fragen und Aussagesätze mit den Formen aus Übung 3.3.

Ü 3.6 Antworten Sie auf folgende Fragen, indem Sie sie zuerst verneinen und anschließend den wahren Sachverhalt angeben.

Beispiel: *Zaynab min il-Baṣra? – lā, Zaynab mū min il-Baṣra, Zaynab min ir-Rumādi.*

1. inta ʕIrāqi? – lā, ______________________________.
2. hāḏa l-mēz maḥǧūz? – lā, ______________________________.
3. intu ǧūʕānīn? – lā, ______________________________.
4. uṃṃič muwaḏḏafa? – lā, ______________________________.
5. inti ṭāliba b-ǧāmʕat Baġdād? – lā, ______________________________.
6. Muna ṭifla? – lā, ______________________________.
7. ʕAli našuṭ? – lā, ______________________________.
8. il-maṭār biʕīd ʕan bētkum? – lā, ______________________________.
9. intu min Īṭālya? – lā, ______________________________.
10. uxtak muhandisa? – lā, ______________________________.

Ü 3.7 Beschreiben Sie die Lage der Gegenstände auf dem Bild. Folgende Wörter können dabei behilflich sein: *mēz* „Tisch“, *skamli* „Stuhl“, *ṭōba* „Ball“.

Lektion IV

Texte

Text IV/1: Bagdadisches Frühstück – *rayūg baġdādi*

ğuzuʔ asāsi b-bidāyt il-yōm ʕind il-baġdādiyyīn huwwa r-rayūg, w-il-akṯariyya yitrayygūn b-il-bēt gabuḷ-ma yrūḥūn l-iš-šuġuḷ aw l-il-madrasa. b-il-bēt akṯar šī yāklūn gēmar w-kāhi wiyya š-šīra aw il-ʕasal, w bēḏ̣ w ğibin ʕarab w maxlama w bāgilla b-id-dihin. w b-iš-šita ašhar rayūg huwwa l-bāṣṭirma, illi yāklūha b-waḥidha aw wiyya l-bēḏ̣, w ma-yixla r-rayūg il-baġdādi min xubz it-tannūr aw iṣ-ṣammūn il-ḥağari wiyya šurub čāy aswad aw čāy ḥalīb.

w barra l-bēt yrūḥūn il-ʕammāla w-aṣḥāb iṣ-ṣanāyiʕ min il-ġubša yitrayygūn pāča w karāʕīn aw šōrbat ʕadas aw bāgilla b-id-dihin gabuḷ-ma yballšūn šuġuḷ, w yrūḥūn akṯar šī hammēn il-muwaḏ̣ḏ̣afīn w-it-tiğğār l-il-maṭāʕim yitrayygūn it-tikka w-il-fašāfīš w-il-kabāb.

Text IV/2: In der Schule – *b-il-madrasa*

aku fadd marra ṣuḥufi da-yzūr mudīr madrasa b-maktaba w da-ysiʔla čam suʔāl:

iṣ-ṣuḥufi:	ṣabāḥ il-xēr!
il-mudīr:	ṣabāḥ in-nūr!
iṣ-ṣuḥufi:	āni min mağalla baġdādiyya ğidīda, isimha »Awlāduna«.
il-mudīr:	tšarrafna! tfaḏ̣ḏ̣al š-itrīd?
iṣ-ṣuḥufi:	ʕindi šwayya asʔila ʕan il-madāris ib-ṣūra ʕāmma.
il-mudīr:	tfaḏ̣ḏ̣al axi!
iṣ-ṣuḥufi:	min išwakit lī-šwakit yiḏallūn iṭ-ṭullāb b-il-madrasa?
il-mudīr:	iṭ-ṭullāb ʕiddhum madrasa min sāʕa ṯmānya lī sāʕa ṯintēn. w ʕuṭlat nihāyt il-isbūʕ yōm iğ-ğumʕa w-is-sabit.
iṣ-ṣuḥufi:	w čam daris ʕiddhum b-il-yōm?
il-mudīr:	bēn sitta w-iṯmānya. w bēn l-idrūs aku ʕiddhum furaṣ ṭabʕan.
iṣ-ṣuḥufi:	w aku ʕiddkum b-il-madrasa maṭbax aw maṭʕam?
il-mudīr:	b-il-madāris il-ḥukūmiyya l-il-asaf māku maṭābux. bass aku akšāk, ybīʕūn bīha nasātil w-ičbāsa w ʕaṣāyir w ybīʕūn hammēn laffāt aškāl w-alwān xuṣūṣan il-falāfil. iṭ-ṭullāb ib-ṣūra ʕāmma yištirūn minha b-il-furṣa aw yğībūn akilhum wiyyāhum min il-bēt.
iṣ-ṣuḥufi:	zēn! w waṛa l-idrūs aku riʕāya madrasiyya?

il-mudīr:	lā! waṛa-ma tixlaṣ l-idrūs yrūḥūn iṭ-ṭullāb raʔsan l-ibyūthum.
iṣ-ṣuḥufi:	šukran ğazīlan ʕa-l-istiḏāfa!
il-mudīr:	ʕafwan! tiddallilūn hāḏa wāğibna!

Text IV/3: Ein gewöhnlicher Tag – *yōm ʕādi*

Baššār yʕīš wiyya abū́ w uṃṃa w uxūta b-bēt iẓġayyir ib-manṭaqa qadīma. abū́ skāfi w uṃṃa rabbat bēt. Baššār yrūḥ kull yōm l-il-madrasa w hiyya qarība min iğ-ğāmiʕ. w waṛa l-madrasa aku ġadwiyya, w baʕdēn yibdi yidrus ingilīzi. b-il-lēl yrūḥ yzūr xāḷta Ḥalīma aw yilʕab ṭōba wiyya aṣdiqāʔa. w waṛāha yākul-la fadd laffa w yišrab-la čāy. waṛa l-ʕašwiyya yismaʕ rādyo w yiktib īmēḷāt il-aṣdiqāʔa b-il-Baṣra. Baššār ynām min wakit w yugʕud hamm min wakit.

Text IV/4: Studium oder Arbeit? – *dirāsa lō šuġuḷ?*

Karīm:	Nūr, inti da-tištaġlīn lō lā?
Nūr:	lā ma da-ʔaštuġuḷ. āni da-ʔadrus hassa.
Karīm:	š-da-tdursīn?
Nūr:	da-ʔadrus adab ingilīzi b-ğāmʕat Baġdād. w-inta, š-tištuġuḷ?
Karīm:	āni muwaḏḏaf ib-wizārt il-xāriğiyya.
Nūr:	ḥilu! w-itḥibb šuġḷak?
Karīm:	ī, kulliš!

Übungen zu den Texten

Ü 4.1 Fragen zu Text IV/2:

1. minu yzūr minu, w wēn?
2. mnēn iṣ-ṣuḥufi?
3. šwakit aku ʕuṭla nihāyt il-isbūʕ b-il-madāris?
4. čam daris aku b-il-yōm?
5. aku b-il-madāris il-ḥukūmiyya maṭābux?

Ü 4.2 Fragen zu Text IV/3:

1. wēn yʕīš Baššār?
2. šwakit yidrus Baššār ingilīzi?
3. š-ysawwi b-il-lēl?
4. wiyyā-man yilʕab ṭōba?
5. š-yākul w yišrab b-il-ʕašwiyya?

Grammatik

4.1 Der Plural von Nomen (2) – Interner Plural

Die Mehrheit der Substantive und Adjektive bildet den Plural durch interne Variation der Wortstruktur, das heißt durch eine vom Singular unterschiedliche Vokalisierung unter Beibehaltung der Konsonantenfolge. Obwohl es gewisse Regelmäßigkeiten gibt, muss die Pluralform zu jedem Substantiv und Adjektiv eigens dazugelernt werden. In den Wortlisten wird dieser daher immer angegeben.

ṣūra → *ṣuwar*	„Bild – Bilder"
čibīr → *kbār*	„groß – große (PL)"
walad → *wilid*	„Kind, Junge – Kinder, Jungen"
xēṭ → *xyūṭ*	„Faden – Fäden"
ǧīrān → *ǧuwārīn*	„Nachbar – Nachbarn"
maktab → *makātib*	„Büro – Büros"
ǧāmiʕ → *ǧawāmiʕ*	„Moschee – Moscheen"
čākūč → *čwākīč*	„Hammer – Hämmer"

Die internen Pluralformen zu den bisher gelernten Wörtern finden sich am Ende dieser Lektion.

4.2 Kongruenz mit Pluralformen

Alle Wörter (Attribute, Pronomen, Verben usw.), die sich auf menschliche Wesen beziehen, kongruieren im Numerus mit dem Substantiv, auf das sie sich beziehen.

iǧ-ǧahāl ǧūʕānīn.	„Die Kinder sind hungrig."
ir-riyāǧīl l-ikbār	„die alten Männer"
il-banāt ḥilwāt.	„Die Mädchen sind hübsch."

Wenn es zu einem Adjektiv einen internen Plural gibt, kann dieser auch für feminine Pluralformen verwendet werden.

il-banāt l-iẓġār „die jungen Mädchen"

Anmerkung: Eine Ausnahme ist das Wort *nās* „Leute", das auch mit feminin Singular kongruieren kann.

Bei allen Wörtern, die sich nicht auf menschliche Wesen beziehen, findet sich sowohl Kongruenz mit dem internen, externen maskulinen, oder – viel seltener – femininen Plural, als auch mit feminin Singular. Prinzipiell werden Substantive, die etwas Abstraktes bezeichenen, fast immer mit feminin Singular kombiniert. Bezieht sich ein Adjektiv auf etwas Konkretes, so ist es häufig im Plural, insbesondere wenn es sich um einzeln erkennbare, dreidimensionale Gegenstände handelt.

il-wāǧibāt iṣ-ṣaʕba „die schwierigen Aufgaben"
in-nukāt iǧ-ǧidīda „die neuen Witze"
ǧīb l-igḷāṣāt il-fārġīn „Bring die leeren Gläser!"
l-ibyūt l-ičbīra ~ l-ikbār b-il-Manṣūr ġālya. „Die großen Häuser in (dem Stadtviertel) al-Manṣūr sind teuer."
il-aklāt il-miṣlāwiyya kulliš ṭayyba. „Mossuler Speisen sind sehr köstlich."

Anmerkung: In generellen Aussagen so wie im letzten Satz oben steht das Subjekt im Arabischen im Gegensatz zum Deutschen sehr häufig mit Artikel.

Die femininen Pluralformen können für Gruppen von Frauen, für mehrere einzelne Gegenstände und für Tiere verwendet werden. Ihre Verwendung ist vor allem dann üblich, wenn das Subjekt (etwa durch ein Attribut) näher bezeichnet wird. Feminin Singular bzw. der interne Plural ist jedoch auch möglich.

haḏanni l-ibyūt ġālyāt. „Diese Häuser sind teuer."
šūf haḏanni il-bizāzīn il-ḥilwāt. ~ šūf hāy il-bizāzīn il-ḥilwa. „Sieh dir diese süßen Katzen an!"
il-bizāzīn mākla ~ māklāt. „Die Katzen haben gefressen."

4.3 Pronominalsuffixe bei femininen Substantiven

Bei femininen Substantiven auf *-a* verändert sich diese Endung, wenn ein Suffix (oder ein substantivisches Attribut) folgt. Diese, in der Arabistik *Status constructus* genannte Form, endet entweder auf *-t* oder auf *-at*:

- auf *-t*, wenn das Suffix mit Vokal beginnt: *ṣūra + i → ṣūrti* „mein Bild"
- auf *-at*, wenn das Suffix mit Konsonant beginnt: *ṣūra + na → ṣūratna* „unser Bild".

Anmerkung: Bei manchen femininen Wörtern, die keine Femininendung aufweisen, wird bei Antritt von Suffixen bzw. wenn ein substantivisches Attribut folgt, auch ein *-t-* eingeschoben. Z.B.: *ṃayy* „Wasser", *ṃayyta* „sein Wasser", *ṃayyt il-bīr* „das Wasser des Brunnens".

Bei Antritt vokalisch anlautender Suffixe kommt es bei manchen Wörtern zu Veränderungen. Regelmäßig ist das der Fall, wenn vor der Femininendung zwei (verschiedene) Konsonanten stehen. Durch Antritt vokalischer Suffixe kommen dann drei Konsonanten hintereinander zu stehen. Diese werden nach der Regel von

Lektion 2.1.2 von einem Hilfsvokal aufgespalten, der in diesem Fall jedoch betont und variiert wird (normalerweise *u* nach *u*, *i* nach *i* und *a*).

> *rugba + a* → **rugbta* → *rugúbta* „sein Hals"
> *ġurfa + i* → **ġurfti* → *ġurúfti* „mein Zimmer"
> *sitra + i* → **sitrti* → *sitírti* „meine Jacke"
> *ḥafla + i* → **ḥaflti* → *ḥafílti* „meine Party"

Bei Wörtern mit zwei identischen Konsonanten tritt kein Hilfsvokal auf, allerdings wird der entsprechende Konsonant auch nur einfach gesprochen:

> *salla + i* → *sallti* [tatsächliche Aussprache *salti*] „mein Korb"

Paradigmen

SINGULAR	*ṣūra* „Bild"	*ġurfa* „Zimmer"
1. PERS.	_ṣūrt_***i***	_ġuruft_***i***
2. PERS. M.	_ṣūrt_***ak***	_ġuruft_***ak***
2. PERS. F.	_ṣūrt_***ič***	_ġuruft_***ič***
3. PERS. M.	_ṣūrt_***a***	_ġuruft_***a***
3. PERS. F.	_ṣūrat_***ha***	_ġurfat_***ha***
PLURAL		
1. PERS.	_ṣūrat_***na***	_ġurfat_***na***
2. PERS.	_ṣūrat_***kum***	_ġurfat_***kum***
3. PERS.	_ṣūrat_***hum***	_ġurfat_***hum***

Beachte: Es gibt Wörter, die zwar auf *-a* enden, aber maskulin sind. Diese bilden den *Status constructus* auf *-āt*, z.B. *maʕna* „Sinn, Bedeutung" → *maʕnāta* „seine Bedeutung".

4.4 Negation des Verbs

Sowohl Verben im Perfekt als auch im Präsens werden durch Voranstellung von *ma* verneint. Folgt ein Verb im Präsens der 1. Person Singular verbindet sich das *ma* sehr oft mit dem folgenden Präfix zu langem *mā-*. Um eine Negation zu verstärken, kann *abad* (~ *abadan*) hinzugefügt werden, das meist am Satzende steht.

> *il-wilid ma yāklūn b-il-madrasa.* „Die Buben essen nicht in der Schule."
> *āni mā-šrab čāy aswad.* „Ich trinke keinen schwarzen Tee."

ḥasab il-ʕāda n-nās ib-Baġdād ma yitrayygūn b-il-maṭʕam. „Für gewöhnlich frühstücken die Leute in Bagdad nicht im Restaurant."
ʕAli ma yidrus adab ingilīzi, yidrus adab faransi. „Ali studiert nicht englische Literatur, er studiert französische Literatur."
ma tišrab ḥalīb abad. „Sie trinkt gar keine Milch."

4.5 Das Verb (2): Die Verlaufsform des Präsens

Um auszudrücken, dass eine Handlung gerade stattfindet und länger andauert (ähnlich wie die englische *progressive form*) wird vor ein Verb in der Präsensform das Präfix *da-* angefügt. Dieses Präfix wird aber auch sehr häufig gebraucht, um eine gewohnheitsmäßige Handlung auszudrücken.

Eine Besonderheit zeigt die 1. Person Singular: Hier verschmilzt – außer bei sehr langsamer Sprechweise – das anlautende *a-* des Verbs mit dem vorangehenden *da-* zu einem langen *ā*. Die Verneinung steht vor dem *da-*.

š-da-tsawwi? „Was machst du gerade?"
da-yiktib īmēḷ „Er schreibt gerade eine E-Mail."
inti da-tištaġlīn lō lā? „Du arbeitest (derzeit), oder?"
āni dā-drus (~ *da-ʔadrus*) *hassa.* „Ich studiere derzeit."
uṃṃi ma da-tištuġuḷ, hiyya b-il-bēt. „Meine Mutter arbeitet gerade nicht, sie ist zu Hause."

Wortfeld 2: Die Familie – *il-ʕāʔila*

Familienstrukturen sind im Irak (wie auch in anderen arabischen Ländern) weiterhin von großer sozialer Bedeutung, weshalb es wichtig ist, sich die Verwandtschaftsbezeichnungen gut einzuprägen. Man beachte, dass manche dieser Substantive bei Anfügung von Possessivsuffixen unregelmäßige Formen haben.

uṃṃ PL *uṃṃahāt*	Mutter	ʔ-m-m
abb PL *abbahāt* *abūya, abūk, abūč* ...	Vater mein Vater, dein Vater …	ʔ-b-b
uxut PL *xawāt*	Schwester	ʔ-x-t
axx PL *uxwa, uxwān* *axūya, axūk, axūč* ... *uxūti, uxūtak, uxūtič*	Bruder (Plural auch „Geschwister") mein Bruder, dein Bruder … meine Brüder, deine Brüder …	ʔ-x-x/w
bitt PL *banāt*	Tochter	b-n-y
ibin PL *wilid*	Sohn	ʔ-b-n

bībi PL *bībiyyāt* *bībīti, bībiyyatna*	Großmutter; meine Großmutter, unsere Großmutter	b-y-b
ğidd PL *ğdūd*	Großvater	ğ-d-d
rağil ~ *zawiğ*	Ehemann	r-ğ-l z-w-ğ
mara ~ *zawğa*	Ehefrau	m-r z-w-ğ
garāyib	Verwandte/r und PL Verwandte	g-r-b
xāḷ PL *xwāḷ*	Onkel (mütterlicherseits)	x-w-l
xāḷa PL *xāḷāt*	Tante (mütterlicherseits)	x-w-l
ʕamm PL *ʕmām*	Onkel (väterlicherseits); auch: Schwiegervater (weil zumindest früher oft die Cousine geheiratet wurde)	ʕ-m-m
ʕamma PL *ʕammāt*	Tante (väterlicherseits)	ʕ-m-m
ḥama PL *ḥimyān* *ḥamāya*	Schwiegervater mein Schwiegervater	ḥ-m-y
ḥamāt PL *ḥamawāt*	Schwiegermutter	ḥ-m-y
čanna PL *čanāyin*	Schwiegertochter	č-n-n
nisīb PL *ansāb* ~ *nisbān*	Schwiegersohn, Schwager (Mann der Schwester)	n-s-b
silfa PL *salāyif*	Schwägerin (Frau des Bruders des Ehemannes)	s-l-f
ḥamu *ḥamāya, ḥamūk, ḥamūč*	Schwager mein Schwager, dein Schwager …	ḥ-m-w
ḥamāya *ḥamāti, ḥamātak, ḥamātič…*	Schwägerin meine Schwägerin, deine Schwägerin …	ḥ-m-y
ḥafīda PL *ḥafīdāt*	Enkeltochter	ḥ-f-d
ḥafīd PL *aḥfād*	Enkelsohn	ḥ-f-d

„Cousine, Cousin“ werden ausgedrückt durch „Tochter/Sohn des Onkels/der Tante“. Dem deutschen Ausdruck „meine Cousine“ können daher im Bagdadischen folgende Ausdrücke entsprechen: *bitt ʕammi; bitt ʕammti, bitt xāḷi, bitt xāḷti.* Für „Cousin“ dementsprechend *ibin ʕammi* usw.; *ibin uxti* „Neffe“ und *bitt uxti* „Nichte“ usw. Die Wörter für „Tante“ und „Onkel“ werden nur für die leiblichen Verwandten gebraucht. Die angeheirateten Tanten/Onkel heißen *maṛat ʕammi*, *rağil xāḷti* usw. Zum Stiefvater sagt man *ʕammi* oder *rağl uṃṃi*, zur Stiefmutter *xāḷti* oder *maṛt abūya.*

Übungen zur Grammatik

Ü 4.3 Versehen Sie zuerst die folgenden Substantive mit den Pronominalsuffixen und bilden Sie dann einfache Sätze damit.

	inti	*huwwa*	*iḥna*	*hiyya*	*intu*	*inta*	*āni*
xāḷa							
sayyāra							
muškila							
ǧunṭa							
fikra							
ḥadīqa							
madrasa							

Ü 4.4 Bilden Sie mit den Wörtern *axx, xāḷa, ḥamāya, bībi* und *ǧidd* kurze Dialoge nach dem folgenden Muster:

š-isim ʕammak? – isim ʕammi Ḥsēn.
wēn sākin ʕammak? – ʕammi sākin ib-Bābil.

Ü 4.5 Transformieren Sie die folgenden Sätze in den Plural:

Muster: *b-fariʕna aku ǧāmiʕ ǧidīd. → b-fariʕna aku ǧawāmiʕ iǧdād.*

1. xāḷi yākul ihwāya.
2. b-ṣaffna aku ʕIrāqi.
3. aku ṣūra čbīra ʕa-l-mēz.
4. ǧīrānhum kulliš zangīn.
5. aku xāwli niḏ̣īf b-il-ḥammām?
6. hāḏa l-maṭʕam il-baġdādi zēn.
7. hāy iǧ-ǧunṭa ṯigīla.
8. l-ibnayya ẓġayyra.

Ü 4.6 Bringen Sie die folgenden Wörter in die richtige Reihenfolge und übersetzen Sie sie anschließend:

1. ir-rayūg, yilʕab, waṛa, iǧ-ǧāhil, b-iṭ-ṭōba
2. bass, čāy, nišrab, iṣ-ṣubuḥ

3. min wakit, ǧīrānna, kulliš, tnām
4. l-, yrūḥūn, huṃṃa, marra, b-, il-maṭʕam, il-isbūʕ
5. l-, Hāni, madrasa, b-Baġdād, yrūḥ
6. akil, uṃṃi, ʕIrāqi, tuṭbux, bass
7. Xālid, wiyya, abū́, šiṭranǧ, yilʕab
8. w hiyya, xayyāṭa, ǧidīda, min, hāya, il-Baṣra, hnā
9. l-, il-pāṣ, yrūḥ, iǧ-ǧāmʕa, b-, Ḥasan
10. il-axbār, Layla, b-, ir-rādyo, tismaʕ

Ü 4.7 Setzen Sie die richtige Pluralform des Nomens in Klammer und ggf. den Artikel ein:

Muster: ______ *da-yliʕbūn b-il-ḥadīqa. (ǧāhil) → iǧ-ǧahāl da-yliʕbūn b-il-ḥadīqa.*

1. __________________ da-yrūḥūn l-il-bēt. (bnayya)
2. aku __________________ b-il-manṭaqa? (qundarči)
3. hadōla __________________ čaḏḏābīn. (walad)
4. __________________b-hāḏa l-findiq niḏ̣īfa. (ġurfa)
5. __________________ b-ǧāmʕatna min Baġdād. (ustāḏ)
6. __________________-hum ʕatīga. (daftar)
7. __________________ il-ǧidīda b-il-garāǧ, waṛa l-bēt. (sayyāra)
8. b-il-ʕIrāq aku hwāya __________________ qadīma. (madīna)

Ü 4.8 Übersetzen Sie:

1. Unsere Zimmer sind groß und schön.
2. Wo wohnt deine Schwester?
3. Heute besuchen wir unsere Verwandten.
4. Zwischen den Schulstunden gibt es eine kurze Pause.
5. Unsere Freunde sind aus Basra.
6. Meine Geschwister gehen in die neue Schule nahe der großen Moschee.
7. Ihr Mann ist aus einer reichen Familie.
8. Nach der Arbeit gehe ich nach Hause und höre die Nachrichten im Radio.
9. Unsere neuen Lehrer sind nicht freundlich.
10. Nach dem Mittagessen trinken die Jungen Tee.

Ü 4.9 Setzen Sie die richtige Form der in Klammer angegebenen Verben ein.

1. āni da-________________________. ma ʕindi wakit ________________________ ṣadīqi. (yištuġuḷ, yzūr)
2. il-wilid ____________________ akil-hum wiyyāhum l-il-madrasa. (yāxuḏ)
3. Fāṭma da- ________________________. ma ʕiddha wakit ____________________ wiyyāč. (yidrus, yrūḥ)
4. uṃṃi da-________________________ w-āni ________________________-ilha ṃayy. (yuṭbux, yğīb)
5. Amīr, inta š-wakit __________________yammi? (yiği)
6. āni yōmiyya ________________________min wakit w- ________________________ l-il-madrasa min wakit. (ynām, yrūḥ)

Ü 4.10 Übersetzen Sie:

1. Was isst du denn gerade? – Ich esse *pāča.*
2. Warum willst du nicht zu mir kommen? – Weil (*liʔan*) ich mein Auto wasche.
3. Wo ist Zaynab? – Sie lernt gerade in ihrem Zimmer.
4. Meine Mutter ist in der Küche und spült Geschirr.
5. Willst du mit mir Domino spielen? – Nein, ich schreibe gerade E-Mails.

Interne Plurale der bisher gelernten Wörter

bāb PL *bībān ~ bwāb*	Tür, Tor
bēt PL *byūt*	Haus
biʕīd PL *biʕād*	weit
čalib PL *člāb*	Hund
čibīr PL *kbār*	groß; alt (Mensch)
daftar PL *dafātir*	Heft
ḍiʕīf PL *ḍʕāf*	schlank
faqīr PL *fuqra, fuqarāʔ*	arm
gahwa PL *gahāwi*	Kaffeehaus
ğāmiʕ PL *ğawāmiʕ*	Moschee
ğidīd PL *ğidad, ğiddad*	neu
ğīrān PL *ğuwārīn*	Nachbar
gṣayyir PL *gṣār*	kurz; klein (Mensch)
ğunṭa PL *ğunaṭ*	Tasche, Koffer

ġurfa PL *ġuraf*	Zimmer
kaslān PL *kasāla*	faul
kātib PL *kuttāb*	Schriftsteller
ktāb PL *kutub*	Buch
madīna PL *mudun*	Stadt
madrasa PL *madāris*	Schule
maktab PL *makātib*	Büro
marīḍ PL *murḍa*	krank
maṭʕam PL *maṭāʕim*	Restaurant
mēz PL *myūza*	Tisch
niḍīf PL *nḍāf*	sauber
qadīm PL *qudamāʔ*	alt (für Dinge)
qalam PL *aqlām*	Stift, Kugelschreiber
qāmūs PL *qawāmīs*	Wörterbuch
qarīb PL *qrāb*	nahe
riǧǧāl PL *riyāǧīl*	Mann
rixīṣ PL *rxāṣ*	billig
ṣadīq PL *aṣdiqāʔ*	Freund
šāġūḷ PL *šwāġīḷ*	funktionierend; (viel) arbeitend
šahar PL *ašhur, šhūr*	Monat
simīn PL *smān*	dick
ṣūra PL *ṣuwar*	Bild, Photo
ṭēr PL *ṭyūr*	Vogel
ṭifil PL *aṭfāl*	Kind
ṯigīl PL *ṯgāl*	schwer (an Gewicht)
ṭuwīl PL *ṭwāl*	lang; groß (Mensch)
walad PL *wilid*	Junge, Knabe
xafīf PL *xfāf*	leicht
zangīn PL *zanāgīn*	reich
ẓġayyir PL *ẓġār*	klein; jung
ʕatīg PL *ʕittag*	alt (für Dinge)
isim PL *asāmi*	Name
ustāḏ PL *asātiḏa*	Professor

Lektion V – Wiederholungslektion

Texte

Text V/1: Frühstück im Restaurant – *rayūg b-il-maṭʕam*

Ġassān w Farāḥ b-il-maṭʕam wakt ir-rayūg.

il-bōy:	aḷḷā-b-il-xēr. ʕēni š-itḥibbūn titrayygūn?
Ġassān:	ʕēni bala zaḥma ʕalēk awwal šī ğīb-ilna wāḥid čāy ḥalīb w wāḥid niskāfē. w baʕdēn inšūf iš-nākul.
il-bōy:	tuʔumrūni!
Ġassān:	š-tāklīn?
Farāḥ:	āni āxuḏ fadd šī xafīf. huṃṃa š-ʕiddhum hnā maṯalan?
Ġassān:	ʕiddhum kull šī, ṭulbi lli tḥibbī.
Farāḥ:	maʕnātha aṭlub-li kāhi w gēmar.
Ġassān:	w-āni āxuḏ-li bāgilla b-id-dihin. trīdīn itšurbīn šī wiyya l-akil?
Farāḥ:	lā, mū ḏarūri!
il-bōy:	tfaḏḏlu ʕyūni! hāy in-niskāfē w hāḏa č-čāy ḥalīb!
Ġassān:	zād faḏlak axi.
il-bōy:	itrīdūn hassa tṭilbūn akil?
Ġassān:	ī waḷḷa, yārēt! min ruxuṣtak wāḥid kāhi w gēmar w wāḥid bāgilla b-id-dihin wiyya bēḏa ʕēn.
il-bōy:	il-kāhi wiyya šīra ʕādi mū?
Ġassān:	lā waḷḷa, wiyya ʕasal.
il-bōy:	trīdūn itširbūn šī wiyya r-rayūg?
Ġassān:	lā, tislam, hāḏa kāfi.
il-bōy:	tiddallilūn!

Text V/2: Woher kommt ihr? – *intu min wēn?*

Aḥlām w Mays w Sawsan w Ḥasan w Lea b-ʔawwal yōm b-iğ-ğāmʕa.

Aḥlām:	marḥaba! āni mn-il-Mūṣil w-ismi Aḥlām. w-intu mnēn w šinu asāmīkum?
Mays:	āni ismi Mays, āni min-nā, min Baġdād.
Sawsan:	w-āni Sawsan, min Baġdād hammēn.
Ḥasan:	w-āni Ḥasan. abūya mn-il-Ḥilla w uṃṃi mn-is-Simāwa, bass āni adrus ihnā b-Baġdād.

Lea: w-āni Lea. adrus ihnā b-iğ-ğāmʕa, bass āni mn-in-Namsa.
Sawsan: min wēn mn-in-Namsa?
Lea: min madīna isimha Vyanna.
Ḥasan: ʕindič aṣdiqāʔ hnāna b-Baġdād?
Lea: ī, ʕindi šwayya aṣdiqāʔ, bass mū hwāya.
Mays: iḥna kullna mn-il-yōm aṣdiqāʔič!
Aḥlām: ī! w-išlōnič hnāna? farḥāna?
Lea: ī farḥana. w-il-yōm ʕindi aṣdiqāʔ ihwāya w-āni kulliš farḥāna.
il-kull: tšarrafna b-maʕriftič!
Lea: šukran! w-āni tšarrafit akṯar ib-maʕrifatkum!

Text V/3: Meine Familie – *ʕāʔilti*

āni w ahli bētna b-Bāb iš-Šarği b-Baġdād. bētna mū čbīr, bass iḥna mirtāḥīn bī. uṃṃi isimha Saḥar, w hiyya muʕallma. abūya mn-il-Baṣra. huwwa muwaḏḏaf, w-il-maktab māla mū hwāya biʕīd ʕan bētna. uxti isimha Samīra, hiyya ẓġayyra w baʕadha ma trūḥ l-il-madrasa. axūya Ḥasan yrūḥ l-il-madrasa, bass huwwa kulliš kaslān. bībīti w ğiddi yʕīšūn b-il-Baṣra w bēthum qarīb min iš-šaṭṭ. ʕammi baggāḷ w maḥalla b-Bāb iš-Šarği. xāḷti čbīra b-il-ʕumur išwayya, w hiyya xayyāṭa. ibin ʕammi yʕīš b-il-Mūṣil, w huwwa ṭālib ib-ğāmiʕt il-Mūṣil, bass huwwa mū šāṭir w kulliš abu mašākil.

Wortfeld 3: Im Haus gibt es … – *b-il-bēt aku …*

šadda PL *šaddāt*	Blumenstrauß	š-d-d
parda PL *pardāt*	Vorhang	p-r-d
plakk PL *plakkāt*	Steckdose	p-l-k
miğarr PL *miğarrāt*	Schublade	ğ-r-r
ḥāyiṭ PL *ḥīṭān*	Wand	ḥ-y-ṭ
lḥāf PL *liḥfān*	Bettdecke	l-ḥ-f
kursi PL *karāsi* *skamli* PL *skamliyyāt*	Sessel, Stuhl	k-r-s s-k-m-l-y
kōmadi PL *kōmadiyyāt*	Nachtkästchen	k-m-d-y
lāptōp PL *lāptōpāt*	Laptop	l-p-t-p
ḷampa PL *ḷampāt*	Lampe; Glühbirne	l-m-p
gḷōb PL *gḷōbāt*	Glühbirne	g-l-b
aṯāṯ	Möbel	ʔ-ṯ-ṯ
muxadda PL *muxaddāt*	Polster, Kissen	x-d-d

raff PL *rfūf*	Regal	r-f-f
saguf PL *sgūf*	Decke (eines Raumes)	s-g-f
šubbāč ~ *šubbāk* PL *šbābīč*	Fenster	š-b-k
zūliyya PL *zwāli*	Teppich	z-w-l-y
qanafa PL *qanafāt*	Sofa	q-n-f
ṣūra PL *ṣuwar*	Bild	ṣ-w-r
ṭābuq PL *ṭawābiq* *ṭābuq arḏi; awwal, ṯāni …*	Stockwerk, Etage Erdgeschoss; erster, zweiter … Stock	ṭ-b-q
mēz maktab	Schreibtisch	
frāš PL *frāšāt* *čarpāya* PL *čarpāyāt*	Bett	f-r-š č-r-p-y
kantōr PL *kantōrāt*	Kasten, Schrank	k-n-t-w-r
sirdāb PL *sarādīb*	Keller	s-r-d-b
iḏbāra PL *aḏābīr*	Ordner, Mappe	ḏ-b-r
ṣaṭiḥ PL *ṣṭūḥ*	Dach	ṣ-ṭ-ḥ
maxzan PL *maxāzin*	Dachboden, Speicher	x-z-n

Übung zu den Texten

Ü 5.1 Schreiben Sie einen Text über Ihre eigene Familie, ähnlich wie Text V/3.

Übungen zu Grammatik und Wortschatz

Ü 5.2 Setzen Sie die in Klammer angegebenen Verben in ihrer richtigen Form ein und übersetzen Sie dann den gesamten Satz ins Deutsche.

Muster: *š- ____________ wildak b-ir-rayūg? (yišrab) → š-yšurbūn wildak b-ir-rayūg?* „Was trinken deine Kinder zum Frühstück?"

1. šwakit ________________________________ uxūtič l-il-madrasa? (yrūḥ)
2. š- ______________________ ṭullāb w ṭālbāt iğ-ğāmʕa b-Baġdād? (yilbas)
3. wiyyā-man _____________ šiṭranğ kull yōm baʕd il-ʕaša? (yilʕab)
4. Zaynab ____________________________ hwāya bass hiyya ḏiʕīfa. (yākul)
5. lēš _______________________________ umṃič kulliš min wakit? (ynām)
6. š- _______________________________ b-ir-rādyo ʕa-r-rayūg? (yismaʕ)
7. minu _______________________________________ aḷmāni hnā? (yidrus)

8. dāʔiman ____________________ bībiyyatna w ğiddna kull ʕuṭla. (yzūr)
9. hadōla l-wilid ______________ wāğibāthum b-il-pāṣ yōmiyya. (yiktib)
10. wēn __________ aṣdiqāʔič kull hadōla l-kutub kull yōm iṣ-ṣubuḥ? (yāxuḏ)

Ü 5.3 Vervollständigen Sie die Sätze nach folgendem Muster und übersetzen Sie sie dann ins Deutsche.

Muster: ________________ *(ġurfa, āni) ẓġayyra, bass ḥilwa.* → *ġurufti ẓġayyra, bass ḥilwa.* „Mein Zimmer ist klein, aber schön."

1. ______________________________ (duwa, inta) zēn, bass ġāli.
2. __________________________ (sayyāra, intu) čibīra, bass ʕatīga.
3. ____________________________ (ğīrān, huṃṃa) zangīn, bass baxīl.
4. ______________________________ (bēt, hiyya) qadīm, bass niḏīf.
5. _____________________________ (rayūg, intu) xafīf, bass ṭayyib.
6. ____________________________ (bitt, huwwa) simīna, bass našṭa.
7. ____________________________ (ğunṭa, āni) ḥilwa, bass iẓġayyra.
8. ____________________ (ʕamm, huṃṃa) mū ḥabbāb, bass kulliš zangīn.
9. ____________________________ (xāwli, inti) zēn, bass imballal.
10. _______________________ (ṣadīq, hiyya) šāġūḷ, bass abu mašākil.

Ü 5.4 Transformieren Sie folgende Wortgruppen in den Plural und bilden Sie dann einen kurzen Aussagesatz nach folgendem Muster:

bēt niḏīf → byūt niḏīfa/nḏāf → l-ibyūt ib-fariʕna niḏīfa.

1. xāwli mballal
2. sīnama ʕarabiyya
3. qiṭār ṭuwīl
4. walad simīn
5. ġurfa čibīra
6. salla xafīfa
7. findiq ğidīd
8. sayyāra rixīṣa
9. ḥammām niḏīf
10. ṣūra ẓġayyra

Ü 5.5 Beantworten Sie folgende Fragen zuerst negativ und schildern Sie dann den wahren Sachverhalt.

tšurbīn gahwa b-ir-rayūg? → lā, b-ir-rayūg mā-šrab gahwa, ašrab čāy.

1. tliʕbīn šiṭranǧ wiyya abūč?
2. tismaʕ rādyo b-is-sayyāra?
3. tišrab gahwa waṛa l-akil?
4. tākul min iš-šāriʕ?
5. tidrus ʕarabi wiyya aṣdiqāʔak?
6. tnāmīn waṛa l-ġada?
7. tzūrīn ʕammič ihwāya?
8. tšūfūn xāḷkum yōmiyya?
9. da-tiktib hāḏa l-ʔuṃṃak?
10. tuṭbux akil ʕarabi?

Ü 5.6 Beschreiben Sie die Lage der Gegenstände im Zimmer. Verwenden Sie dazu die Wörter aus Wortfeld 3.

Ü 5.7 Führen Sie einen Dialog übers Einkaufen [*tištiri* „du (M) kaufst“, *tištirīn* „du (F) kaufst“, *aštiri* „ich kaufe“]; Beginnen Sie mit: *š-tištirīn min il-maḥall? – aštiri minna ...*

Ü 5.8 Bilden Sie sinnvolle Attributivphrasen mit den Substantiven aus der linken und den Adjektiven in der rechten Spalte. Achten Sie ggf. auf die richtige Übereinstimmung des Adjektivs. Übersetzen Sie die Phrasen anschließend.

Muster: *sayyāra ġālya* – „ein teures Auto“

salla	čibīr
wilid	ẓġayyir
ḥalīb	kaslān
madrasa	ma-ḥilu
ǧīrān	qarīb
sayyāra	faqīr
qalam	ġāli
maṭʕam	gṣayyir
ǧunṭa	waṣix
bēt	ǧidīd

Ü 5.9 Bilden Sie kurze Sätze mit den Phrasen aus Übung 5.8.

Ü 5.10 Fragen Sie nach dem kursiv gesetzten Satzteil.

Muster: ʕAli min *Lubnān.* → *mnēn ʕAli?*

1. bētna *b-il-Karix*.
2. *il-akil* ʕa-l-mēz.
3. yrīd l-iktāb *il-qadīm*.
4. inti da-trūḥīn ʕa-l-madrasa *wiyyá*.
5. *abūya* b-maktaba.
6. ʕammi *kulliš marīḍ*.
7. ʕindi *uxtēn* bass.

8. ṣadīqti min *Rōma.*
9. l-iḥsāb b-il-maṭʕam *xamis tālāf [5.000] dīnār.*
10. il-wilid da-yrūḥūn *il-madrasathum.*

Ü 5.11 Setzen Sie folgende Sätze fort, indem Sie das gegenteilige Adjektiv verwenden:

Muster: *hāḏi iǧ-ǧawāmiʕ qadīma, bass hāḏi* _______. → *hāḏi iǧ-ġawāmiʕ qadīma, bass hāḏi ǧidīda.*

1. aṣdiqāʔi l-Maṣriyyīn ḏ̣ʕāf, bass aṣdiqāʔi l-Aḷmān________________.
2. hāy is-sayyārāt rixīṣa, bass hāy ___________________________.
3. haḏōla ir-riyāǧīl ismān, bass banāthum ______________________.
4. Zaynab ḥilwa, bass sayyāratha __________________________.
5. hāḏi l-ibyūt ǧidīda, bass hāḏi ____________________________.
6. hāy iǧ-ǧunaṭ ixfāf, bass hāy _____________________________.
7. il-maṭʕam iǧ-ǧidīd niḏ̣īf , bass ḥammāmāta _____________________.
8. wildi ẓġār, bass wildak ________________________________.
9. hāḏa l-mēz maḥǧūz, bass hāḏa __________________________.
10. byūt iʕmāmi qrāb min bētna, bass ibyūt ixwāḷi _________________.

Ü 5.12 Beschreiben Sie die folgende Familie:

Verwenden Sie dabei auch das Verb *yigrab l-* „verwandt sein mit, Verwandschaftsverhältnis haben", das folgendermaßen verwendet wird: *š-tigrab Ranā l-Ānis?* „Welches Verwandtschaftsverhältnis hat Ranā zu Ānis?" – *ānis ibin uxut Ranā. / Ranā xāḷat Ānis* „Ānis ist Ranās Neffe. / Ranā ist Ānis' Tante (mütterlicherseits)."

Weiblich sind: Fāṭma, Sawsan, Ranā, Īmān, Ṭība, Ḥanān
Männlich sind: Aḥmad, Amīr, ʕAli, Ānis

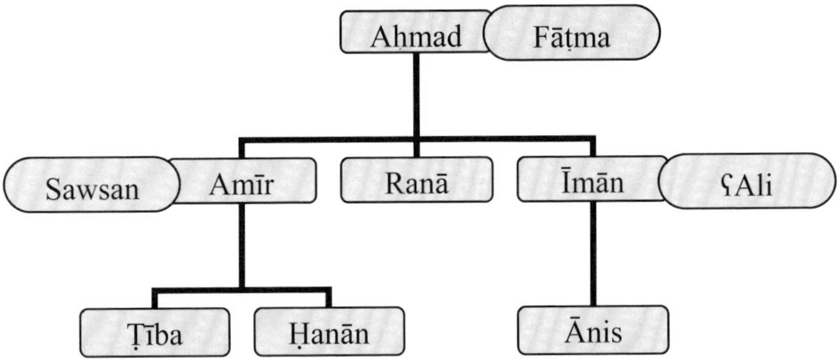

1. Ṭība ____________ Amīr w Sawsan. Ḥanān ____________ hammēn.
2. Ṭība w Ḥanān ______________.
3. Ṭība w Ḥanān ______________ Aḥmad w Fāṭma.
4. Ṭība ______________ ʕAli. Ḥanān ______________ hammēn. huṃṃa ______________.
5. Ṭība ______________ Ranā. Ḥanān ______________ hammēn.
6. Ṭība ______________ Aḥmad w Fāṭma. Ḥanān ______________ hammēn. huṃṃa banāt ibinhum.
7. Ṭība ______________ Ānis. Ḥanān ______________ hammēn. Ṭība w Ḥanān ______________.
8. Ānis ______________ Īmān w ʕAli.
9. Ānis ______________ Ranā.
10. Ānis ______________ Ṭība w Ḥanān.
11. Ānis ______________ Aḥmad w Fāṭma.
12. Fāṭma ____________ Sawsan w ʕAli. w Aḥmad ____________.
13. Fāṭma __________ Ṭība w Ḥanān w ānis. w Aḥmad __________.
14. Sawsan ______________ Fāṭma w Aḥmad. ʕAli ______________ w nisīb wilidhum.
15. Amīr ______________ Ānis w Sawsan ______________.
16. Īmān ______________ Ṭība w Ḥanān. w ʕAli ______________. huwwa ______________ hammēn.
17. Īmān ______________ Sawsan. w ʕAli ______________.

Ü 5.13 Fügen Sie die folgenden Wörter zu sinnvollen Sätzen zusammen und übersetzen Sie sie anschließend.

Muster: *il-axbār, ir-rādyo, iš-šuġuḷ, b-, gabḷ, asmaʕ.* → *gabḷ iš-šuġuḷ asmaʕ il-axbār b-ir-rādyo.* „Vor der Arbeit höre ich die Nachrichten im Radio."

1. b-ir-rayūg, tišrab, uṃṃi, dāʔiman, xubuz, tākul, gahwa, ğibin, w, w
2. il-axbār, yōmiyya, iṣ-ṣubuḥ, abūč, w, b-il-lēl, yismaʕ, marra, marra
3. ydirsūn, kulliš, w, kasāla, wilidhum, zēn, ma
4. yākul, huwwa, xāḷak, ihwāya, mū, simīn, bass
5. fāriġ, malyān, l-maṭʕam, mā, bī, hāḏa, mēz, w
6. zēn, dāʔiman, wiyyā, šiṭranğ, kulliš, axūya, yilʕab, w-āni, alʕab

7. l-is-sīnama, nihāyt il-isbūʕ?, wiyyā-man, trūḥūn
8. yuʕruf, mn-, bass, abad, ma, aḷmāni, in-Namsa, huwwa
9. mā, ʕaṃṃāt, hiyya, hwāya, xāḷāt, bass, ʕiddha, ʕiddha
10. ma, ʕarabi, Hāni, bass, zēn, yiktib, yiftihim, kulliš

Ü 5.14 Übersetzen Sie ins Bagdadische.

1. Nach der Arbeit gehe ich nach Hause und spiele Ball mit den Kindern.
2. Im Irak ist Freitag ein Feiertag.
3. Hast du ein sauberes Handtuch bei dir?
4. Das Essen in diesem Restaurant ist billig, aber nicht gut.
5. Wer ist dieses schlanke Mädchen? – Das ist meine Cousine Zaynab.
6. Ihre Tante lebt in Österreich, aber sie kocht nur arabisches Essen.
7. Ist dieser Tisch frei? – Nein, er ist nicht frei.
8. Wie viele Unterrichtseinheiten habt ihr am Tag? – Wir haben nur fünf. Nach dem Unterricht gehen wir ins Café und trinken Tee oder Kaffee.
9. Was ist ihre Arbeit? – Sie sind Lehrer in der neuen Schule in unserer Stadt.
10. Ich gehe jeden Tag früh schlafen.

Lektion VI

Texte

Text VI/1: Alis Tochter – *bitt ʕAli*

Farāḥ: ʕAli, gul-li inta ʕindak wilid?
ʕAli: ī, ʕindi bnayya.
Farāḥ: w bittak, Aḷḷa yxallīha, šgadd ʕumurha?
ʕAli: baʕad šahar wi-tṣīr sabʕ isnīn.
Farāḥ: hiyya trūḥ l-il-madrasa, ġēr?
ʕAli: ī, ṭabʕan. hiyya b-iṣ-ṣaff iṯ-ṯāni w hiyya tḥibb madrasatha hwāya.
Farāḥ: ʕafya ʕalēha! w ʕiddha aṣdiqāʔ ihwāya?
ʕAli: ʕiddha ṣadīqtēn kulliš šuṭṭār.

Text VI/2: In der Mutanabbi-Straße – *b-šāriʕ il-Mutanabbi*

Sāmi: šabāb, arīd arūḥ l-is-sūg, minu yrīd yiği wiyyāya?
Nūr: āni aği wiyyāk, arīd aštiri *fistān*.
Ḥsēn: kulliš zēn, w-āni miḥtāğ šwayyat *ġarāḏ* hammēn.
Nūr: ši-trīd tištiri b-iḏ-ḏabuṭ w min wēn?
Ḥsēn: mn-*il-Mutanabbi*. arīd aštiri *daftarēn* w *daftarēn rasim* w *missāḥtēn* w *miqṭāṭtēn* w *masṭartēn* w *ğunuṭṭēn* l-il-madrasa.
Nūr: lēš kull šī ha-š-šikil iṯnēn iṯnēn?
Ḥsēn: liʔan *uxūti t-tōm* l-iẓġār bāčir ʕiddhum awwal yōm b-il-madrasa.

Text VI/3: Am Markt von Šōrğa – *b-sūg iš-Šōrğa*

il-yōm inrīd inrūḥ āni w uṃṃi w ʕammti l-iš-Šōrğa. hāḏa s-sūg biʕīd ʕan bētna w min waṛa ha-š-šī lāzim nirkab nafarāt w nidfaʕ ʕala kull nafar ʕašir danānīr. w baʕdēn ninzil yamm iš-Šōrğa w-nāxuḏ ʕašir muwāʕīn w sitt igḷāṣāt w ʕašir sičāčīn w ʕašir čaṭalāt w xams ibṭūla wi-tlaṯ kāsāt ikbār wi-tlāṯa ẓġār w ğidrēn w ṣīnītēn. yimkin yiṭlaʕ siʕirhum ḥawāli ʕišrīn alif dīnār. uxti ʕiddha bēt ğidīd w bāčir inrīd nāxuḏ haḏōla l-ġarāḏ̣ il-maṭbaxha hadiyya.

Übungen zu den Texten

Ü 6.1 Stellen Sie Fragen zu den kursiven Wörtern und Phrasen in Text VI/2.

Ü 6.2 Fragen zu Text VI/3:

1. minu yrūḥūn ʕa-s-sūg, w šwakit?
2. šlōn yrūḥūn? wi-šgadd yidfaʕūn?
3. wēn yinizlūn?
4. š-yāxḏūn?
5. il-man yrīdūn yāxḏūn kull haḏōla l-ġarāḏ̣, w lēš?

Grammatik

6.1 Demonstrativadverben

Die wichtigsten Demonstrativadverben sind:

hnā ~ hnāna ~ hnāya	„hier“
hnāk ~ hnāka	„dort“
hassa	„jetzt“
hīč ~ hīči	„so“

Anmerkung: Nach der Präposition *min* verlieren die Adverbien „hier“ und „dort“ das anlautende *h-*: *min + hnā → min-nā́* „von hier“, *min + hnāk → min-nā́k* „von dort“.

Beispiele:

iğ-ğāmiʕ qarīb min-nā. „Die Moschee ist nahe von hier.“
wēn abūk? – hnāka, giddām il-maṭʕam. „Wo ist dein Vater? – Dort, vor dem Restaurant.“
āni āsfa, bass ma ʕindi wakit hassa. „Es tut mir (F) leid, aber ich habe jetzt keine Zeit.“
hīči tkitbīn ismi. „So schreibst du meinen Namen.“

6.2 Das Verb (3): Das Perfekt

Die Perfektformen des Verbs werden ausschließlich durch die Anfügung von Suffixen gebildet, welche für alle regulären Verben identisch sind.

Das Perfekt dient vor allem zur Bezeichnung einer Handlung oder eines Zustands in der Vergangenheit, hat aber auch andere Funktionen, die später besprochen werden. Die 3.M.SG hat keine Endung und dient auch als Zitierform; in den Wortlisten wird diese Form daher auch durch den deutschen Infinitiv wiedergegeben, obwohl die eigentliche Bedeutung „er hat ge-…" ist.

Die Flexionssuffixe des Perfekts

	SINGULAR	PLURAL
1. PERS.	*-t*	*-na*
2. PERS. M.	*-t*	*-tu*
2. PERS. F.	*-ti*	(*-tan*)
3. PERS. M.	–	*-aw*
3. PERS. F.	*-at*	(*-an*)

Im Grundstamm existieren drei Basen für das Perfekt, nämlich KiKaK, KuKaK und KaKaK, wobei letzteres jedoch nur bei zwei Verben vorkommt.

Paradigma Perfekt Grundstamm

A. Reguläre Verben im Grundstamm mit den Basisvokalen *i-a* (Pd.-1A).
Musterverb: *kitab* „er schrieb"

	SINGULAR		PLURAL	
1. PERS.	*kitáb**it***	*_i_a_it*	*kitab**na***	*_i_a_na*
2. PERS. M.	*kitáb**it***	*_i_a_it*	*kitab**tu***	*_i_a_tu*
2. PERS. F.	*kitab**ti***	*_i_a_ti*	(*kitab**tan***	*_i_a_tan*)
3. PERS. M.	*kitab*	*_i_a_*	*kitb**aw***	*_i_ _aw*
3. PERS. F.	*kitb**at***	*_i_ _at*	(*kitb**an***	*_i_ _an*)

B. Reguläre Verben im Grundstamm mit den Basisvokalen *u-a* (Pd.-2).
Musterverb: *ṭubax* „er kochte“

	SINGULAR		PLURAL	
1. PERS.	*ṭubáx**it***	*_u_a_it*	*ṭubax**na***	*_u_a_na*
2. PERS. M.	*ṭubáx**it***	*_u_a_it*	*ṭubax**tu***	*_u_a_tu*
2. PERS. F.	*ṭubax**ti***	*_u_a_ti*	(*ṭubax**tan***	*_u_a_tan*)
3. PERS. M.	*ṭubax*	*_u_a_*	*ṭubx**aw***	*_u_ _aw*
3. PERS. F.	*ṭubx**at***	*_u_ _at*	(*ṭubx**an***	*_u_ _an*)

C. Reguläre Verben im Grundstamm mit den Basisvokalen *a-a* (Pd.-7).
Nur *akal* „er aß“ und *axaḏ* „er nahm“

	SINGULAR		PLURAL	
1. PERS.	*akál**it***	*_a_a_it*	*akal**na***	*_a_a_na*
2. PERS. M.	*akál**it***	*_a_a_it*	*akal**tu***	*_a_a_tu*
2. PERS. F.	*akal**ti***	*_a_a_ti*	(*akal**tan***	*_a_a_tan*)
3. PERS. M.	*akal*	*_a_a_*	*akl**aw***	*_a_ _aw*
3. PERS. F.	*akl**at***	*_a_ _at*	(*akl**an***	*_a_ _an*)

Zuordnung Perfekt – Präsens

Eine Ableitung der Perfektform von der Präsensform und umgekehrt ist nicht möglich. Während der Vokal des Präsensstamms gelernt werden muss, wird jener des Perfektstamms zum größten Teil durch die umgebenden Konsonanten bestimmt:

- Der Normalfall ist das *i-a*-Perfekt, z.B. *libas* „anziehen“, *simaʕ* „hören“.
- Das *u-a*-Perfekt findet sich hauptsächlich in der Umgebung von Labiallauten wie *b* und *m*, z.B. *ṭubax* „kochen“, *gumaz* „springen“.
- Wie schon erwähnt, findet sich das *a-a*-Perfekt nur bei den zwei oben genannten Verben.

Eine Liste der Perfektformen der bisher gelernten Verben findet sich am Ende dieser Lektion.

6.3 Präpositionen (2) – Präpositionen mit Suffixen

Fast alle der in §2.3 angeführten Präpositionen können auch mit Pronominalsuffixen versehen werden. Dabei kommt es teilweise zu Veränderungen des Wortstamms, welche den folgenden Listen zu entnehmen sind.

➢ ***min*** „von, aus" und ***ʕan*** „von, über (ein Thema)" verdoppeln das *n* vor vokalisch anlautenden Suffixen.

	SINGULAR		PLURAL	
1. PERS.	*minni*	*ʕanni*	*minna*	*ʕanna*
2. PERS. M.	*minnak*	*ʕannak*	*minkum*	*ʕankum*
2. PERS. F.	*minnič*	*ʕannič*	*minčan*	*ʕančan*
3. PERS. M.	*minna*	*ʕanna*	*minhum*	*ʕanhum*
3. PERS. F.	*minha*	*ʕanha*	*minhin*	*ʕanhin*

Anmerkung: Die Formen von *min* und *ʕan* mit Suffix sind in der 3.M.SG und in der 1. Pers. PL identisch.

➢ ***il-/l-*** „für" hat vor Suffixen die Basis *il-* (zur enklitischen Reihe s. §11.1)

	SINGULAR	PLURAL
1. PERS.	*ili*	*ilna*
2. PERS. M.	*ilak*	*ilkum*
2. PERS. F.	*ilič*	*ilčan*
3. PERS. M.	*ila*	*ilhum*
3. PERS. F.	*ilha*	*ilhin*

➢ ***ʕala*** „auf" lautet vor Suffixen *ʕalē-* (außer 1.SG)

	SINGULAR	PLURAL
1. PERS.	*ʕalayya*	*ʕalēna*
2. PERS. M.	*ʕalēk*	*ʕalēkum*
2. PERS. F.	*ʕalēč*	*ʕalēčan*
3. PERS. M.	*ʕalḗ*	*ʕalēhum*
3. PERS. F.	*ʕalēha*	*ʕalēhin*

➢ ***b-***„in (lokal); mit (instrumental)" lautet vor Suffixen *bī-* (außer 1.SG)

	SINGULAR	PLURAL
1. PERS.	*biyya*	*bīna*
2. PERS. M.	*bīk*	*bīkum*
2. PERS. F.	*bīč*	*bīčan*
3. PERS. M.	*bī*	*bīhum*
3. PERS. F.	*bīha*	*bīhin*

➢ ***ʕind*** „bei" lautet vor konsonantisch anlautenden Suffixen *ʕidd-*.

	SINGULAR	PLURAL
1. PERS.	*ʕindi*	*ʕiddna*
2. PERS. M.	*ʕindak*	*ʕiddkum*
2. PERS. F.	*ʕindič*	*ʕiddčan*
3. PERS. M.	*ʕinda*	*ʕiddhum*
3. PERS. F.	*ʕiddha*	*ʕiddhin*

➢ ***wiyya*** „(zusammen) mit", hier wird der Vokal am Wortende gelängt (dasselbe gilt für *waṛa* und *ğawwa;* auch bei *fōg* werden Suffixe meist an eine Basis *fōgā-* angehängt, manchmal auch an *fōgāt-*)

	SINGULAR	PLURAL
1. PERS.	*wiyyāya*	*wiyyāna*
2. PERS. M.	*wiyyāk*	*wiyyākum*
2. PERS. F.	*wiyyāč*	*wiyyāčan*
3. PERS. M.	*wiyyā*	*wiyyāhum*
3. PERS. F.	*wiyyāha*	*wiyyāhin*

➢ ***bēn*** „zwischen"; hat in der Bedeutung „unter (engl. *among*)" mit pluralischen Suffixen die Form *bēnāt-*.

	SINGULAR	PLURAL
1. PERS.	*bēni*	*bēnna – bēnātna*
2. PERS. M.	*bēnak*	*bēnkum – bēnātkum*
2. PERS. F.	*bēnič*	*bēnčan – bēnātčan*
3. PERS. M.	*bēna*	*bēnhum – bēnāthum*
3. PERS. F.	*bēnha*	*bēnhin – bēnāthin*

Beispiele:

hāḏa s-sirr yḏall bēnātna! „Dieses Geheimnis bleibt unter uns!"
minu bēnātkum ʕAli? „Wer von euch ist Ali?"
š-aku bēnātkum? „Was habt ihr (für Geheimnisse/zu besprechen)?"

In der Bedeutung „zwischen" muss *bēn* mit Suffixen immer doppelt gesetzt werden, weil an *w* „und" keine Suffixe angefügt werden können:

bēni w bēnič „zwischen mir und dir"
bēnna w bēnkum „zwischen uns und euch"

Manche Präpositionen verlieren vor vokalisch anlautenden Suffixen den zweiten Vokal:

gabuḷ „vor (zeitl.)"; *gabḷi* „vor mir".
baʕad „nach"; *baʕdak* „nach dir".
miṯil „(so) wie"; *miṯlak* „wie du".

6.4 Die Entsprechung des deutschen Verbs „haben"

Um einen Besitz auszudrücken wird hauptsächlich die Präposition *ʕind* verwendet. Dies ist auch in den Texten schon öfters vorgekommen:

ʕiddha sayyāra?	„Hat sie ein Auto?"
ʕindak ġurfa fārġa?	„Haben Sie ein freies Zimmer?"
ʕiddkum wakit?	„Habt ihr Zeit?"
ʕindič wilid?	„Hast du Kinder?"
ʕidd Fāṭma ǧunṭa ǧidīda.	„Fāṭma hat eine neue Tasche."

Mit Hilfe der Präposition *wiyya* „mit" kann ein Dabeihaben ausgedrückt werden. Meistens ist eine solche Präpositionalphrase Teil eines kompletten Satzes mit einem passenden Verb.

ǧibit wiyyāk flūs? „Hast du Geld mit(genommen)?"

Negiert werden alle oben angeführten Sätze, indem die Negation *ma* vor die Präposition gesetzt wird.

ma ʕiddna wakit.	„Wir haben keine Zeit."
ma ʕindi wilid.	„Ich habe keine Kinder."

Anmerkung: Zur Entsprechung des deutschen Ausdrucks „(es) gehört" siehe §7.3.

6.5 Der Dual

Um die Anzahl „zwei" auszudrücken, wird eine eigene Form gebraucht, die durch Anfügen der Endung *-ēn* an das entsprechende Substantiv gebildet wird. Das Suffix tritt direkt an den Wortstamm, bei Substantiven mit Femininsuffix an die Form mit *-t-*, die auch vor den Pronominalsuffixen steht.

Bei der Bildung des Duals kommt es zu denselben phonologischen Änderungen wie beim Antritt vokalisch anlautender Suffixe (siehe §2.2 und 4.3).

bēt → bētēn	„ein Haus – zwei Häuser"
sayyāra → sayyārtēn	„ein Auto – zwei Autos"
marra → marrtēn	„einmal – zweimal"

daris → *darsēn* „eine Lektion – zwei Lektionen"
šahar → *šahrēn* „ein Monat – zwei Monate"
ġurfa → *ġuruftēn* „ein Zimmer – zwei Zimmer"
sitra → *sitirtēn* „eine Jacke – zwei Jacken"
salla → *salltēn* „ein Korb – zwei Körbe"

Feminina auf *-iyya*, *-ya* und *-wa* zeigen folgende Veränderung:

ṣīniyya → *ṣīnītēn* „ein Tablett – zwei Tabletts"
qarya → *qarītēn* „ein Dorf – zwei Dörfer"
gahwa → *gahūtēn* „ein Kaffeehaus – zwei Kaffeehäuser"

Substantive, die auf einen Vokal enden, der nicht die Femininendung ist, zeigen verschiedene Veränderungen:

Substantive auf *-a* schieben einen Gleitlaut *y* ein:

mustašfa → *mustašfayēn* „ein Krankenhaus – zwei Krankenhäuser"

Substantive auf *-i* zeigen zwei *yy* zwischen Stamm und Endung:

muḥāmi → *muḥāmiyyēn* „ein Rechtsanwalt – zwei Rechtsanwälte"
kursi → *kursiyyēn* „ein Sessel – zwei Sessel"

Substantive auf *-u* und *-o* haben meistens ein oder zwei *w* vor der Endung:

ʕadu → *ʕaduwwēn* „ein Feind – zwei Feinde"
rādyo → *rādyowēn* „ein Radio – zwei Radios"
kēlu → *kēluwēn* „ein Kilo – zwei Kilo"

Dualformen werden nur von Substantiven gebildet. Beziehen sich Adjektive, Pronomen oder Verben auf ein Substantiv im Dual, müssen sie in den Plural gesetzt werden.

hnāk aku bētēn (DUAL) *ikbār* (PL). „Dort gibt es zwei große Häuser."
b-hāy is-sāḥa aku ǧāmʕēn (DUAL) *iẓġār* (PL). „Auf diesem Platz gibt es zwei kleine Moscheen."
iš-šubbākēn (DUAL) *waṣxīn* (PL). „Die zwei Fenster sind schmutzig."
hadōla (PL) *l-kursiyyēn* (DUAL) „diese beiden Sessel"
il-ibnayytēn (DUAL) *yušurbūn* (PL) *ič-čāy*. „Die zwei Mädchen trinken Tee."
il-waladēn (DUAL) *kitbaw* (PL) *risāla*. „Die beiden Knaben schrieben einen Brief."

Dualformen mit Possessivsuffixen

An Substantive im Dual werden meistens keine Possessivsuffixe angehängt. Entweder wird der entsprechenden Pluralform das mit dem Artikel versehene Zahlwort für „Zwei" nachgestellt (z.B. *sayyārāta l-iṯnēn* „seine zwei Autos") oder man wählt die Umschreibung mit *māl* (siehe §7.3).

Eine Art Ausnahme stellen zwei Wörter für paarige Körperteile dar, bei welchen die Dualform auch als Plural gebraucht wird (man spricht daher auch von „Pseudodual"). Bei Antritt von Suffixen fällt das *-n* der Dualendung weg.

SG.	DUAL/PLURAL	MIT SUFFIX 2.SG.F.	BEDEUTUNG
īd	*īdēn* ~ *īdēnāt*	*īdēč* ~ *īdēnātič*	Hand
riğil	*riğlēn* ~ *riğlēnāt*	*riğlēč* ~ *riğlēnātič*	Fuß, Bein

6.6 Die Kardinalzahlen von 1 bis 10

Bei den Zahlen von 1 bis 10 werden zwei Zahlenreihen unterschieden: eine Reihe, die ohne folgendes Wort gebraucht wird (meist zum Abzählen), und eine Reihe, der das gezählte Wort folgt. „Null" heißt *ṣifir.*

	ALLEIN STEHEND	MIT NOMEN
1	*wāḥid*	*wāḥid* F *wiḥda*
2	*iṯnēn*	*ṯnēn* F *ṯintēn!*
3	*tlāṯa*	*tlaṯ*
4	*arbaʕa*	*arbaʕ*
5	*xamsa*	*xamis* ~ *xams*
6	*sitta*	*sitt*
7	*sabʕa*	*sabiʕ* ~ *sabʕ*
8	*ṯmānya*	*ṯman*
9	*tisʕa*	*tisiʕ* ~ *tisʕ*
10	*ʕašra*	*ʕašir* ~ *ʕašr*

Eins Das Zahlwort wird nur zur besonderen Betonung mit einem Substantiv zusammen gebraucht; es steht dann wie ein Attribut dahinter und richtet sich im Genus nach diesem:

finğān wāḥid „*eine* Tasse" (und nicht zwei oder drei)
tiffāḥa wiḥda „*ein* Apfel"

Zwei Da es eine eigene Dualform gibt (s.o.), steht auch das Zahlwort für „zwei" nur bei Betonung *nach* einer Dualform:

bētēn iṯnēn „*zwei* Häuser"
sayyārtēn ṯintēn „*zwei* Autos"

Manchmal steht es auch vor oder nach einem Plural, so z.B. *byūt iṯnēn* oder *ṯnēn ibyūt* „zwei Häuser".

Drei bis Zehn

Das gezählte Wort steht ohne Artikel und im Plural direkt nach dem Zahlwort. Einige Zahlwörter haben eine einsilbige Variante, wenn danach ein Vokal steht (s. die Liste oben):

tlaṯ ibyūt	„drei Häuser"
arbaʕ ibyūt	„vier Häuser"
xams ibyūt	„fünf Häuser"
sitt ibyūt	„sechs Häuser"
sabʕ ibyūt	„sieben Häuser"
ṯman ibyūt	„acht Häuser"
tisʕ ibyūt	„neun Häuser"
ʕašr ibyūt	„zehn Häuser"

Anmerkung: Das Wort *fadd* vor einem Zahlwort bzw. einer Maßeinheit bedeutet „etwa, ungefähr, zirka", z.B. *fadd xams isnīn* „etwa fünf Jahre"; *fadd sāʕa* „etwa eine Stunde". Manchmal wird *fadd* auch in höflichen Aufforderungen gebraucht und ist dann unübersetzbar, vgl. Text III/2: *fadd iṯnēn gaṣṣ laḥam min ruxuṣtak!* Zu den weiteren Funktionen von *fadd* siehe §8.5.

6.7 Die Zählplurale

Ein paar Substantive, deren Pluralform mit dem Laut (*Hamza*) beginnt, haben nach den Zahlwörtern von 3 bis 10 eine eigene Form auf *t-*. Dies sind vor allem:

ayyām „Tage" → *sabiʕ tayyām ~ tiyyām* „sieben Tage"
ashur „Monate" → *xamis tišhur* „fünf Monate"

Wortfeld 4: Geschirr und Besteck – *ġarāḏ il-maṭbax*

buṭil PL *bṭūla ~ bṭāla*	Flasche	b-ṭ-l
čaṭal PL *čaṭalāt*	Gabel	č-ṭ-l
finğān PL *fanāğīn*	Tasse (v.a. für Kaffee)	f-n-ğ-n
ğidir PL *ğdūra*	Kochtopf	ğ-d-r
glāṣ PL *glāṣāt*	Glas	g-l-ṣ
kāsa PL *kāsāt*	Schüssel	k-?-s
klīnsāya PL *klīnsāyāt* *klīnis* (eig. der Markenname Kleenex)	Papierserviette Papierservietten (Kollektiv)	
kūb PL *kwāb*	Tasse (größer als *finğān*)	k-w-b

pačata PL *pačatāt*	Serviette	p-č-t
māʕūn PL *mwāʕīn*	Teller	m-ʕ-n
minčāsa PL *mnāčīs*	Schüssel	n-č-s
siččīna PL *sičāčīn*	Messer	s-č-n
ṣīniyya PL *ṣwāni*	Tablett	ṣ-y-n
stikān PL *stikāyin*	Glas (für Tee)	s-t-k-n
ṭāwa PL *ṭāwāt*	Bratpfanne	ṭ-w
xāšūga PL *xawāšīg*	Löffel	x-š-g

Übungen zur Grammatik

Ü 6.3 Erzählen Sie, was Sie gestern machten. Beginnen Sie folgendermaßen: *il-bārḥa iṣ-ṣubuḥ širabit tlaṯ fanāğīn gahwa, baʕdēn ...* Sie können auch folgende Verben verwenden*: simaʕ, libas, liʕab, kitab, akal, diras, ṭubax.*

Ü 6.4 Bilden Sie sinnvolle Fragen mit den angegebenen Wörtern und beantworten Sie diese. Muster:

čam axx ____? (inta) → čam axx ʕindak? ʕindi sitt uxwān.
čam šaxiṣ ___? (bēt, intu) → čam šaxiṣ aku b-bētkum? b-bētna aku xams ašxāṣ.

1. čam sayyāra ____________? (intu)
2. čam bāb ______________? (madrasatkum)
3. čam ġurfa _____________? (bēt ğidīd, intu)
4. čam walad _____________? (uxut, huwwa)
5. čam bēt _______________? (fariʕ, intu)
6. čam šağara _____________? (ḥadīqa, intu)
7. čam ğunṭa______________? (inti)
8. čam madrasa ____________? (maḥalla „Nachbarschaft“, intu)
9. čam daftar ______________? (axx, inta)
10. čam fistān_______________? (inti)

Ü 6.5 Beantworten Sie folgende Fragen:

1. čam bēt ʕiddkum?
2. čam iktāb ʕindak?
3. humma kulliš zanāgīn. čam sayyāra ʕiddhum?
4. čam daftar ʕindak?
5. čam gurṣa trīd?

6. čam yōro trīdūn?
7. čam šahar dirasti ʕarabi?
8. čam buṭil tāxḏīn wiyyāč?
9. čam māʕūn ʕa-l-mēz?
10. ʕindi bass ʕašr idnānīr. čam dīnār inta ʕindak?

Ü 6.6 Beantworten Sie folgende Fragen, indem Sie entweder die Zahl 1 oder die Zahl 2 benutzen: Muster:

čam bēt ʕiddkum? – ʕiddna bēt wāḥid bass.
ʕiddkum xams ibyūt, mū? – lā, ʕiddna bētēn iṯnēn bass.

1. čam iktāb ʕindak?
2. ʕiddkum tlaṯ sayyārāt, mū?
3. čam daftar ʕidd ṣadīqtič?
4. čam gurṣa trīdūn?
5. čam walad ʕiddha?
6. inti dirasti ʕarabi arbaʕ tišhur, mū?
7. čam buṭil ʕindič?
8. aku ʕašr imwāʕīn ʕa-l-mēz?
9. hāḏa l-bēt bī sitt ġuraf, mū?
10. čam īmēḷ biʕaṯṯi l-ṣadīqātič?

Ü 6.7 Bilden Sie Sätze, indem Sie die angegebenen Wörter und Zahlen benutzen. Muster: *xāwli, 5 → b-il-ḥammām aku xamis xāwliyyāt.*

1. yōm, 1 →
2. ktāb, 10 →
3. siččīna, 6 →
4. qalam, 9 →
5. māʕūn, 2 →
6. daris, 8 →
7. ḥčāya („Geschichte, Erzählung“, PL ḥčāyāt), 5 →
8. ġurfa, 4 →
9. sayyāra, 7 →
10. fistān, 3 →

Ü 6.8 Setzen Sie die Perfektformen der Verben an den passenden Stellen ein.

yuṭbux, yugʕud, yibʕaṯ, yidrus, yākul, yiġsil, yiktib (2x), yāxuḏ, yilʕab, yifham, yišrab.

1. il-bārḥa ______________________ āni w uṃṃi bāgilla w lablabi.
2. gabuḷ yōmēn ______________________ šiṭranǧ wiyya uxūti.
3. waṛa d-daris ____________ šwayya b-il-gahwa w ____________ čāy.
4. ______________________ hāy il-kilma, Fāṭma?
5. ______________________ ḥawāli xamis sāʕāt.
6. yōm iǧ-ǧumʕa ______________________ uxti fisātīnha.
7. mim-man (< min-man) ______________________ hāy l-hadāya l-ḥilwa?
8. il-bārḥa ______________________ lablabi b-is-sūg.
9. minu ______________ hāḏa l-iktāb? uxti ______________ hāḏa l-iktāb.
10. Zaynab ______________ īmēḷ il-ʔuṃṃha.

Ü 6.9 Ergänzen Sie die passende Präposition und ggf. das passende Suffix. Die Sätze 8–11 beziehen sich auf das Bild in Ü 2.10 in Lektion II.

Muster*: wēn sayyāratkum? – hnāka, giddāmna!*

1. iḥna sāknīn ib-bēt čibīr. ____________ sākin ibin ʕammi w ____________ sāknīn bībīti w ǧiddi. (*fōg, ǧawwa*)
2. Sāmi rikab il-pāṣ ______________________ b-išwayya. (*waṛa, āni*)
3. madrasatna qarība kulliš, ________ w ________ bētna bass 10 daqāyiq. (*bēn*)
4. ʕindi aṣdiqāʔ ihwāya, bass huṃṃa mū ____________! (*miṯil, inta*)
5. nrūḥ l-il-madrasa min wakit bass Sāmi w axū yrūḥūn yōmiyya ______________________. (*gabuḷ*)
6. il-karāsi ____________ il-mēz bass il-gḷāṣāt ________ (*dāyir ma-dāyir, ʕala*)
7. Baġdād il-qadīma čān ____________ hwāya bībān. (*b-*)
8. iš-šaǧara l-iẓġayyra ____________ l-bēt w-iš-šamis ____________.
9. il-bazzūna ______________ iš-šaǧara w-ič-čalib ____________.
10. is-sayyāra iǧ-ǧidīda ______________ Zaynab w-il-bāb ____________.
11. Zaynab ______________ s-sayyāra ǧ-ǧidīda w-iṭ-ṭēr ____________.

Ü 6.10 Übersetzen Sie:

1. Was aßt ihr gestern? – Wir aßen nur Brot und Käse.
2. Ali ist sehr nett, aber sein Bruder ist einer, der nur Probleme macht. Aber das bleibt unter uns, okay?

3. Hast du Geld dabei? – Ja, aber nur etwa 7 oder 8 Euro.
4. Hast du gestern deiner Familie eine E-Mail geschrieben? – Nein, gestern habe ich nur Arabisch gelernt.
5. Hast du die Nachrichten im Radio gehört? – Nein, ich habe mit meinen Brüdern Ball gespielt.
6. Habt ihr jetzt Zeit? – Nein, wir lernen gerade.
7. Wie alt ist deine Cousine? – Sie ist 7 Jahre alt und geht in eine Schule in Bāb iš-Šarği.
8. Habt ihr schon gegessen? – Nein, wir essen nach euch.
9. Sie haben vier Flaschen Bier getrunken, dann sind sie schlafen gegangen.
10. Sind das dein Löffel und deine Gabel? – Ja.

Perfektformen der bisher gelernten regulären Verben

ḏirab	schlagen
diras	lernen, studieren
dixal	eintreten
girab	verwandt sein
ġisal	waschen
kitab	schreiben
libas	(Kleider) anziehen
liʕab	spielen
rigaṣ	tanzen
rikab	einsteigen, fahren (mit Bus, Tram)
rikaḏ	laufen, rennen
simaʕ	hören
širab	trinken
ṭilab	bestellen, fordern
ṭilaʕ	hinaufgehen
ṭubax	kochen
akal	essen
axaḏ	nehmen
ʕiğab	gefallen (j-m, etwas)
ʕiraf	wissen, kennen

Lektion VII

Texte

Text VII/1: Die Stadt Bagdad – *madīnat Baġdād*

Baġdād madīna čbīra, ʕadad sukkānha ḥawāli tman malayīn. bīha šawāriʕ w manāṭiq qadīma w ḥadīṯa. sūr il-madīna ma-biqa minna šī min aṯar min ḥawāli mīt sana. bass biqat min ʕinda asmāʔ qisim min abwāba miṯil Bāb l-iMʕaḏḏam aw Bāb iš-Šarǧi.

Baġdād il-ḥāliyya asasha l-xalīfa Abu Ǧaʕfar il-Manṣūr sanat sabiʕ miyya w ṯnēn w sittīn mīlādiyya.

gabuḷ iṯmānīn sana čān aku ib-Baġdād hwāya yahūd w masīḥiyyīn bass ib-sabab il-ḥurūb ma-biqa bīha yahūd w il-masīḥiyyīn ṣār ʕadadhum qalīl.

nahar Diǧla yiqsim Baġdād il-qismēn, Karx w Riṣāfa. ašhar manāṭiq ṣōb il-Karx hiyya il-Manṣūr, il-Ḥārṯiyya, id-Dōra, w-il-Kāḏmiyya, w ṣōb il-Riṣāfa il-Karrāda, Šāriʕ ir-Rašīd, il-Aʕḏamiyya, w Madīnt iṣ-Ṣadir.

ahamm maʕālim Baġdād hiyya iz-zawrāʔ, naṣb iš-šahīd, sāḥt il-iḥtifālāt, naṣb il-ḥurriyya w ġērha hwāya min il-maʕālim il-ḥilwa illi lāzim ʕala kull wāḥid yrūḥ il-Baġdād yzūrha.

Text VII/2: Am Telefon 1 – *talifōn 1*

Sāmi:	alu?
Aḥmad:	halaw Sāmi. šlōnak?
Sāmi:	halaw bīk, il-ḥamdillā. š-aku māku?
Aḥmad:	māku šī, bass yōm iǧ-ǧumʕa l-wilid yrīdūn yrūḥūn l-iz-zawrāʔ, il-madīnt il-alʕāb, trīd tiǧi wyāna?
Sāmi:	lā waḷḷa, yōm iǧ-ǧumʕa āni maʕzūm ʕa-l-ʕaša b-bēt xāḷti.
Aḥmad:	ōkay māši laʕad, waḷḷa tmannēna tkūn wiyyāna.
Sāmi:	šukran ḥabībi tislam! ġēr marra nšāḷḷa!
Aḥmad:	miḥtāǧ šī baʕad?
Sāmi:	salāmtak!
Aḥmad:	maʕa s-salāma!

Text VII/3: Am Telefon 2 – *talifōn* 2

Mays: ʕalu, marḥaba Baššār, agul-lak ḏarūri ašūfak waṛa d-daris.
Baššār: xēr, xō māku šī, baqqēti bāli.
Mays: bass ašūfak, aḥčī-lak, bass yārēt il-yōm ʕafya.
Baššār: ōkay xōš, wa-la yhimmič. tḥibbīn niltiqi b-il-kāftirya?
Mays: ī tamām, ašūfak ihnāk, is-sāʕa sitta?
Baššār: ī zēn, maʕnātha ašūfič is-sāʕa sitta!

Text VII/4: Die Familie – *il-ʕāʔila*

Sawsan w Claudia b-il-hōl māl bēt Sawsan w yrīdūn yšūfūn ṣuwar ahilhum.
Claudia: minu haḏōla l-iṯnēn?
Sawsan: hāy ṣūrat ahli gabuḷ akṯar min ixmuṣṭaʕaš sana. uṃṃi w abūya miṭṭallgīn min zamān! šūfi, b-ha-ṣ-ṣūra zōǧ uṃṃi ǧ-ǧidīd, hiyya tzawwǧat wāḥid armal ma ʕinda wilid.
Claudia: bass inti ʕindič uxwān, mū?
Sawsan: ī, ʕindi axxēn, wāḥid aʕzab w wāḥid maxṭūb. bass ma ʕindi uxwān min abūya. rāwīni ṣ-ṣuwar māl ʕāʔiltič!
Claudia: haḏōla abūya w uṃṃi, huṃṃa ṣār-ilhum mizzawwǧīn sabʕa w tlāṯīn sana. uxti ʕiddha xaṭīb, w ʕidhum bnayya ʕumurha santēn. w-ib-hāy iṣ-ṣūra tšūfīn ahil abūya. bībīti čānat yatīma; mātaw ahilha b-il-ḥarub. w baʕd il-ḥarb il-ʕālamiyya ṯ-ṯānya tzawwǧat ǧiddi. l-il-asaf ṯnēnāthum hassa mayytīn, bass ǧiddi l-ʕām māt.
Sawsan: Aḷḷa yirḥamhum! w-inti? trīdīn titzawwǧīn, tḥibbīn yṣīr ʕindič wilid?
Claudia: ī aḥibb, bass mū hassa. w-inti mitzawwǧa, mū?
Sawsan: ī, mitzawwǧa w ʕindi waladēn iẓġār b-il-madrasa.

Übungen zu den Texten

Ü 7.1 Fragen zu den Texten VII/1, VII/2, VII/3, VII/4

1. šgadd ʕadad sukkān Baġdād?
2. yā bībān biqat asmāʔha min sūr Baġdād?
3. minu assas Baġdād il-ḥāliyya?
4. šwakit yrīdūn Aḥmad w aṣdiqāʔa yrūḥūn l-iz-Zawrāʔ?
5. lēš ma yrūḥ Sāmi wiyyāhum?
6. wēn w-išwakit yiltiqūn Mays w Baššār?

Ü 7.2 Führen Sie einen Dialog, ähnlich wie Text VII/4, über Ihre eigene Familie.

Grammatik

7.1 Die Kardinalzahlen von 11 bis 5.000.000.000

Nach allen Zahlen ab einschließlich 11 folgt das gezählte Substantiv im Singular! Einzige Ausnahme davon sind jene Zahlen über hundert, bei denen die Zehnerstelle bzw. Hunderterstelle Null ist (siehe unten). Wie im Deutschen stehen die Einer vor den Zehnern. Ansonsten gilt absteigende Reihenfolge, also: Tausender, Hunderter, Einer, Zehner.

7.1.1 Die Zahlen von 11 bis 19

11	*daʕaš ~ yidaʕaš*
12	*ṯnaʕaš*
13	*ṭlaṭṭaʕaš*
14	*arbāṭaʕaš*
15	*xumuṣṭaʕaš ~ xmuṣṭaʕaš*
16	*ṣiṭṭaʕaš*
17	*ṣbāṭaʕaš*
18	*ṯminṭaʕaš ~ ṯmunṭaʕaš*
19	*ṭṣāṭaʕaš*

Beispiele:

ṯnaʕaš bēt „12 Häuser" *xmuṣṭaʕaš yōm* „15 Tage"

ṣiṭṭaʕaš dīnār „16 Dinare" *ṭṣāṭaʕaš ǧimal* „19 Kamele"

⌘ Sprachhistorische Anmerkung: Im Vergleich zum Hocharabischen bemerkt man, dass die Zahlwörter eine Reihe von Änderungen erfahren haben: Bemerkenswert sind der Verlust der letzten Silbe *-ar*, die durch das Zahlwort *ʕašir* bedingte Emphatisierung in den meisten Einerstellen (vgl. z.B. hocharab. *sittata ʕašra* → *ṣiṭṭaʕaš*) sowie der Ausfall von *ʕ* in den Zahlen der Einerstelle, der eine Längung des *a* bewirkte (vgl. z.B. *tisʕata ʕašra* → *ṭṣāṭaʕaš*).

7.1.2 Die vollen Zehnerzahlen von 20 bis 90

20	*ʕišrīn*
30	*tlāṯīn*
40	*arbaʕīn*
50	*xamsīn*
60	*sittīn*

70	*sabʕīn*
80	*ṯmānīn*
90	*tisʕīn*

Einer und Zehner werden mit *w* [u] verbunden, wobei ***alle*** Einerzahlen außer 1 und 2 auf *-a* enden: *waḥid w sittīn, ṯnēn w sittīn, tlāṯa w sittīn ...*

7.1.3 Die Hunderter

100	*miyya*
200	*mītēn*
300	*tlaṯ miyya*
400	*arbaʕ miyya*
500	*xamis miyya*
600	*sitt miyya*
700	*sabiʕ miyya*
800	*ṯman miyya ~ ṯmammiyya*
900	*tisiʕ miyya*

Vor einem gezählten Wort lautet die Form *mīt*:

mīt riǧǧāl	„100 Männer“
tlaṯ mīt dīnār	„300 Dinare“
mītēn bēt	„200 Häuser“
arbaʕ mīt ibnayya	„400 Mädchen“

7.1.4 Die Tausender

1000	*alif*
2000	*alfēn*
3000	*tlat tālāf*
4000	*arbaʕ tālāf*
5000	*xamis tālāf*
6000	*sitt tālāf*
7000	*sabiʕ tālāf*
8000	*ṯman tālāf*
9000	*tisiʕ tālāf*
10000	*ʕašir tālāf*

Anmerkung: In Zahlwörtern ab 3.000 wird der Zählplural von *alif*, nämlich *tālāf* verwendet (siehe auch §6.7).

7.1.5 Die weiteren Zahlen

20.000	*ʕišrīn alif*
50.000	*xamsīn alif*
100.000	*mīt alif*
1.000.000	*milyōn*
2.000.000	*milyōnēn*
4.000.000	*arbaʕ malāyīn*
1 Milliarde	*milyār*
5 Milliarde	*xamis milyārāt*

Beispiele für zusammengesetzte Zahlen:

295	*mītēn w xamsa w tisʕīn*
3564	*tlat tālāf w xamis miyya w arbaʕa w sittīn*
38.771	*t̲mānya w tlāt̲īn alif w sabiʕ miyya w wāḥid w sabʕīn*

7.1.6 Zahlen über 100 mit Zehner- oder Hunderterstelle Null

Ist die Einerstelle 1 oder 2, gibt es verschiedene Varianten, unter anderem:

201 Häuser	*mītēn w bēt ~ mītēn bēt w wāḥid*
202 Häuser	*mītēn bēt w it̲nēn ~ mītēn w bētēn*
1001 Nacht	*alif lēla w lēla*

Ist die Einerstelle 3 bis 9 oder endet die Zahl genau auf 10, dann steht das gezählte Substantiv im Plural:

205 Häuser	*mītēn w xams ibyūt*
210 Häuser	*mītēn w ʕašr ibyūt*
1009 Häuser	*alf w tisʕ ibyūt*
1205 Häuser	*alf w mītēn w xams ibyūt*
Aber: 3.564 Häuser	*tlat tālāf w xamis miyya w arbaʕa w sittīn bēt*

7.1.7 Bestimmte Zählphrasen

Um einen Zahlenausdruck zu bestimmen, gibt es zwei Möglichkeiten: Entweder wird (1) vor den für unbestimmte Zählphrasen gebrauchten Ausdruck der Artikel gesetzt oder (2) das Zahlwort folgt mit dem Artikel dem ebenfalls mit Artikel versehenen Substantiv. In diesem Fall ist das Substantiv immer im Plural und das Zahlwort wird in der Form verwendet, die sonst zum Abzählen gebraucht wird (also mit der Endung *-a*). Die Konstruktion, in welcher das Zahlwort dem Substantiv folgt, wird vor allem in feststehenden Ausdrücken bevorzugt. Bezieht sich ein weiteres Wort auf diesen Ausdruck, so wählt man meistens die Umschreibung durch *māl* (s.u. §7.3).

il-xamis banāt ~ *il-banāt il-xamsa* „die fünf Mädchen"
il-xumuṣṭaʕaš ibnayya ~ *il-banāt il-xumuṣṭaʕaš* „die fünfzehn Mädchen"
l-ifṣūl il-arbaʕa „die vier Jahreszeiten"
il-abwāb iṯ-ṯmānya māl Bābil „die acht Tore Babylons"

7.2 Fragen nach dem Preis

Es gibt verschiedenste Möglichkeiten, nach dem Preis einer Sache zu fragen. Im Folgenden finden sich einige der häufigsten Phrasen:

išgadd itrīd? – xamsīn. „Wie viel willst du?" – „Fünfzig."
šgadd siʕra / siʕirha? – siʕra / siʕirha alif dīnār. „Was ist sein/ihr Preis?" – „Sein/ihr Preis ist 1.000 Dinar."
bēš hāḏa / hāy? – hāḏa / hāy b-alfēn. „Wie viel kostet das?" – „Das kostet 2.000."
bēš il-kēlu? – il-kēlu b-xamis miyya. „Wie viel kostet das Kilo?" – „Das Kilo kostet 500."
šgadd ykallifni taṣlīḥ il-mōbāyl? – taṣlīḥa raḥ-ykallfak mītēn alif. „Wie viel kostet mich die Reparatur des Handys?" – „Seine Reparatur wird dich 200.000 kosten."
šlōn l-asʕār il-yōm? – il-yōm il-asʕār šwayya ṣāʕda. „Wie sind die Preise heute?" – „Heute sind die Preise etwas höher."

Aus den Beispielen wird ersichtlich, dass der Preis sehr häufig mittels der Präposition *b-* angegeben wird.

7.3 Der Genitivexponent *māl*

Mithilfe des Wortes *māl* (F *mālat* PL *mālāt*) kann (1) eine „Genitivverbindung" umschrieben werden, und (2) die direkte Suffigierung an ein Substantiv vermieden werden. Die Form *māl* mit Suffix entspricht also häufig einem Possessivpronomen. Die eigentliche Bedeutung von *māl* ist „Besitz".

7.3.1 Umschreibung des Genitivs

Bei der Umschreibung des Genitivs steht unveränderliches *māl* ähnlich wie die deutsche Präposition „von" zwischen dem Leitwort und dem Genitivattribut. Beide Elemente können bestimmt oder unbestimmt sein. Prinzipiell kann die Konstruktion durch *māl* jede Genitivverbindung ersetzen. Besonders häufig ist sie jedoch, wenn das Leitwort ein Fremdwort ist, wenn es ein adjektivisches Attribut hat, oder bei Ketten von Genitivverbindungen. Eher selten findet sie sich bei Verwandtschaftsbezeichnungen sowie in Fällen, wo der Genitiv eine fixe Zugehörigkeit ausdrückt (z.B. Haustür, Wasserglas).

Beispiele:

il-mōbāyḷ māl uxti „das Handy meiner Schwester"
il-ḥadīqa māl bētna „der Garten unseres Hauses"
hdūm māl riyāǧīl „Männerbekleidung"
is-sayyāra l-ǧidīda māl ǧīrānna „das neue Auto unseres Nachbarn"
il-hōl māl bēt Sawsan „das Wohnzimmer von Sawsans Haus"

7.3.2 Die Form *māl* mit Suffixen

māl / mālat	SINGULAR	PLURAL
1. PERS.	*māl**i*** – *mālt**i***	*māl**na*** – *mālit**na***
2. PERS. M.	*māl**ak*** – *mālt**ak***	*māl**kum*** – *mālit**kum***
2. PERS. F	*māl**ič*** – *mālt**ič***	
3. PERS. M.	*māl**a*** – *mālt**a***	*māl**hum*** – *mālit**hum***
3. PERS. F	*māl**ha*** – *mālit**ha***	

mālāt	SINGULAR	PLURAL
1. PERS.	*mālāt**i***	*mālāt**na***
2. PERS. M.	*mālāt**ak***	*mālāt**kum***
2. PERS. F	*mālāt**ič***	
3. PERS. M.	*mālāt**a***	*mālāt**hum***
3. PERS. F	*mālāt**ha***	

Der Genitivexponent mit Suffix wird im Bagdadischen häufig gebraucht, unter anderem, wenn ein Besitzverhältnis ausgedrückt wird (entspricht in etwa deutsch „gehören"). Gerne verwendet wird *māl* auch in Wortguppen, deren Leitwort im Dual steht. Das Substantiv steht immer vor *māl*, dessen Form sich nach dem Genus und Numerus des Substantivs richtet. Dabei gelten folgende Regeln:

- *māl* nach einem maskulinen Substantiv im Singular
- *mālat* nach einem femininen Substantiv im Singular oder Plural (bei Nicht-Personen)
- *mālāt* nach einem Dual oder Plural, der weibliche Personen bezeichnet

- In Kombination mit Dual oder Plural mit Bezug auf männliche Personen kann auch *māl* verwendet werden. Die Konstruktion mit Genitivexponenten wird in diesem Fall aber selten gebraucht.

Beispiele:

il-lōri mālna „unser Lastwagen"
is-sayyārtēn mālti „meine beiden Autos"
il-mōbāyḷāt il-ğidīda mālatkum „eure neuen Handys"
il-mumarriḏāt mālātha „ihre Pflegerinnen"
māl-man ha-l-iktāb? ha-l-iktāb māl Yūsuf „Wem gehört dieses Buch? Dieses Buch gehört Yūsuf"
A: *hāy ğunṭat-man?* „Wessen Tasche ist das?"
B: *hāy iğ-ğunṭa mālti.* „Diese Tasche gehört mir."

7.4 Das Verb (4): Die konkaven Verben

Bei den sogenannten konkaven Verben ist der mittlere Radikal ein *w* oder ein *y*. Dieser verschmilzt mit den umgebenden Vokalen regelmäßig zu einem langen Vokal, welcher im Perfekt immer *ā* ist, im Präsens aber *ā*, *ī* oder *ū* sein kann (*ā/ū* wenn von einer Wurzel mit 2. Radikal *w*; *ī* wenn von einer Wurzel mit 2. Radikal *y*). In der Konjugation des Perfekts haben alle Verben vor vokalischen Endungen die Form *KāK-*, vor konsonantischen Endungen jedoch die Form *KiK-* oder *KuK-* (letztere vor allem bei Verben vom *ū*-Typ).

Zur Konjugation des Perfekts siehe die Paradigmen 5A-C; die Konjugation des Präsens wurde bereits in §3.4 besprochen. Eine Liste der Perfektformen bereits gelernter Verben befindet sich am Ende der Lektion.

Ein wichtiges Verb von diesem Typ ist *čān / ykūn* „sein", das wie *zār / yzūr* konjugiert wird, daher z.B. Perfekt SG *činit, činit, činti, čān, čānat* – Präsens SG *ykūn, tkūn, tkūnīn, tkūn, akūn*. Einzelheiten zum Gebrauch dieses Verbs finden sich in §11.2.

7.5 Das Verb „kommen"

Das Verb *iğa* (~ *ğā-* wenn mit Personalsuffix), *yiği* „kommen" weist einige Unregelmäßigkeiten in seiner Konjugation auf. Siehe dazu das Paradigma 9.

Erwähnenswert ist, dass die Perfektform der 3.F.SG *iğat* „sie kam" auch *ğatti* lauten kann; die Perfektform der 3.PL *iğaw* „sie kamen" hat auch die Form *ğawwi*.

7.6 Modalausdrücke

Modalität wird im Bagdadischen teils durch unveränderliche Wörter (meist Partizipien), teils durch Modalverben bzw. modale Pseudoverben ausgedrückt.

Unveränderlich sind:

lāzim „es ist nötig; müssen"
ḏarūri „es ist notwendig"
ma-yxālif „es ist möglich; können"; auch im Sinne von „dürfen" gebraucht
yimkin „es ist möglich; vielleicht"
yǧūz „möglichlicherweise"

Konjugiert werden:

gidar, yigdar „können; imstande sein"
ḥabb, yḥibb „mögen, lieben"
bi- + Suffix „können"

	SINGULAR	PLURAL
1. PERS.	*biyya*	*bīna*
2. PERS. M.	*bīk*	*bīkum*
2. PERS. F.	*bīč*	
3. PERS. M.	*bī*	*bīhum*
3. PERS. F.	*bīha*	

yinrād + *l-* + Pronominalsuffix bedeutet „brauchen, benötigen" (wörtl. heißt es eigentlich „es fehlt mir, dir etc.")

	SINGULAR	PLURAL
1. PERS.	*yinrād-li*	*yinrād-ilna*
2. PERS. M.	*yinrād-lak*	*yinrād-ilkum*
2. PERS. F.	*yinrād-lič*	
3. PERS. M.	*yinrād-la*	*yinrād-ilhum*
3. PERS. F.	*yinrād-ilha*	

Ohne die Präposition *l-* bedeutet unveränderliches *yinrād* soviel wie „sollen".

yinrād aǧi ʕiddkum? „Soll ich zu euch kommen?"

Beispiele:

il-yōm lāzim adrus ʕarabi. „Heute muss ich Arabisch lernen."
ḍarūri asawwi il-wāğib. „Es ist notwendig, dass ich die Aufgabe mache."
ma-yxālif āxuḏ hāḏa? „Darf ich das nehmen?"
yimkin inrūḥ l-il-Baṣra. „Vielleicht fahren wir nach Basra."
yğūz ōṣal is-sāʕa arbaʕa. „Ich komme möglicherweise um vier Uhr an."
tigidrīn itrūḥīn l-is-sīnama. „Du (F) kannst ins Kino gehen."
tigidrīn tisbaḥīn? „Kannst du (F) schwimmen?"
tigdar tilʕab šiṭranğ kulliš zēn. „Du (M) kannst sehr gut Schach spielen."
bīna nilʕab waṛa d-daris. „Nach der Vorlesung können wir spielen."
yinrād-li ğunṭa ğidīda. „Ich brauche eine neue Tasche."
yinrād-ilna flūs. „Wir brauchen Geld."

Negation von Phrasen mit Modalausdrücken

Die unveränderlichen Formen werden mittels *mū* oder *ma* negiert, die anderen nur mittels *mā*. Die Form *yimkin* wird nicht verneint.

il-yōm mū lāzim aṭbux. „Heute muss ich nicht kochen."
il-yōm mā-rīd aṭbux. „Heute will ich nicht kochen."
hassa mā-tigdar itrūḥ l-is-sīnama. „Du kannst jetzt nicht ins Kino gehen."
mā-ḥibb ašrab gahwa b-il-lēl „Spät abends mag ich keinen Kaffee trinken."

Man beachte den Unterschied im Gebrauch der Negation:
mū/ma lāzim itrūḥ. „Du musst nicht weggehen." [es ist nicht nötig, dass du …]
lāzim ma trūḥ. „Du sollst nicht weggehen." [es ist nötig, dass du nicht …]

7.7 Kausalsätze („weil"-Sätze)

Die Konjunktion *liʔan* ist in den Texten und Übungen schon vorgekommen. Sie leitet kausale Nebensätze ein und entspricht daher dem deutschen Bindewort „weil". Auch die Konjunktion *čēf* wird in ganz ähnlicher Funktion gebraucht.

lēš ma tiği wiyyāna? liʔan bāčir ʕindi mtiḥān. „Warum kommst du nicht mit uns?" – „Weil ich morgen eine Prüfung habe."
lēš ma tsāfrūn l-il-Baṣra? – liʔan ma ʕiddna wakit. „Warum reist ihr nicht nach Basra?" – „Weil wir keine Zeit haben."
lēš ma ğābat hadāya? – čēf hiyya kulliš baxīla. „Warum hat sie keine Geschenke mitgebracht? – Weil sie sehr geizig ist."

Wortfeld 5: Die Wochentage – *ayyām l-isbūʕ*

isbūʕ PL *asābīʕ*	Woche
(yōm) il-aḥad	Sonntag
(yōm) il-iṯnēn ~ iṯ-ṯinēn	Montag
(yōm) iṯ-ṯilāṯā	Dienstag
(yōm) il-arbiʕā	Mittwoch
(yōm) il-xamīs	Donnerstag
(yōm) iǧ-ǧumʕa	Freitag
(yōm) is-sabit	Samstag

Adverbiell werden die Wochentage ohne *yōm* und ohne Präposition gebraucht:

iǧēt (yōm) il-iṯnēn „Ich kam am Montag."

Mit dem Plural *ayyām* bildet man ebenfalls adverbielle Ausdrücke, die eine Wiederholung bzw. Regelmäßigkeit implizieren:

ayyām iǧ-ǧumʕa (iǧ-ǧumaʕ) ʕuṭla b-il-ʕIrāq „Im Irak ist freitags frei."

Wortfeld 6: Tageszeiten – *awqāt il-yōm*

faǧir *ġubša*	Morgendämmerung	*il-faǧir* *il-faǧriyya* *il-ġubša*	zur Zeit der Dämmerung; zur Zeit des Morgengebets
ṣubuḥ	Morgen, Vormittag	*iṣ-ṣubuḥ*	in der Früh, morgens (6:00–12:00)
ḍuhur	Mittag	*iḍ-ḍuhur* *iḍ-ḍuhuriyya*	zu Mittag (12:00)
baʕd iḍ-ḍuhur	Nachmittag	*baʕd iḍ-ḍuhur*	am Nachmittag (12:00–18:00)
ʕaṣir	späterer Nachmittag; Nachmittagsgebet	*il-ʕaṣir*	am späteren Nachmittag (ca. 15:00)
muġrub ~ miġrib	Sonnenuntergang	*il-muġrub* *il-muġrubiyya*	zum Sonnenuntergang
lēl	später Abend; Nacht	*b-il-lēl*	am späten Abend; in der Nacht
nuṣṣ il-lēl *tāli l-lēl*	Mitternacht	*b-nuṣṣ il-lēl* *b-tāli l-lēl*	um Mitternacht (rund um 24:00)
nahār	Tag	*b-in-nahār*	am Tag

Das Wort *nahār* bezeichnet nur den lichten Tag (im Gegensatz zur Nacht), *yōm* jedoch den ganzen Tag von 24 Stunden.

Einige Wörter und Phrasen mit Zeitausdrücken:

> *lēl nahār* „Tag und Nacht“
> *ʕugub bāčir iṣ-ṣubuḥ yirǧaʕ axūya.* „Übermorgen in der Früh kommt mein Bruder nach Hause zurück.“
> *bāčir il-misa arūḥ l-is-sīnama.* „Morgen Abend gehe ich ins Kino.“
> *il-bārḥa iḏ̣-ḏ̣uhur ṭubxat uṃṃi dōḷma.* „Gestern Mittag kochte meine Mutter Dōḷma.“
> *awwalt il-bārḥa ltiqēt ib-ṣāḥbi b-il-kāftirya.* „Vorgestern am Nachmittag traf ich meinen Freund in der Cafeteria.“

Übungen zur Grammatik

Ü 7.3 Arbeiten Sie zu zweit oder zu dritt. Bilden Sie kurze Dialoge, in denen Sie Ihre/n Partner/in fragen und erzählen, was Sie heute machen müssen, wollen, können, möchten, sollen. Schreiben Sie die Dialoge dann auf.

Sie können folgendermaßen beginnen:

- ṣabāḥ il-xēr!
- ṣabāḥ in-nūr!
- tḥibbīn insawwi r-rayūg suwiyya w nitrayyag ʕala rāḥatna?
- ma agdar, āsfa [es tut mir leid]! ma ʕindi wakit abad. bass ašrab wiyyāč gahwa iḏa trīdīn!

Ü 7.4 Sie sind in einem Geschäft. Fragen Sie zum Beispiel: „Wie viel kostet das Kleid, ein Teller, ein Kilo …, 2 Kilo … usw.“ – Lassen Sie eine andere Person antworten.

Ü 7.5 Lesen Sie den Text laut. Dann schreiben Sie ihn und geben alle Zahlen in Worten wieder.

il-yōm riḥit l-il-maktaba w-ištirēt-li *4 kutub.* čān siʕirhum ib-956 dīnār. b-raǧiʕti marrēt ʕa-s-sūg w-ištirēt min il-gaṣṣāb *3 kēluwāt* diǧāǧ ib-510 dinānīr w min il-firin *3 guraṣ* xubuz ib-15 dīnār w min abu l-imxaḏḏar *3 rūs* [Köpfe] xass w *4 raggiyyāt* w *5 šiyaš* maʕǧūn ṭamāṭa w *3 igwāni* butēta w *4 ibṭāla* ʕaṣīr burtuqāl w *3 ičyās* tukki. kull ha-l-miswāg ṣār ib-1076 dīnār. min wuṣalit l-il-bēt šifit ǧīrānna uṃṃ Aḥmad giddām il-bāb w sōlafit wiyyāha fadd *6, 7 daqāyiq* gabuḷ-ma fūt l-il-bēt.

Ü 7.6 Schreiben Sie den Text von Übung 7.5 noch einmal und setzen Sie dabei alle kursiv geschriebenen Wörter in den Singular und dann in den Dual! Achten Sie darauf, dass Sie dabei gegebenenfalls auch andere Wörter ändern müssen.

Ü 7.7 Bilden Sie Sätze nach folgendem Muster und übersetzen Sie sie dann:

bēt-man hāḏa? – hāḏa bēt il-muʕallim.
„Wessen Haus ist das?“ – „Das ist das Haus des Lehrers.“

Verwenden Sie folgende Wörter: *ğunṭa, mēz, qalam, daftar, ktāb, ṣūra, māʕūn, qāmūs, sayyāra, kursi, šarika, ḥadīqa, dukkān, nafnūf, flūs.*

Ü 7.8 Verneinen Sie die folgenden Fragen:

Muster: *haḏōla banātak? – lā, mū banāti.*

1. haḏōla l-ičlāb māl Sāmi? – lā, ____________________.
2. haḏōla l-ibṭāla mālatkum? – lā, ____________________.
3. haḏōla s-sayyārāt māl ğīrānak? – lā, ____________________.
4. haḏōla s-sičāčīn māl axūč? – lā, ____________________.
5. haḏōla ğ-ğunaṭ māltak? – lā, ____________________.
6. haḏōla l-kutub māl ṣadīqtič? – lā, ____________________.
7. haḏōla l-igḷāṣāt mālathum? – lā, ____________________.
8. haḏōla l-fisātīn māl Farāḥ? – lā, ____________________.
9. haḏōla l-ibyūt māl ʕammak? – lā, ____________________.
10. haḏōla l-iflūs māl Zaynab? lā, ____________________.

Ü 7.9 Setzen Sie die passenden Modalausdrücke ein.

A. *ma-yxālif, lāzim* (2x), *ḏarūri*

1. barra bārda tara! (*tara* ~ „gib Acht!“) ____________ tilbas ič-čākēt mālak!
2. abūya marīḏ w kulliš____________ yrūḥ l-id-diktōr.
3. ____________ itsāʕdīn Zaynab ib-ḥall il-wāğibāt malatha, iḏa ʕindič mağāl?
4. ____________ tāxḏīn iš-šamsiyya wiyyāč.

B. *itḥibbūn, trīd, yigdar, trīdīn*

1. minu ________________ yiḥči ispāni zēn ihnā?
2. ________________ itširbūn čāy lō gahwa b-ir-rayūg?
3. ____________ itliʕbīn waṛaq wiyyāna, waṛa-ma itxaḷḷṣīn ḥall wāğibātič?
4. hiyya ğūʕāna bass ma ________________ tākul liʔan-iyya (liʔan hiyya) zaʕlāna minni.

C. *ḍarūri, bī, yinrād, lāzim, yimkin, biyya*

1. ________________ ykūn ʕidd il-insān hadaf ib-ḥayāta.
2. ______________ tlibsūn zēn! ______________ itṣīr bārda b-il-lēl.
3. minu ________________ yšīl hāy iğ-ğunṭa t-tigīla?
4. yārēt! bass ma ____________ ḥēl alʕab wiyyākum! ____________ adrus liʔan bāčir ʕindi mtiḥān ṣaʕub.

D. *bīč, tḥibbīn, ma-yxālif, ḍarūri, biyya, yigdar/yrīd, yinrād*

1. ________________ itdāynīni sayyārtič bāčir?
2. iḏa ________________, nrūḥ waṛa is-sīnama nišrab bīra.
3. āni ma ______________ asbaḥ, inti ______________ itsibḥīn ?
4. minu ________________ yrūḥ wiyyāya yākul mōṭa waṛa il-ġadwiyya?
5. ______________ albas čākēti? – lā mū ______________. il-yōm ḥārra!

Ü 7.10 Setzen Sie die Wörter in die richtige Reihenfolge und übersetzen Sie die Sätze anschließend.

1. ma, iḏ-ḏuhur, abad, bīra, nišrab, gabḷ
2. yištuġuḷ, il-muʕallim, iḏ-ḏuhur, ma, waṛa
3. wiyya, yōm, b-il-lēl, rabʕa, waṛaq, yilʕab, kull
4. b-nuṣṣ, lāzim, taksi, māku, tāxuḏ-lak, il-lēl, nafarāt
5. nahār, kulliš, ʕAli, lēl, kaslān, ynām

Ü 7.11 Übersetzen Sie:

1. Sawsan und Anna saßen im Kaffeehaus neben der Universität.
2. Ali lernt Tag und Nacht für seine Prüfung am Donnerstag.
3. Sami hat keine Zeit, weil er seinem Vater helfen muss.
4. Der Knabe schläft zur Zeit des Nachmittagsgebets in seinem Zimmer.

5. Dienstags frühstücken Maryam und Mays gemeinsam und fahren danach zur Arbeit.
6. Warum kaufst du ein neues Auto? – Weil mein altes Auto nicht gut ist.
7. Übermorgen am Abend fahren Ḥsēn und seine Familie nach Basra.
8. Die Kinder wollen ihren Onkel in Mossul besuchen.
9. Samis Großmutter starb letztes Jahr. Sein Großvater lebt jetzt bei seiner Tante.
10. Ich habe zwei Schwestern und einen Bruder: Līna ist verheiratet und lebt mit ihrem Mann in Ḥilla. Maryam ist verlobt und ist Lehrerin. Sāmi ist ledig und studiert in Bagdad.

Ü 7.12 Bilden Sie sinnvolle Verbindungen aus den Wörtern der rechten und der linken Spalte. Achten Sie dabei auf eventuelle Veränderungen des Leitwortes. Bilden Sie anschließend kurze Sätze mit den entstandenen Phrasen.

qalʕa	xāḷi
ṭarīq	il-madrasa
istīkān	in-nōm
mudīra	Baġdād
ahil	is-sayyārāt
bēt	Arbīl
xarīṭa	čāy
ġurfa	il-madīna

Ü 7.13 Setzen Sie die Verben in Klammern in der richtigen Person ein.

1. ilbārḥa ______________________________ ṭōba b-il-malʕab. (liʕab, iḥna)
2. šlōnha Mays? ______________________________ šī ʕalēha? (simaʕ, inta)
3. š- ____________________ yōm il-arbiʕā il fāt b-id-daris? (axad̲, intu)
4. il-isbūʕ il fāt ______________________ tašrīb laḥam b-il-bēt. (ṭubax, āni)
   [*tašrīb laḥam akla ʕirāqiyya: laḥam w ḥummuṣ w butēta w xubuz*]

5. ṣārat muškila wiyya ṣadīqi liʔan huwwa ma ________________ š-činit da-ʔarīd min ʕinda! (ʕiraf, huwwa)
6. bāčir ʕiddna mtiḥān, ____________________________ lō lā? (diras, inti)

Perfektformen der bisher gelernten konkaven Verben

ʕāš, yʕīš	leben	*šāf, yšūf*	sehen
čān, ykūn	sein	*ṣār, yṣīr*	werden
māt, ymūt	sterben	*ğāb, yğīb*	bringen
nām, ynām	schlafen	*zār, yzūr*	besuchen
rād, yrīd	wollen	*rāḥ, yrūḥ*	gehen

* * *

Lektion VIII

Texte

Text VIII/1: Wie komme ich nach Khan Mirjan? – *iṭ-ṭarīq il-xān Mirǧān?*

sāyiḥ:	salāmu ʕalaykum, mumkin fadd suʔāl?
Sāmi:	wa ʕalaykum is-salām! akīd ṭabʕan! itfaḏḏal!
sāyiḥ:	min ruxuṣtak, šlōn agdar ōṣal il-xān Mirǧān min sāḥt iš-Šuhadāʔ?
Sāmi:	tiṭlaʕ min-nāk tuʕbur ǧisr iš-Šuhadāʔ, itšūf il-madrasa l-Mustanṣiriyya ʕala yamīnak, w-itkammil gubaḷ lī sāḥt ir-Riṣāfi, baʕdēn itlūf yimna ʕala šāriʕ ir-Rašīd w waṛāha yǧīk fariʕ ʕala īdak il-yimna, tʕūfa w-ittubb b-id-darbūna māl sūg iṣ-Ṣifāfīr, waṛāha tfūt yisra aku darbūna lux w-itḏall māši l-il-axīr, hnāk itšūf ʕala īdak il-yimna bāb aṯari maktūb ʕalē xān Mirǧān.
sāyiḥ:	hāḏa yṣīr yamm sūg Dānyāl, mū?
Sāmi:	ī, b-iḏ-ḏabuṭ!
sāyiḥ:	šukran ǧazīlan ilak!
Sāmi:	il-ʕafu ʕēni, tiddallal!

Text VIII/2: Eine Wegbeschreibung – *waṣif ṭarīq*

Zaynab:	marḥaba, šabāb! aku aḥḥad bīkum yigdar yišraḥ-ilna šlōn nōṣal šāriʕ ir-Rāšīd min šāriʕ Ḥayfa?
Aḥmad:	ī, hāy kulliš sahla. šāriʕ Ḥayfa w šāriʕ ir-Rāšīd šāriʕēn mitwāzyīn, bass bēnāthum ʕabrat iǧ-ǧisir, fa-intu min ǧisr iš-Šuhadāʔ aw il-Aḥrār ʕibru n-nahar w-ihnāka siʔlu ʕala ism iš-šāriʕ.
Zaynab:	hāy ṭilʕat ṣudug sahla, šukran ǧazīlan axi!

Text VIII/3: Wo gibt es eine Apotheke? – *wēn aku ṣaydaliyya?*

Mays:	il-ʕafu min ruxuṣtak!
Ḥsēn:	tfaḏḏli uxti!
Mays:	tuʕruf wēn aku hassa ṣaydaliyya qarība mfattḥa?
Ḥsēn:	ī, uxti, triǧʕīn min-nāk w-itlūfīn ʕala īdič il-yisra b-ʔawwal fariʕ, baʕdēn timšīn gubaḷ, w waṛa fadd xamsīn matir aku madrasa, yammha tilgīn ṣaydaliyya.
Mays:	maškūr axi, taʕʕabtak wiyyāya!
Ḥsēn:	il-ʕafu tiddallalīn! ayy xidma!

Text VIII/4: Was machen wir am Abend? – *š-insawwi b-il-lēl?*

Aḥmad: š-itrīdūn itsawwūn il-yōm b-il-lēl?
Fāṭma: iḏa xaḷḷaṣna dirāsa nrūḥ il-fadd mukān!
Dālya: wēn itrīdīn itrūḥīn b-iḏ-ḏabuṭ?
Fāṭma: dā-fakkir inrūḥ il-xān Mirǧān.
Aḥmad: xōš fikra, waḷḷa! w sāʕa sabʕa aku umsiyya māl čālġi il-baġdādi.
Lea: āni sāmʕa innu marrāt ysawwūn umsiyyāt turāṯiyya b-xān Mirǧān, bass šinu yaʕni čālġi?
Dālya: ič-čālġi ygūlūha l-il-furaq illi tiʕzif w-itġanni l-maqām il-ʕirāqi, w ylibsūn libis turāṯi baġdādi.
Aḥmad: kulliš zēn, maʕnātha ttifaqna. w āni hamm ašrab-li fadd nargīla, ṣār-li zamān ma mnargil!
Fāṭma: xōš, laʕad xalli nxaḷḷiṣ id-daris b-surʕa ḥatta nlaḥḥig inrūḥ min wakit!

Text VIII/5: Verkehrsmittel in Bagdad – *il-muwāṣalāt ib-Baġdād*

Gisela: šlōn inrūḥ il-darābīn šāriʕ ir-Rašīd il-qadīma? b-il-mitro lō b-il-itrām? *kullhum gāmaw yḏiḥkūn.*
Fāṭma: ib-Baġdād māku lā mitro walā trām.
Gisela: laʕad š-aku muwāṣalāt ib-Baġdād?
Fāṭma: aku pāṣāt w nafarāt w taksiyāt.
Gisela: w šinu l-fariq bēn il-pāṣāt w in-nafarāt?
Fāṭma: il-pāṣ ykūn ičbīr w yōsaʕ ḥawāli xamsīn rākib. bass in-nafarāt itkūn iẓġayyra, w tōsaʕ ḥawāli arbāṭaʕaš rākib bass.
Gisela: bass āni simaʕit aku kayyāt hammēn.
Fāṭma: il-kayyāt hiyya nafarāt w aku hamm il-kōstarāt, nōʕ lax min il-nafarāt.

Übungen zu den Texten

Ü 8.1 Wiederholen Sie die Dialoge der Texte VIII/1, VIII/2 und VIII/3 indem Sie das Geschlecht der Personen vertauschen.

Ü 8.2 Wiederholen Sie die Dialoge der Texte VIII/1, VIII/2 und VIII/3, indem Sie in den Wegbeschreibungen wo immer möglich die Präsensform durch eine Imperativformen ersetzen.

Ü 8.3 Fragen zu Text VIII/4 und VIII/5:

1. wēn yrīdūn yrūḥūn baʕd ma yxaḷḷṣūn id-dirāsa?
2. š-ylibsūn furaq ič-čālġi?
3. š-aku b-xān Mirǧān?
4. š-yrīd yišrab Aḥmad ib-xān Mirǧān?

5. aku mitro b-Baġdād?
6. šinu hiyya in-nafarāt?
7. čam rākib ḥawāli yōsaʕ il-pāṣ w-čam rākib tōsaʕ in-nafarāt?

Grammatik

8.1 Das Verb (5): Defektive Verben

Als „defektive Verben" werden diejenigen Verben bezeichnet, deren letzter Radikal ein /y/ oder /w/ ist. Sie enden sowohl im Präsens als auch im Perfekt auf einen Vokal, wobei jener des Perfekts immer -*a* ist. Im Präsens gibt es zwei Haupttypen, nämlich *a*-Typ und *i*-Typ; daneben existiert ein sehr seltener *u*-Typ.

Zur Konjugation siehe Paradigmen 6A–B. Weitere Verben, die nach diesem Muster konjugiert werden, sind: *niṭa, yinṭi* „geben"; *bida, yibdi* „anfangen, beginnen"; *miša, yimši* „(zu Fuß) gehen"; *biča, yibči* „weinen", *bina, yibni* „bauen".

⌘ Sprachhistorische Anmerkung: Auch diejenigen Verben, die ursprünglich ein *Hamza* als letzten Radikal hatten, erscheinen im Dialekt als defektive Verben, z.B. *qira, yiqra* „lesen" (← *qaraʔa, yaqraʔu*); *bida, yibdi* „beginnen" (← *badaʔa, yabdaʔu*); *mila, yimli* „(aus)füllen" (← *malaʔa, yamlaʔu*).

8.2 Die Ordinalzahlen

Ordinalzahlen existieren nur von 1 bis 10. Außer für „1." werden sie vom Schema *fāʕil* gebildet. Meist sind sie von derselben Wurzel wie die Kardinalia abgeleitet, doch gibt es auch Abweichungen (z.B. bei 1., 6.). Die Ordinalzahlen besitzen auch Femininformen.

	MASKULIN	FEMININ
1.	*awwal*	*ūla*
2.	*ṯāni*	*ṯānya*
3.	*ṯāliṯ*	*ṯālṯa*
4.	*rābiʕ*	*rābʕa*
5.	*xāmis*	*xāmsa*
6.	*sādis*	*sādsa*
7.	*sābiʕ*	*sābʕa*
8.	*ṯāmin*	*ṯāmna*
9.	*tāsiʕ*	*tāsʕa*
10.	*ʕāšir*	*ʕāšra*

Die Ordinalzahlen können auf zwei verschiedene Arten mit einem Substantiv verbunden werden:

A. Maskulines Ordinalzahlwort gefolgt von einem Substantiv *ohne* Artikel. Vor allem in Kombination mit „1." ist diese Konstruktion die weitaus häufigste.

awwal marra	„das erste Mal"
ṯāni yōm	„der zweite Tag"
ṯāliṯ ibnayya	„das dritte Mädchen"
ʕāšir sana	„das zehnte Jahr"

B. Wenn das Ordinalzahlwort dem Substantiv folgt, wird es mit dem Substantiv im Genus und im Determinationsgrad übereingestimmt.

marra ṯānya	„ein zweites Mal"
šaxiṣ sādis	„eine sechste Person"
il-yōm iṯ-ṯāni	„der zweite Tag"
iṭ-ṭābuq il-xāmis	„das fünfte Stockwerk"
iṣ-ṣaff is-sābiʕ	„die siebte Klasse"
is-sana l-ʕāšra	„das zehnte Jahr"
id-dars il-awwal	„die erste Lektion"
il-ibnayya l-ūla	„das erste Mädchen"
marta ṯ-ṯālṯa	„seine dritte Frau"

Anmerkung: In fixen Phrasen kann das Substantiv auch ohne Artikel stehen, z.B. *yōm il-awwal* „der erste Tag", *šahr iṯ-ṯāni* „der zweite Monat".

Alleinstehend mit dem Artikel können die Ordinalzahlen auch substantivisch gebraucht werden, z.B.: *iṯ-ṯāliṯ* „der Dritte"; *il-xāmsa* „die Fünfte" usw.

Bei Zahlen über 10 wird das Kardinalzahlwort mit dem Artikel versehen und folgt dem bestimmten Substantiv als Attribut:

id-dars il-iṯnaʕaš	„die zwölfte Lektion"
il-marra l-ʕišrīn	„das zwanzigste Mal"
l-il-marra l-miyya	„zum hundertsten Mal"

Sowohl die Kardinalzahlen als auch die Ordinalzahlen werden häufig für die Angabe der Monate verwendet, da der Gebrauch von Monatsnamen kaum üblich ist. Ein Datum kann man daher folgendermaßen angeben:

šgadd (tārīx) il-yōm? ~ ha-l-yōm išgadd b-iš-šahar? ~ išgadd b-iš-šahar il-yōm? „Welches Datum haben wir heute?" ~ „Der Wievielte ist heute?"
il-yōm sitta ʕašra (alfēn w tṣāṭaʕaš). ~ il-yōm is-sādis min (iš-šahar) il-ʕāšir (alfēn w tṣāṭaʕaš). „Heute ist der 6.10.(2019)."

Nach dem Geburtsdatum fragt man entweder mit:

> *(b-)yā sana/šwakit wiladti/wiladit?*
> *(b-)yā sana ğēti/ğēt ʕa-d-dinya?*
> *inti/inta yā mawālīd?*
> *šgadd mawālīdič/mawālīdak?*

Mögliche Antworten auf diese Frage sind (mit dem Musterdatum 3.5.1979):

a. *āni wiladit yōm itlāṯa xamsa (alf w tisiʕ miyya w) tisʕa w sabʕīn.*
b. *wiladit b-il-yōm iṯ-ṯāliṯ min iš-šahr il-xāmis sanat (alf w tisiʕ miyya w) tisʕa w sabʕīn.*
c. *āni mawālīd tisʕa w sabʕīn yōm itlāṯa xamsa.*
d. *mawālīdi tlāṯa xamsa (alf w tisiʕ miyya w) tisʕa w sabʕīn.*

8.3 Das Verb (6): Der Imperativ

Es gibt vier Imperativformen: Singular und Plural für je maskulin und feminin. Der Imperativ als Verbform selbst kann nicht verneint werden (zum Ausdruck von Verboten siehe den folgenden §8.4). Der Imperativ wird vom Präsensstamm abgeleitet, hat jedoch keine Präfixe. Bei Verbstämmen, die mit zwei Konsonanten beginnen, wird in M.SG ein Vokal vorangestellt. Dieser ist *i* für Verben des *a*- und *i*-Typs, *u* für Verben des *u*-Typs (zum Ausfall dieses Vokals siehe § 9.5). In den übrigen Formen kommt es im Grundstamm zu einem Umsprung des Stammvokals.

Häufig wird der Imperativ durch die vorangehende Partikel *d-/di-* verstärkt, z.B. *d-iktib!* „Schreib schon!“, *di-rūḥi* „Geh (jetzt endlich)!“.

Paradigma für die drei Typen der regulären Verben im Grundstamm (Pd.-1AB/-2)

	SINGULAR			PLURAL		
MASK.	*ilbas*	*iktib*	*uṭbux*	*libsu*	*kitbu*	*ṭubxu*
FEM.	*libsi*	*kitbi*	*ṭubxi*	*libsan*	*kitban*	*ṭubxan*

Hier finden Sie je ein Beispiel zu den Imperativen der nicht-regulären Verben (für Details siehe die jeweiligen Paradigmen).

Defektive, konkave, assimilierte (s. §12.2) Verben (Pd.-6AB, 5A-C, 4AB)

	SINGULAR			PLURAL		
MASK.	*insa*	*ğīb*	*ōṣal*	*insu*	*ğību*	*ōṣlu*
FEM.	*insi*	*ğībi*	*ōṣli*	*insan*	*ğīban*	*ōṣlan*

Unregelmäßige Imperative

Einige wenige Imperative werden unregelmäßig gebildet. Dazu gehören jene der Verben *akal* „essen" und *axaḏ* „nehmen". Diese lauten:

	SINGULAR		PLURAL	
MASK.	*ukul*	*uxuḏ*	*uklu*	*uxḏu*
FEM.	*ukli*	*uxḏi*	*uklan*	*uxḏan*

Der Imperativ des Verbs „kommen" wird nicht von *yiği* abgeleitet, sondern wird von einem anderen Verb gebildet, das eigentlich „sich erheben" bedeutet.

	SINGULAR	PLURAL
MASK.	*taʕāl!*	*taʕālu!*
FEM.	*taʕāli!*	*taʕālan!*

8.4 Negation von Verben (Zusammenfassung)

Im Allgemeinen werden Verben durch ***direkt vorangestelltes*** *ma* negiert.

> *il-bārḥa šrabit finğān gahwa, bass il-yōm kull šī ma šrabit.* „Gestern trank ich eine Tasse Kaffee, aber heute habe ich gar nichts getrunken."
> *ma šifti ha-s-sayyāra?* „Hast du dieses Auto nicht gesehen?"
> *lēš ma tiḥči wiyyāna?* „Warum sprichst du nicht mit uns?"

la vor einem Präsens drückt ein Verbot aus (der Imperativ selbst kann ja nicht verneint werden).

> *la trūḥūn l-ihnāk!* „Geht nicht dorthin!"
> *la tišrab ṃayy bārid!* „Trink kein kaltes Wasser!"
> *gūlī-la, la yilbas ha-s-sitra!* „Sag ihm, er soll diese Jacke nicht anziehen!"
> *gūlī-lha, la tiği!* „Sag ihr, sie soll nicht kommen!"

Die Partikel *walā* wird dann verwendet, wenn mehrere Negationen hintereinander folgen. In diesem Fall bleibt die erste Negation die sonst übliche, also *ma* oder *la*, jedes weitere Glied wird dann mit *walā* verneint. Vor allem bei zwei Negationen können diese Sätze auch mit „weder … noch" übersetzt werden:

> *ma ʕindi flūs walā wakit.* „Ich habe weder Zeit noch Geld."
> *mā-ḥibb il-axḏar walā l-aḥmar* „Ich mag weder Grün noch Rot."
> *la tišrab walā tākul* „Du sollst weder trinken noch essen!"

Um eine mehrfache Verneinung zu verstärken, kann folgende Konstruktion verwendet werden: Das Verb (oder „Pseudoverben" wie *ʕind-*) wird normal verneint, direkt vor dem nächsten Satzglied steht dann *lā*, vor allen folgenden *walā* oder *lā*.

ma ʕindi tara lā flūs walā wakit. „Ich habe (nichts,) weder Zeit noch Geld."
ma yigdar lā yiktib walā yiqra. „Er kann weder schreiben noch lesen."
mā-rīd ašrab lā čāy walā gahwa „Ich mag weder Tee noch Kaffee trinken."
hāḏa l-lamandūzi, lā huwwa miliḥ, lā huwwa laymūn, lā huwwa bahārāt, mā-dri šinu huwwa! „Dieses *lamandūzi* (< türk. *limon tuzu* „Zitronensäure"), es ist kein Salz, keine Zitrone, kein Gewürz; ich weiß nicht was das ist."

8.5 Der unbestimmte Artikel *fadd*

Im Irakischen gibt es einen unveränderlichen unbestimmten Artikel, der jedoch im Vergleich zum deutschen *ein/e* seltener und nur fakultativ verwendet wird. Relativ häufig steht *fadd* vor einem Substantiv, wenn das damit Bezeichnete (oft eine Person) neu in eine Erzählung eingeführt wird und im weiteren Verlauf eine Rolle spielt, zum Beispiel:

čān fadd baggāḷ … „Es gab einmal einen Lebensmittelhändler, er…"

Außerdem wird dieser unbestimmte Artikel verwendet, wenn das nachstehende Substantiv durch ein Attribut oder einen beschreibenden Satz näher charakterisiert wird (so wie das dritte Objekt im folgenden Satz):

il-bārḥa riḥit l-is-sūg w-ištirēt-li kursi w mēz w fadd ḷampa ḍuwāha qawi „Gestern ging ich zum Markt und kaufte mir einen Sessel, einen Tisch und eine Lampe, deren Licht stark ist."

Manchmal kann durch *fadd* auch ausgedrückt werden, dass die sprechende Person etwas nicht genau weiß, oder dass ihr z.B. die genaue Beschaffenheit von etwas Gewünschtem egal ist. Die deutsche Entsprechung ist dann meistens „irgend-".

il-yōm ib-bālna nrūḥ il-fadd mukān, šinu raʔyič? „Heute haben wir vor, irgendwohin (an irgendeinen Ort) zu gehen, was meinst du?"

Eine Frage oder eine Bitte kann durch Verwendung von *fadd* etwas höflicher klingen, so wie am Anfang des ersten Texts dieser Lektion:

mumkin fadd suʔāl? ‚Könnte ich etwas fragen?"

Sehr üblich sind auch Phrasen wie *fadd marra* „einmal", *fadd yōm* „eines Tages", *fadd šī* „irgendetwas", *fadd wāḥid* „irgendwer", *fadd išwayya* „ein bisschen (temp.)". Vor Zahlwörtern und Maßeinheiten bedeutet *fadd* „ungefähr, zirka, etwa".

fadd xamsīn dūlār „ungefähr fünfzig Dollar"
raḥ-inḍall ihnāk fadd šahar šahrēn. "Wir werden etwa ein, zwei Monate dort bleiben."

8.6 Substantivische Attribute (Genitivverbindungen)

Wenn ein Substantiv ein anderes näher bestimmen soll, müssen folgende Regeln beachtet werden:

A. Das Leitwort steht vor dem hinzugefügten Wort.

B. Das Leitwort hat weder Artikel noch ein Pronominalsuffix.

Nur in den ganz wenigen Fällen, wo eine Verbindung von zwei Substantiven als zusammengesetztes Wort aufgefasst wird, wird diese Regel manchmal durchbrochen, z.B.: *il-banyādam* „die Söhne Adams = die Menschen", *il-finğān gahwa* „die Kaffeetasse".

C. Veränderung der Endung des Leitwortes, wenn dieses auf *-a* endet.

Ist das Leitwort ein feminines Substantiv, das auf *-a* endet, so wird diese Endung i.A. zu *-at.* Wenn vor der Endung nur ein einzelner Konsonant steht und das folgende Wort mit Vokal beginnt, wird die Endung zu *-t.*

sayyārat ʕammi „das Auto meines Onkels"
ġurfat in-nōm „das Schlafzimmer"
madrast il-qarya „die Schule des Dorfes"

Wenn die beiden Substantive *abb* und *axx* als Leitwort einer substantivischen Verbindung fungieren, haben sie die speziellen Formen *abu* und *axu*:

abu Ḥasan „Ḥasans Vater"
axu Ḥasan „Ḥasans Bruder"

D. Der Grad der Determination des Gesamtausdrucks richtet sich nach jenem des Attributs.

maʕğūn asnān „eine Zahnpasta" vs. *maʕğūn il-asnān* „die Zahnpasta"
ġurfat nōm „ein Schlafzimmer" vs. *ġurfat in-nōm* „das Schlafzimmer"
bēt riğğāl faqīr „ein Haus eines armen Mannes" vs. *bēt ir-riğğāl il-faqīr* „das Haus des armen Mannes"

E. Substantive im Dual werden normalerweise nicht als Leitwort einer solchen Verbindung gebraucht. Anstelle dessen tritt die Umschreibung durch *māl.* Weitere Beispiele:

bēt Aḥmad	„Aḥmads Haus"
byūt Baġdād	„die Häuser von Bagdad"
sayyārat abūya	„das Auto meines Vaters"
lōn bētna	„die Farbe unseres Hauses"
ktāb iṭ-ṭālib	„das Buch des Studenten"

nuṣṣ sāʕa „eine halbe Stunde (wörtl. die Hälfte einer Stunde)"
qāmūs il-ʕarabi „das Arabisch-Wörterbuch"
bēt ibin ʕammi „das Haus des Sohnes meines Onkels/meines Cousins"

Ein adjektivisches Attribut steht *immer* am Ende des Gesamtausdrucks, egal ob es sich auf das Leitwort oder auf das substantivische Attribut bezieht:

madrasat bitti l-ḥadīṯa „die moderne Schule meiner Tochter"
ǧawāmiʕ Baġdād il-qadīma „die alten Moscheen von Bagdad" *oder* „die Moscheen der Altstadt von Bagdad"

Wortfeld 7: Richtungen und Ortsangaben – *l-ittiǧāhāt w-il-mawāqiʕ*

šāriʕ PL *šawāriʕ*	Straße	š-r-ʕ
fariʕ PL *frūʕ*	Nebenstraße	f-r-ʕ
darbūna PL *darābīn*	Gasse	d-r-b
lāf, ylūf	abbiegen	l-w-f
ʕala īdak il-yimna	zu deiner (M) Rechten	
ʕala īdak il-yisra	zu deiner (M) Linken	
yimna	nach rechts, rechts	y-m-n
yisra	nach links, links	y-s-r
b-ir-rukun *b-iz-zāwiya*	an der Ecke in der Ecke	r-k-n z-w-y
gubaḷ	geradeaus, nach vorne	g-b-l
b-is-sāḥa	am Platz	s-w-ḥ
b-ʔawwal ... *b-ʔawwal fariʕ* *b-ʔawwal il-fariʕ*	an der ersten .../ am Anfang ... an der ersten Nebenstraße am Anfang der Nebenstraße	
b-ʔāxir ... *b-ʔāxir fariʕ* *b-ʔāxir il-fariʕ*	an der letzten ... / am Ende ... bei der letzten Nebenstraße am Ende der Nebenstraße	
b-rās iš-šāriʕ	am Beginn der Straße	
madxal PL *madāxil*	Eingang; Anfang (einer Gasse)	d-x-l
riǧaʕ, yirǧaʕ	zurückgehen, zurückkehren	r-ǧ-ʕ

✓ Sprichwort: *inṭi l-xubuz il-xabbāza* „Gib das Brot seinem Bäcker!"
Das heißt, man soll sich (z.B. wegen einer Reparatur) an einen Fachmann wenden (vgl. Deutsch „Vor die rechte Schmiede gehen.").

Übungen zur Grammatik

Ü 8.4 Benutzen Sie folgende Karte, um einen Weg zu beschreiben. Sie stehen auf dem Platz zwischen Moschee und Kirche.

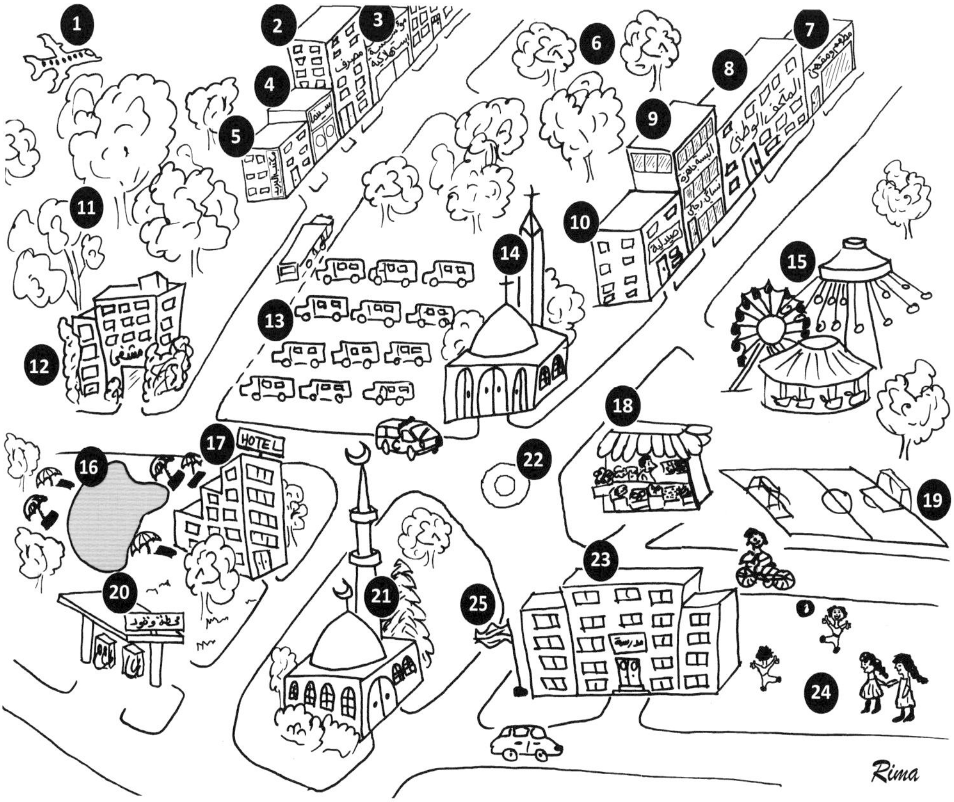

Auf dem Bild gibt es: (1) *maṭār* „Flughafen“, (2) *bang* „Bank“, (3) *sūparmārkit* „Supermarkt“, (4) *sīnama* „Kino“, (5) *maktab barīd* „Postamt“, (6) *ḥadīqa ʕāmma* „öffentlicher Park“, (7) *maṭʕam, gahwa* „Restaurant, Café“, (8) *matḥaf* „Museum“, (9) *maḥall malābis* „Kleidergeschäft“, (10) *ṣaydaliyya* „Apotheke“, (11) *ḥadīqa* „Garten“, (12) *mustašfa* „Krankenhaus“, (13) *maḥaṭṭat il-pāṣāt* „Busbahnhof“, (14) *kanīsa* „Kirche“, (15) *madīnat alʕāb* „Vergnügungspark“, (16) *masbaḥ* „Schwimmbad“, (17) *findiq* „Hotel“, (18) *abu l-imxaḏḏar* „Gemüsehändler“, (19) *malʕab* „Sportplatz“, (20) *bānzīn xāna / maḥaṭṭat bānzīn* „Tankstelle“, (21) *ǧāmiʕ* „Moschee“, (22) *sāḥa* „Platz“, (23) *madrasa* „Schule“, (24) *sāḥat madrasa* „Schulhof, Hof“, (25) *ʕalam* „Flagge, Fahne“.

Muster:

A: *min ruxuṣtak!*
B: *tfaḏḏali ʕēni!*
A: *arīd arūḥ l-il-findiq, bass mā-ʕruf išlōn ōṣal-la.*
B: *rūḥi gubaḷ, bass tōṣlīn l-is-sāḥa, lūfi yimna, tilgīn il-findiq ʕala īdič il-yisra.*

C: *min ruxuṣtak! wēn maḥaṭṭat il-pāṣāt?*
D: *imši gubaḷ w lūf ʕala awwal fariʕ ʕa-l-yisra, baʕdēn ṯāni fariʕ ʕa-l-yamīn. bass lēš itrīd itrūḥ l-il-maḥaṭṭa?*
C: *arīd asāfir l-il-Mūṣil.*

Ü 8.5 Bilden Sie Imperative von folgenden Verben (die jeweils 3. Personen maskulin, feminin und Plural sind entsprechend zu transformieren). Lassen Sie Ihre Nachbarin/Ihren Nachbarn zuerst übersetzen und dann als Verbot ausdrücken. Schreiben Sie daraufhin beide Phrasen auf.

3. Person	Imperativ	Verbot
yiftaḥ		
yiḥči		
tākul		
yinsūn		
yinzil		
tiṭlaʕ		
ysimʕūn		
yibʕaṯ		
tiktib		
yrūḥūn		
yidrus		
tšūf		
tilbas		
yǧībūn		

Ü 8.6 Setzen Sie die richtige Imperativform des Verbs in Klammer ein:

1. iğ-ğaww bārid, _______________ ha-č-čākēt! (yilbas)
2. māku mwāʕīn inḏāf, _______________ il-imwāʕīn! (yiġsil)
3. iğ-ğaww ḥārr, _______________ il-bāb! (yiftaḥ)
4. iḏa trīdūn, ____________! ____________ wiyyāna šiṭranğ! (yiği, yilʕab)
5. bala zaḥma, _______________ ha-ğ-ğunṭa! (yšīl)
6. _______________ ha-d-dafātir! (yāxuḏ)
7. iḏa ʕaṭšān, _______________ ṃayy, mū kōla! (yišrab)
8. lēš wāguf? _______________! (yugʕud)
9. āni fōg, _______________ -li! (yiṣʕad)
10. _______________ hāy il-uġniya, ḥilwa! (yismaʕ)
11. iḏa taʕbān, _______________ l-il-bēt! (yrūḥ)
12. _______________ _______________ ʕammtak! (yrūḥ, yzūr)
13. _______________ il-xāḷtič risāla! (dizz)
14. iḏa ğūʕāna, _______________ hāy il-laffa! (yākul)
15. iḏa trīd _______________ _______________ ṣuwarna! (yiği, yšūf)

Ü 8.7 Negieren Sie die Sätze und verändern Sie gegebenenfalls auch andere Komponenten, wenn dies semantisch notwendig ist.

Muster: *iğ-ğaww ḥārr, iftaḥ l-išbābīč, bala zaḥma!* → *iğ-ğaww bārid, la tiftaḥ l-išbābīč, bala zaḥma!*

1. yā bnayyti šīli hāy iğ-ğunṭa l-xafīfa!
2. iklu haḏōla t-tiffāḥāt il-ṭayyba! (*ma ṭayyib* „verdorben, faul)
3. ilbas hāḏa č-čākēt in-niḏīf!
4. ugʕud ʕala hāḏa l-iskamli yamm il-bazzūna l-ḥilwa!
5. insa l-mašākil!

Ü 8.8 Ergänzen Sie die Sätze nach folgendem Muster:

hāy ğunuṭti. → *hāy ğunuṭti lō ğunuṭtič?* → *hāy iğ-ğunṭa mālti!*

1. hāḏa daftarak.
2. hāy lafftič.
3. hāḏa ktāba.
4. hāḏa pāspōrtha.
5. hāy fikrathum.

6. hāḏa mōbāyḷi.
7. hāy ġurfathum.
8. hāy ğuẓumtič.
9. hāḏa lābtōpič.
10. hāḏa qalama.

Setzen Sie die Antwort auch in den Dual und in den Plural:

Dual: *hāy iğ-ğunṭa mālti!* → *haḏōla ğ-ğunuṭṭēn mālāti!*
Plural: *hāy iğ-ğunṭa mālti!* → *haḏōla ğ-ğunaṭ mālāti!*

Ü 8.9 Betonen Sie die Sätze. Benutzen Sie dafür die passenden Formen des Wortes *māl*, gefolgt vom passenden Pronomen.

Muster: *hāḏa qalamak? - lā, hāḏa qalamha! hāḏa l-qalam mālha hiyya!*

1. haḏōl awrāqi, mū? – ī, haḏōl ______________________.
2. hāḏa mēzi! – lā, ______________________.
3. hāy māl Māhir, mū? – ī, ______________________.
4. hāḏa lābtōp Nūra? – ī, ______________________.
5. hāy ṣūrat Xālid? – ī, ______________________.
6. māl-man hāḏa l-qamīṣ? qamīṣi lō qamīṣak? – ______________________.
7. haḏōla sayyārāt il-mudīr, mū? – lā, ______________________.
8. hāḏa fistānič? – lā, ______________________.

Ü 8.10 Setzen Sie die richtigen Verbformen ein:

1. il-bārḥa ______________ wiyya uxti min Bāb iš-Šarği lī Bāb il-iMʕaḏḏam. (miša)
2. šwakit ______________ id-daris? (bida)
3. la ______________ wiyyā́! huwwa ḥarāmi. (ḥiča)
4. l-wilid ṣār-ilhum saʕtēn ______________. (biča)
5. la ______________ ğunaṭčan! (nisa)
6. lēš ma ______________ bēt ğidīd? ʕiddkum flūs ihwāya! (bina)
7. la ______________ hnāka! hāḏa l-fariʕ, bī́ mašākil ihwāya. (rāḥ)
8. ______________ il-muwaḏḏaf alif dīnār. (niṭa, āni)
9. hiyya ma trīd ______________ lā šiṭranğ walā waṛaq. (liʕab)
10. dirasit kalimāt id-dars is-sābiʕ, bass ______________ nuṣṣhum. (nisa)
11. waṛa d-daris ______________ l-il-gahwa. (miša)

12. taʕālu ʕiddna l-misa! il-filim ________________ is-sāʕa tisʕa. (bida)
13. ha-š-šarika ________________ byūt ḥadīṯa b-ir-rīf (bina)
14. xāḷti ________________ swālif ḥilwa yōmiyya b-il-lēl. (ḥiča)
15. uṃṃi ma ____________ (rāḥ) l-il-madrasa ma tuʕruf lā ____________ (kitab) walā ________________ (qira).

Ü 8.11 Bilden Sie kurze Dialoge nach folgendem Muster:

A: *š-itrīd itsawwi?*
B: *arīd ašrab-li (fadd) nargīla. w-inti, š-itrīdīn itsawwīn?*
A: *āni arīd arūḥ l-il-bēt.*

Sie können dabei folgende Verben und Substantive verwenden:
Verben: *yilʕab, yismaʕ, yišrab, yākul, yidrus, ynām, yšūf, yzūr, yilbas, yiktib, yuṭbux.*
Substantive: *rādyo, qamīṣ, laffa, qundara, mōsīqa, falāfil, ʕarabi, ṣadīq, aḷmāni, fistān, šiṭranǧ, kuḅḅa, dōḷma, wāǧibāti, ǧuẓma, mēz, mawḏūʕ, waṛaq.*

Ü 8.12 Richten Sie an Ihre Kolleginnen/Kollegen Fragen wie „Willst du …? / Wollt ihr …?“ – Verneinen Sie und sagen Sie, was Sie wirklich wollen: Für eine strikte Ablehnung können Sie die Phrase *lā waḷḷa!* verwenden (wörtl. „nein, bei Gott!“), z.B.: *trīd tišrab pēk ʕarag? lā waḷḷa, mā-rīd ʕarag, arīd ʕaṣīr nūmi ḥāmuḏ!* „Möchtest du ein Gläschen Schnaps trinken? Nein, wirklich nicht, ich mag keinen Schnaps, ich möchte Zitronensaft.“

Sie können u.a. folgende Wörter gebrauchen: *qāmūs ʕarabi–aḷmāni, xarīṭat Baġdād, gahwa, nargīla, yilʕab šiṭranǧ, falāfil, kuḅḅa.*

Ü 8.13 Übersetzen Sie:

1. Ich bin jetzt das siebte Mal im Irak. Das erste Mal war vor 10 Jahren.
2. Die Apotheke ist im dritten Haus auf der linken Seite.
3. Die vierzehnte Lektion war sehr schwierig.
4. Am fünften Tag kehrten wir nach Bagdad zurück.
5. Zaynab hat vier Töchter. Ihre dritte Tochter ist unsere Nachbarin.
6. Könntest du bitte einen Stift holen (= bringen).

Ü 8.14 Setzen Sie die richtige Form des Substantivs in Klammer ein und verneinen Sie dann die Aussage, indem Sie die Partikel *walā* verwenden. Übersetzen Sie dann beide Sätze.

Muster: *ha-l-bēt aku ṣūra b-kull* ______________ *(ġurfa).* → *ha-l-bēt (aku) bī́ ṣūra b-kull ġurfa. ha-l-bēt ma bī́ walā ṣūra b-walā ġurfa.* „In diesem Haus gibt es in jedem Zimmer ein Bild. In diesem Haus gibt es in gar keinem Zimmer ein Bild."

1. ha-l-madīna bīha madrasa b-kull ______________. (maḥalla)
2. ha-l-fariʕ bī́ šağara giddām kull ____________ . (bēt)
3. b-ha-ṣ-ṣaff kull ____________________ ʕiddhum qawāmīs. (ṭālib)
4. ʕindi aṣdiqāʔ ihwāya, kull ______________________ mn-il-ʕIrāq. (ṣadīq)
5. b-Baġdād il-qadīma čān b-kull ___________________ aku sāḥa. (bēt).

Lektion IX

Texte

Text IX/1: Wie spät ist es? – *is-sāʕa bēš?*

Sāmi: min ruxuṣtak, ʕammu! mumkin suʔāl?
ḥağği: tfaḏḏal, ibni! šlōn agdar asāʕdak?
Sāmi: il-ʕafu, bass arīd aʕruf hassa is-sāʕa bēš.
ḥağği: waḷḷa yā ibni, tiʕḏurni bass ma šāyil sāʕa wiyyāya w la mōbāyḷ. bass lī giddām ʕala īdak il-yamīn aku fadd wāḥid abu sāʕāt. tigdar itsiʔla.
Sāmi: šukran, ʕammu! hassa arūḥ-la w-asiʔla laʕad!
ḥağği: ʕafwan, ibni, Aḷḷa wyāk!
Sāmi yrūḥ ʕa-l-maḥall māl abu s-sāʕāt.
Sāmi: marḥaba ʕammu! mumkin aʕruf is-sāʕa hassa bēš?
abu s-sāʕāt: sāʕa ṯmānya w nuṣṣ.
Sāmi: šukran ʕammu!
abu s-sāʕāt: aku ʕiddna ʕariḏ ʕala sāʕāt ṣīniyya, miḥtāğ-lak sāʕa?
Sāmi: waḷḷa yinrād-li sāʕa, bass hassa āni mistaʕğil w ma ʕindi wakit.
abu s-sāʕāt: laʕad balki marra lux. maʕa s-salāma! b-it-tawfīq!
Sāmi: Aḷḷa ywaffqak, tislam!

Text IX/2: Bist du aus Bagdad? – *inti min Baġdād?*

Zaynab: Mays, inti min Baġdād?
Mays: lā, āni min Karkūk, bass hassa āni sākna b-Baġdād, w dā-drus ṭibbiyya hnā.
Zaynab: w Aḥmad?
Mays: huwwa mn-iDyāla. itʕarrafit ʕalē b-il-kāftirya māl iğ-ğāmʕa. huwwa da-yidrus ādāb. w-inta, Ḥasan?
Ḥasan: āni min Baġdād.
Zaynab: yaʕni inta Baġdādi aṣli.
Ḥasan: ī waḷḷa, w-inti, Zaynab, min wēn inti?
Zaynab: āni nuṣṣ imn-il-Baṣra, w nuṣṣ imn-in-Nāṣriyya.
Mays: yaʕni š-itquṣdīn nuṣṣ w nuṣṣ?
Zaynab: yaʕni uṃṃi Baṣrāwiyya w abūya mn-in-Nāṣriyya. bass hassa kullna sāknīn ib-Baġdād.

Text IX/3: *il-maqām il-ʕIrāqi*

il-maqām il-ʕirāqi huwwa nōʕ min il-mōsīqa l-filiklōriyya t-turāṯiyya. madīnat Baġdād hiyya akṯar madīna b-il-ʕIrāq mašhūra b-hāḏa n-nōʕ min il-mōsīqa bi-ḥayṯ čānat il-gahāwi bīha ayyām zamān miṯil madāris l-il-maqām il-ʕirāqi w čānat kull gahwa mašhūra b-fadd muġanni min il-muġanniyyīn il-mašhūrīn ib-ḏāk il-wakit. il-maqām itʔaddī firqa ygūlū-lha firqat ič-čālġi aw ič-čālġi l-baġdādi. hāy il-firqa titkawwan min il-muġanni r-raʔīsi, w isma »qāriʔ il-maqām«, w-il-baqiyya akṯar il-wakit yʕizfūn bass hamm yġannūn wiyya l-qāriʔ min ykūn il-ġināʔ ǧamāʕi.

il-ʕāzfīn b-ič-čālġi yistaʕmilūn ālāt mōsīqiyya xāṣṣa miṯl il-sanṭūr w-iǧ-ǧōza w-iṭ-ṭabla w-ir-riqq w marrāt yistaʕmilūn il-ālāt it-taqlīdiyya miṯl il-qānūn w-il-ʕūd w-in-nāy aw ḥatta il-kamān hammēn. il-yōm qall išwayya htimām in-nās b-il-maqām w bidaw ysimʕūn il-aġāni l-ḥadīṯa akṯar w qallat firaq ič-čālġi w bidat itġanni b-mukānāt w-ib-ḥaflāt muʕayyna.

Text IX/4: Im Handygeschäft – *b-il-maḥall māl mōbāyḷāt*

Sebastian: marḥaba, axi, ʕēni āni miḥtāǧ xaṭṭ mōbāyḷ.
bayyāʕ: aġāti inta tiddallal! bass mumkin trāwīni hawwītak?
Sebastian: ma ʕindi hawwiyya, bass ʕindi ǧawāz safar.
bayyāʕ: lēš? inta mū min-nā?
Sebastian: lā, āni Aḷmāni.
bayyāʕ: laʕad, ma tigdar itsawwi xaṭṭ ištirāk, bass bīk tištiri simkārt bidūn ištirāk w-inta tšiḥna kull-ma yixlaṣ ir-raṣīd.
Sebastian: ī tamām, māku muškila, āni hāḏa illi dā-rīda aṣlan.
bayyāʕ: tfaḏḏal, hāy il-qāʔima māl arqām, ixtār-lak wāḥid minhum!
Sebastian: hāḏa raqum sahil. šgadd ykallifni w šlōn ašḥan-la raṣīd?
bayyāʕ: ʕēni il-xaṭṭ ykallfak xamis tālāf dīnār w min itrīd itšiḥna tigdar tištiri kārt minni aw min ayy maḥall māl mōbāyḷāt. maṯalan il-kārt abu il-xamsa tigdar itxābir bī ḥawāli nuṣṣ sāʕa, sāʕa – ḥasab iš-šabaka.
Sebastian: xōš! laʕad hāḏi ʕašir tālāf, xamsa māl xaṭṭ w il-xamsa il-lux māl raṣīd!
bayyāʕ: šukran!
Sebastian: Aḷḷa wyāk!
bayyāʕ: maʕa s-salāma ʕyūni!

Übungen zu den Texten

Ü 9.1 Spielen Sie Text IX/1 nochmals durch und achten Sie dabei besonders auf die richtige Verwendung von Höflichkeitsformen. Einmal ist Sāmi ein älterer Herr und fragt einen jungen Mann auf der Straße, einmal ist die Fragende eine junge Frau namens Zaynab, die auf der Straße eine ältere Dame anspricht. Auch der Uhrenhändler ist ein Mann um die sechzig.

Ü 9.2 Fragen zu Text IX/3:

1. yāhiyya akṯar madīna mašhūra b-il-maqām il-ʕirāqi?
2. minu yġanni il-maqām il-ʕirāqi?
3. šinu č-čālġi?
4. minu qāriʔ il-maqām?
5. š-yʕizfūn muġanniyyīn ič-čālġi?
6. il-yōm hamm aku nās ysimʕūn il-maqām il-ʕirāqi?
7. wēn tiʕzif firqat ič-čālġi il-yōm?
8. yā nōʕ min il-mōsīqa tismaʕ in-nās il-yōm?

Ü 9.3 Fragen zu Text IX/4:

1. š-yrīd yištiri Sebastian?
2. lēš ma yigdar ysawwi xaṭṭ ištirāk?
3. šgadd ykallifa l-xaṭṭ bala raṣīd?
4. wēn yigdar yšiḥna?
5. šgadd difaʕ Sebastian l-il-bayyāʕ b-il-āxir?

Grammatik

9.1 Das Verb (7): Geminierte Verben

Als geminierte bzw. „verdoppelte" Verben werden jene bezeichnet, deren zweiter und dritter Radikal identisch sind. Im Grundstamm enden die geminierten Verben immer auf einen Doppelkonsonanten. Im Perfekt tritt – mit Ausnahme der 3.F.SG und 3.PL – der Langvokal *ē* zwischen Stamm und Endung, z.B., *dagg-ē-ti* „du (F) hast geklopft".

Der Präsens-Stammvokal kann entweder *i*, *u*, oder *a* sein und muss zu jedem Verb dazugelernt werden. (Zur Konjugation siehe Paradigma 3A-B). Verben, die nach diesem Muster konjugiert werden und im Präsensstamm ein *i* haben, sind *ḥabb, yḥibb* „lieben, gern haben/tun"; *ḥall, yḥill* „lösen (Problem)"; *sadd, ysidd* „schließen". Im Präsenstamm ein *u* haben unter anderem folgende Verben: *dagg, ydugg* „klopfen, stoßen"; *ṭabb, yṭubb* „eintreten"; *ḥaṭṭ, yḥuṭṭ* „legen, hinstellen", *fakk, yfukk* „öffnen", *ṣabb, yṣubb* „einschenken" und *ḏamm, yḏumm* "verstecken". Nur ganz wenige Verben weisen im Präsensstamm ein *a* auf, dazu gehören etwa *ḏ̣all, yḏ̣all* „bleiben" und *ʕaḏ̣ḏ̣, yʕaḏ̣ḏ̣* „beißen".

9.2 Das Verb (8): Abgeleitete Stämme

Neben dem sogenannten Grundstamm oder I. Stamm existieren zu den meisten Verben weitere Stammbildungstypen, die zumindest teilweise auch bestimmte semantische Funktionen erfüllen. Im Irakischen gibt es neun abgeleitete Stämme für 3-radikalige Verben, wobei der IV. Stamm allerdings sehr selten ist.

9.3 Der II. Stamm

Der II. Stamm unterscheidet sich vom Grundstamm primär durch eine Verdoppelung des 2. Radikals. Das Schema des II. Stammes lautet im Perfekt *faʕʕal,* im Präsens *yfaʕʕil* oder *yfaʕʕul.* Außer den von defektiven Wurzeln gebildeten Verben werden alle Formen regelmäßig gebildet. Der II. Stamm ist meist transitiv und erfüllt vor allem zwei wichtige Funktionen:

A. Kausativ zum I. Stamm / transitives Pendant zum intransitiven I. Stamm

diras „lernen"	→ *darras, ydarris* „lehren" (eig. „lernen lassen")
rikab „einsteigen"	→ *rakkab, yrakkub* „einsteigen lassen"
māt „sterben"	→ *mawwat, ymawwit* „töten"
širab „trinken"	→ *šarrab, yšarrib* „j-n trinken lassen, zu trinken geben"
giʕad „sitzen"	→ *gaʕʕad, ygaʕʕid* „j-n setzen; j-n aufwecken"
libas „anziehen"	→ *labbas, ylabbis* „j-m etw. anziehen"
ḥimal „tragen"	→ *ḥammal, yḥammil* „aufladen, tragen lassen"
furaġ „leer sein"	→ *farraġ, yfarriġ* „leeren"

B. Bildung von Verben aus Nomen

fikra „Gedanke"	→ *fakkar, yfakkir* „denken, glauben"
ṣēf „Sommer"	→ *ṣayyaf, yṣayyif* „den Sommer verbringen"
niḏ̣īf „sauber"	→ *naḏ̣ḏ̣af, ynaḏ̣ḏ̣uf* „putzen, reinigen"

Der II. Stamm wird auch benützt, um eine stärkere Intensität oder mehrmalige Wiederholung einer Handlung auszudrücken:

kisar „zerbrechen" → *kassar, ykassir* „zerschmettern, in Stücke brechen"

Zur Konjugation von regulären Verben des II. Stammes siehe Paradigma 10A). Bereits gelernte Verben, die nach diesem Muster konjugiert werden, sind: *dawwar, ydawwur ʕala* „etw. suchen“; *kallaf, ykallif* „kosten (einen etw.)“.

Von geminierten Wurzeln gebildete Verben im II. Stamm zeigen die Besonderheit, dass im Präsens und Imperativ der zweite Stammvokal auch bei Antritt vokalischer Suffixe nicht ausfällt, um das Zusammentreffen von drei gleichen Konsonanten zu vermeiden. Zum Beispiel: *yqarrir* „er entscheidet“, *yqarrirūn* „sie entscheiden“.

Zur Konjugation von defektiven Verben des II. Stammes siehe Paradigma 10B. Ein bereits gelerntes Verb, das nach diesem Muster konjugiert wird, ist *sawwa, ysawwi* „machen“. Weitere Verben, die nach diesem Muster konjugiert werden, sind: *naǧǧa, ynaǧǧi* „j-n retten“; *ḥačča, yḥačči* „j-n zum Reden bringen/zwingen“; *ṣalla, yṣalli* „beten“; *xalla, yxalli* „lassen“.

Der Imperativ des Verbs *xalla* „lassen“, *xall/xalli*, dient auch zur Aufforderung an die 1. Person, vgl. Text VIII/4 *xalli nxaḷḷiṣ id-daris b-surʕa!* „Lasst uns das Lernen schnell beenden!“.

9.4 Der V. Stamm

Der V. Stamm zeigt wie der II. Stamm eine Verdoppelung des 2. Radikals, hat aber zusätzlich noch ein *t*-Präfix. Das Schema lautet im Perfekt *tfaʕʕal,* im Präsens *yitfaʕʕal.* Außer den Verben von defektiven Wurzeln werden alle Formen regelmäßig gebildet. Der V. Stamm ist sehr häufig und erfüllt vor allem die Funktion eines Passivs oder Reflexivs zum II. Stamm:

ġayyar „ändern“	→ *tġayyar, yitġayyar* „geändert werden, sich ändern“
ʕallam „lehren“	→ *tʕallam, yitʕallam* „lernen“ (d.h. „sich lehren“)
zawwaǧ „verheiraten“	→ *tzawwaǧ, yitzawwaǧ* „sich verheiraten, heiraten“
qawwa „stärken“	→ *tqawwa, yitqawwa* „stark werden“
ḥawwal „versetzen“	→ *tḥawwal, yitḥawwal* „versetzt werden; umziehen“
kassar „zerbrechen“	→ *tkassar, yitkassar* „zerbrechen“ (intransitiv)
gaʕʕad „j-n aufwecken“	→ *tgaʕʕad, yitgaʕʕad* „geweckt werden“
ḥassan „verbessern“	→ *tḥassan, yitḥassan* „sich bessern, besser werden“
waḏ̣ḏ̣af „j-n anstellen“	→ *twaḏ̣ḏ̣af, yitwaḏ̣ḏ̣af* „angestellt werden“
axxar „j-n aufhalten“	→ *tʔaxxar, yitʔaxxar* „sich verspäten“
farraġ, yfarriġ „leeren“	→ *tfarraġ, yitfarraġ* „geleert werden“

Es gibt aber auch Verben, die nicht direkt mit einem II. Stamm in Verbindung stehen, z.B. *tfarraǧ ʕala* „etw. ansehen“.

Ist der 1. Radikal ein *t-* oder *s*-Laut, kommt es oft zu Assimilationen, d.h., man kann auch folgende Formen hören: *yiṣṣawwar* statt *yitṣawwar* „sich vorstellen", *yidzawwağ* statt *yitzawwağ* „heiraten", *yiddallal* statt *yitdallal* „sich verwöhnen lassen, um einen Gefallen bitten".

Zur Konjugation von regulären und defektiven Verben des V. Stammes siehe die Paradigmen 13A–B.

9.5 Objektsuffixe am Verb

Wie anhand mancher Formen in den Texten bereits bekannt, wird im Irakischen ein direktes Objekt, wenn es pronominalisiert ist, durch ein Suffix und nicht durch ein selbstständiges Pronomen ausgedrückt. Mit Ausnahme der 1.Person SG sind die Suffixe identisch mit jenen, die mit Nomina gebraucht werden (s. §2.2).

Auch bei den an Verben angefügten Suffixen treten unterschiedliche Formen auf, je nachdem, ob die Verbform auf einen Vokal oder Konsonant endet.

Liste der Objektsuffixe für Verben

SINGULAR	NACH KONSONANT	NACH VOKAL
1. PERS.	*-ni*	*-ni*
2. PERS. M.	*-ak*	*-k*
2. PERS. F.	*-ič*	*-č*
3. PERS. M.	*-a*	–́
3. PERS. F.	*-ha*	*-ha*
PLURAL		
1. PERS.	*-na*	*-na*
2. PERS. M.	*-kum*	*-kum*
2. PERS. F.	(*-čan*)	(*-čan*)
3. PERS. M.	*-hum*	*-hum*
3. PERS. F.	(*-hin*)	(*-hin*)

***Wichtige Anmerkungen*:**

A. Man beachte, dass ein auslautender Vokal des Verbs beim Antritt eines Suffixes immer gelängt wird (Beispiele siehe unten). Die Endung der 3.M.PL *-aw* wird vor Suffixen zu *-ō-*, z.B. *šāfaw* „sie sahen" – *šāfōha* „sie sahen sie (F.SG)".

B. Bei Verbformen, die auf einen Vokal enden (inkl. *-ō* < *-aw*), tritt für die 3.M.SG kein Suffix an, allerdings wird der auslautende Vokal gelängt und betont. Vergleiche: *ḥamalna* „wir trugen" – *ḥamalnā́* „wir trugen ihn", *šāfaw* „sie sahen" – *šāfṓ* „sie sahen ihn".

C. Die Konjugationsendungen *-ūn* und *-īn* verlieren bei Antritt von Suffixen das *-n*. Z.B. *tšūfīn* „du siehst", aber *tšūfīha* „du siehst sie"; *yšūfūn* „sie sehen", aber *yšūfūkum* „sie sehen euch".

D. Durch den Antritt von Objektsuffixen kann es auch zu lautlichen Änderungen beim Verb selbst kommen. Diese betreffen vor allem kurze Vokale. Zu beachten sind insbesondere die folgenden häufigen Fälle:

- Im Präsens des Grundstamms entfällt der Stammvokal bei Antritt vokalischer Suffixe; dafür tritt ein Hilfsvokal zwischen 1. und 2. Radikal: *tušrabha*, aber *tšurba* „du trinkst sie/ihn"; *nuṭbuxha*, aber *nṭubxa* „wir kochen sie/ihn"; *yilbasha*, aber *ylibsa* „er trägt sie/ihn".
- Das gilt auch für den Imperativ des Grundstamms, wo der (optional) vorangestellte Vokal *i* bzw. *u* entfällt, wenn das Verb ein Suffix bekommt:
  iktib! „schreib!"; aber *ktibha!* „schreib sie!" und *kitba!* „schreib ihn!"
  (i)dirsu! „lernt!", aber *dirsū́!* „lernt ihn/es!" und *dirsūha!* „lernt sie/es!"
  (u)ṭubxu! „kocht!", aber *ṭubxūha*! „kocht sie/es!"
  Im Imperativ der defektiven Verben des Grundstamms bleibt der Vokal am Anfang bestehen; der Endvokal wird natürlich gelängt:
  insa! „vergiss (M)!", *insāha*! „vergiss sie!"
  insi! „vergiss (F)!", *insīha*! vergiss sie!"
  iḥču! „erzählt!", *īḥčūha* „erzählt sie!
- Im Präsens und Imperativ (M.SG) des II. und III. Stammes entfällt das *i/u* vor vokalisch anlautenden Suffixen (außer bei geminierten Wurzeln):
  yʕallim „er lehrt", aber *yʕallm-ič* „er lehrt dich (F)"
  yʕāwin ~ *ysāʕid* „er hilft", aber *yʕāwna* ~ *ysāʕda* „er hilft ihm"
  zayyit „öle!", aber *zayyta!* „öle ihn!"
  Aber: *yǧaddida* „er erneuert es"
- In den Perfektendungen der 1.SG und 2.M.SG entfällt das *i* bei Antritt vokalischer Suffixe: *širabit* „ich trank", aber *širabta* „ich trank es".
- Der Vokal der Perfektendung der 3.F.SG bleibt erhalten, wird aber betont:
  niṭat „sie gab" → *nṭáta* „sie gab ihm"
  nisat „sich vergaß" → *nisátni* „sie vergaß mich"

ḥaṭṭat „sie legte“ → *ḥaṭṭáta* „sie legte ihn“
kitbat „sie schrieb“ → *kitbáta* „sie schrieb ihn“
Wie man sieht, verhält sich der erste Vokal von defektiven Verben hier trotz der identischen Struktur teilweise unterschiedlich.

Beispiele für Verben mit Suffixen:

SUFFIX SINGULAR	*tzūr* + Suffixe „sie besucht mich, dich usw.“	*nisa* + Suffixe „er vergaß mich, dich usw.“	*nisaw* + Suffixe „sie vergaßen mich, usw.“	*niṭat* + Suffixe „sie gab mir, dir usw.“
1. PERS.	*tzūrni*	*nisāni*	*nisōni*	*niṭátni* ~ *inṭátni*
2. PERS. M.	*tzūrak*	*nisāk*	*nisōk*	*nṭátak*
2. PERS. F	*tzūrič*	*nisāč*	*nisōč*	*nṭátič*
3. PERS. M.	*tzūra*	*nisā́*	*nisṓ*	*nṭáta*
3. PERS. F	*tzūrha*	*nisāha*	*nisōha*	*nṭátha*
PLURAL				
1. PERS.	*tzūrna*	*nisāna*	*nisōna*	*inṭátna*
2. PERS. M.	*tzūrkum*	*nisākum*	*nisōkum*	*inṭátkum*
2. PERS. F.	*(tzūrčan)*	*(nisāčan)*	*(nisōčan)*	*(inṭátčan)*
3. PERS. M.	*tzūrhum*	*nisāhum*	*nisōhum*	*inṭáthum*
3. PERS. F.	*(tzūrhin)*	*(nisāhin)*	*(nisōhin)*	*(inṭáthin)*

9.6 Die Uhrzeit

Wichtige Wörter im Zusammenhang mit der Uhrzeit sind:

sāʕa PL *sāʕāt*	„Uhr, Stunde“
daqīqa PL *daqāyiq*	„Minute“
ṯānya PL *ṯawāni*	„Sekunde“

Nach der Uhrzeit fragt man:

- *(is-)sāʕa bēš?* „Wie spät ist es?“
  bēš is-sāʕa?
  Antwort:
  is-sāʕa ... „Es ist … Uhr.“
  hassa sāʕa ... „Jetzt ist es … Uhr.“

- *sāʕa bēš?* „Um wie viel Uhr?"
  b-yā sāʕa?
  šwakit b-iḍ-ḍabuṭ? „Wann genau?"
  Antwort:
  is-sāʕa ... „Um ... Uhr."
  sāʕa...b-iḍ-ḍabuṭ. „Um Punkt ... Uhr."

Die Uhrzeit wird ausgedrückt durch das Wort *is-sāʕa / sāʕa* gefolgt vom Kardinalzahlwort (bei 1 und 2 in der Femininform!). Der Ausdruck entspricht sowohl dem deutschen „es ist ... Uhr" als auch „um ... Uhr". Für die Phrase „um ... Uhr" wird eher die Form ohne Artikel verwendet.

(is-)sāʕa (b-il-)wiḥda (die Artikel sowie die Präposition *b-* sind auch in allen weiteren Beispielen opitional)
is-sāʕa b-iṯ-ṯintēn
is-sāʕa b-it-tlāṯa
is-sāʕa b-il-arbaʕa
is-sāʕa b-il-xamsa
is-sāʕa b-il-ʕašra
is-sāʕa b-id-daʕaš
is-sāʕa b-iṯ-ṯnaʕaš

Für die weitere Unterteilung wird verwendet:

rubuʕ	„Viertel" ~ 15 Min.
ṯiliṯ/ṯuluṯ	„Drittel" ~ 20 Min.
nuṣṣ	„Hälfte" ~ 30 Min.

Bis zur halben Stunde zählt man von der vergangenen vollen Stunde mit *w* „und", ab der 31. Minute von der nächsten vollen Stunde mit *illa* „weniger". Auch rund um die halbe Stunde wird die Zeit fast immer mit Bezug auf diese angegeben.

10:00	*is-sāʕa ʕašra* „es ist 10 Uhr/um 10 Uhr..."
10:05	*is-sāʕa ʕašra w xamsa (ʕašra w xamis daqāyiq)*
10:10	*is-sāʕa ʕašra w ʕašra*
10:15	*is-sāʕa ʕašra w rubuʕ*
10:20	*is-sāʕa ʕašra w ṯiliṯ*
10:25	*is-sāʕa ʕašra w nuṣṣ illa xamsa/is-sāʕa ʕašra w-xamsa w-ʕišrīn*
10:30	*is-sāʕa ʕašra w nuṣṣ*
10:35	*is-sāʕa ʕašra w nuṣṣ w xamsa/is-sāʕa daʕaš illa xamsa w-ʕišrīn*
10:40	*is-sāʕa daʕaš illa ṯiliṯ*
10:45	*is-sāʕa daʕaš illa rubuʕ*

10:50	*is-sāʕa daʕaš illa ʕašra*
10:55	*is-sāʕa daʕaš illa xamsa*
11:00	*is-sāʕa daʕaš*

Die Angabe der Uhrzeit im 24-Stunden-Schema ist sehr unüblich. Wenn nötig, spezifiziert man die Angabe durch folgende Zusätze (vgl. Wortfeld 6):

vor Mittag:	*iṣ-ṣubuḥ*
nach Mittag:	*baʕd iḍ-ḍuhur, il-ʕaṣir*
Abend:	*il-misa ~ b-il-lēl*
Nacht:	*b-il-lēl*

Weitere Ausdrücke:

bass daqīqa!	„eine Minute!“
laḥḍa bass!	„einen Augenblick!“
ḥawāli ~ taqrīban	„zirka, etwa, gegen“
ʕa-l-wakit	„pünktlich“

Von … bis

mn-il-xamsa l-is-sabʕa ~ min sāʕa xamsa lī sāʕa sabʕa „von 5 bis 7“.

Ab, nach

baʕd is-sāʕa ṯmānya „ab/nach 8 Uhr“

maḥall il-biṭāqāt yibqa maftūḥ ʕašir daqāyiq baʕad bidāyat il-filim. „Die Abendkasse bleibt bis zehn Minuten nach Filmbeginn geöffnet.“

xāburni baʕd il-ʕaša! „Ruf mich nach dem Abendessen an!“

In

baʕad sāʕtēn „in zwei Stunden“

baʕad sana „in einem Jahr“

arǧaʕ baʕad xamis tayyām. „Ich komme in fünf Tagen zurück.“

adfaʕ-lak baʕad isbūʕēn. „Ich bezahle dich in zwei Wochen.“

Vor

gabuḷ nuṣṣ sāʕa „vor einer halben Stunde“

sāʕa gabuḷ bidāyat il-musābaqa „eine Stunde vor Beginn des Matchs“

Um…Uhr

ʕindi mawʕid is-sāʕa xamsa. „Ich habe um fünf Uhr einen Termin.“

il-qiṭār yōṣal sāʕa daʕaš. „Der Zug kommt um elf Uhr an.“

9.7 Ergänzung zu den Fragewörtern

Die beiden Interrogativa *šinu* „was ?“ und *yāhu* „welcher ?“ werden in der Praxis oft für beide Geschlechter verwendet. Sie haben jedoch vor maskulinen bzw. vor femininen Substantiven auch die Formen *šinu/šini, šinuwwa/šiniyya* bzw. *yāhi, yāhuwwa/yāhiyya*, z.B.

šinu hāy? „Was ist das?“
šiniyya čānat sayyārat ğiddak? – čānat mōskofīč. „Welches Auto hatte dein Opa? – Es war ein Moskwitsch.“
yāhiyya aqrab madrasa? „Welche ist die nächste Schule?“
yāhi aḥla uğniya „Welches ist das schönste Lied?“
ḅāḅa! iš-šubbāč il-iẓğayyir inkisar. – iš-gilit? yāhuwwa? – il-iẓğayyir ḅāḅa. „Papa! das kleine Fenster ist gebrochen. – Was (sagst du)? Welches? – Das Kleine, Papa.“

Wortfeld 8: Höflichkeitsformeln (1) – *ʕibārāt il-muğāmala w-il-adab*

Im Irakischen gibt es sehr viele Höflichkeitsformeln, teils auch für Anlässe, wo solche in europäischen Sprachen nicht üblich sind. Typisch für viele dieser Ausdrücke ist, dass sie auch eine ganz bestimmte Antwort bedingen. Die meisten Höflichkeitsformeln haben drei Varianten, je nachdem, wer angesprochen wird (d.h. M.SG, F.SG, PL). In Klammern wird auch die wörtliche Bedeutung angegeben, die aber beim alltäglichen Gebrauch den Sprecherinnen und Sprechern meist nicht bewusst ist. Für weitere Formeln siehe Wortfeld 13.

Anrede

ibni / bitti „mein Sohn / meine Tochter“ (für jüngere Leute, die auch jünger als man selbst sind)
axi / uxti „mein Bruder / meine Schwester“ (für ungefähr Gleichaltrige oder auch etwas Ältere als man selbst)
ʕammu / xāḷa „Onkel! / Tante!“ (für ältere Leute, die älter als man selbst sind)
ḥağği / ḥağğiyya „Mekkapilger/in“ (wird vor allem gegenüber älteren Menschen gebraucht; es spielt keine Rolle, ob die Person wirklich je die Wallfahrt nach Mekka gemacht hat)
ustāḏ ~ stāḏ / ustāḏa „Professor/in“ (Anrede für jede Person, die irgendwie gebildet sein könnte)

Anmerkung: Es ist üblich, dass Eltern oder Verwandte wie Onkeln und Tanten Kinder so ansprechen, wie sie von diesen selbst angesprochen werden. Das heißt, ein Vater spricht seine Tochter oder seinen Sohn mit *ḅāḅa* an, eine Tante ihre Nichte oder ihren Neffen mit *xāḷti/xāḷa*, ein älterer Herr sagt zu einem Jungen *ʕammu* usw. Wenn Kinder ihre Mutter direkt ansprechen (oder umgekehrt), hört man häufig auch die Form *yōṃ*.

Bitte

min ruxuṣtak F *ruxuṣtič* PL *ruxṣatkum* [„wenn du erlaubst"]
bala zaḥma ʕalēk F *ʕalēč* PL *ʕalēkum* [„ohne dir Mühe zu machen"]
Aḷḷa yxallīk F *Aḷḷa yxallīč* PL *Aḷḷa yxallīkum* [„Gott erhalte dich!"]
ʕafya!

Danke! – Bitte!

šukran – Antwort: *ʕafwan*
ʕāšt īdak / F *ʕāšt īdič* / PL *ʕāšt īdkum* [„deine Hände mögen unversehrt bleiben!"] – Antwort: *b-il-ʕāfya* (wenn sich jemand für gutes Essen bedankt) / *tidallal* F *tidallilīn* PL *tidallilūn* [Gerne! Du verdienst es dir!"] (sagt man zu jemanden, der etwas Gutes gemacht oder gutes Essen gekocht hat)
(āni) mamnūn/ F *-a* / PL *(iḥna) -īn* – Antwort: *tidallal* F *tidallilīn* PL *tidallilūn*

Höfliche Ablehnung

tiʕḏurni / tʕuḏrīni / tʕuḏrūni, mā-gdar. „Sei mir nicht böse, ich kann nicht."
tiʕḏurni / tʕuḏrīni / tʕuḏrūni, ma ʕindi wakit. „Sei mir nicht böse, ich habe keine Zeit."
tiʕḏurni / tʕuḏrīni / tʕuḏrūni, ma mitfarriġ (hassa, ha-l-yōm, il-bāčir). „Sei mir nicht böse, ich bin (jetzt, heute, morgen) nicht frei."
tiʕḏurni / tʕuḏrīni / tʕuḏrūni, mašġūl/-a. „Sei mir nicht böse, ich bin beschäftigt."
tismaḥ-li, tsimḥī-li, tsimḥū-li, bass mistaʕġila w muḏṭarra arūḥ. „Sei mir nicht böse, aber ich (F) habe es eilig und muss gehen."

Verschiedene Wünsche

Aḷḷa ywaffqak / Aḷḷa ywaffqič / Aḷḷa ywaffiqkum „viel Erfolg!" [„Möge dich Gott erfolgreich machen"]
b-il-ʕāfiya! – Antwort: *Aḷḷa yʕāfīk / Aḷḷa yʕāfīč / Aḷḷa yʕāfīkum* – [„Gott gebe dir/euch Gesundheit!"] (sagt man, wenn jemand gerade gegessen hat).
Aḷḷa yṭawwul ʕumrak / Aḷḷa yṭawwul ʕumrič „Gott verlängere dein Leben!" (Wunsch für jemanden, der alt oder krank ist).
šāyfīn kull il-xēr, mabrūk ~ ʕitbat xēr „Möget ihr nur Gutes sehen!, Gratulation!" ~ „Die Schwelle des Guten!" (sagt man, wenn jemand in ein neues Haus zieht).

tiṣbaḥ ʕala xēr! F *tiṣubḥīn ʕala xēr!* PL *tiṣubḥūn ʕala xēr* „Gute Nacht!“ [„erwache im Guten!“] – Antwort: *ağmaʕīn* „Wir alle!“, *w-inta*, F *w-inti*, PL *w-intu min ahla ~ min ahl il-xēr* „Mögest du auch zu den Leuten gehören (denen Gutes widerfährt)“.

Immer, wenn man etwas lobt oder schön findet, sollte man *māšāḷḷa* (wörtl. was Gott will) dazusagen, weil man sonst Unheil und Bösen Blick verursachen könnte.

✓ Sprichwort: *sanat l-imʕaḏriṭa arbāṭaʕaš šahar* „Ein schlechtes Jahr hat 14 Monate.“ Bedeutet, dass einem schlechte Zeiten immer lange vorkommen.

Übungen zur Grammatik

Ü 9.4 Sagen Sie folgende Uhrzeiten und schreiben Sie sie anschließend in Worten:

1. 07:30 ________________________________.
2. 08:00 ________________________________.
3. 09:45 ________________________________.
4. 03:20 ________________________________.
5. 11:50 ________________________________.
6. 01:40 ________________________________.
7. 05:35 ________________________________.
8. 09:30 ________________________________.
9. 07:45 ________________________________.
10. 05:05 ________________________________.
11. 02:25 ________________________________.
12. 01:00 ________________________________.

Ü 9.5 Beantworten Sie folgende Fragen mit Angabe der Uhrzeit:

1. šwakit id-daris il-yōm?
2. šwakit tibdi l-ḥafla l-mōsīqiyya?
3. sāʕa bēš tiği yammna?
4. sāʕa bēš yōṣal il-pāṣ?
5. šwakit itdursīn ʕarabi ʕādatan?
6. sāʕa bēš titrayygūn?
7. šwakit itrūḥīn l-iğ-ğāmʕa yōm il-xamīs?

8. šwakit yixlaṣ id-daris ʕādatan?
9. šwakit yiftaḥ abu l-imxaḏḏar dukkāna?
10. šwakit itnām b-il-lēl?

Ü 9.6 Bilden Sie sinnvolle Fragen mit folgenden Verben und lassen Sie jemanden aus dem Kurs antworten.

tʕarraf ʕala, ğarrab, ḥabb, kassar, ḥall, ʕaḏḏ, tʕallam, labbas, fakkar, sadd, šadd, tfarraġ, waḏḏaf, tzawwağ, tḥawwal, tʔaxxar, tqawwa, ḏall

Ü 9.7 Setzen Sie das in Klammer angegebene Verb in der passenden Form ein und fügen Sie ggf. auch das richtige Pronominalsuffix hinzu:

1. lā ________________ iš-šibābīč, il-bēt kulliš ḥārr! (sadd)
2. Ḥasan mazāği hwāya, kull sāʕa ________________ raʔya. (ġayyar)
3. riḥna l-il-Baṣra w ________________ hnāk sitt tiyyām. (ḏall)
4. ḥčāyāta kulliš itḏaḥḥik, ________________il-xuṭṭār bīha. (wannas)
5. il-buṭil fārig, mumkin ________________, min ruxuṣtič! (tiras)
6. il-ustāḏ ________________ ʕašir daqāyiq w rāḥaw iṭ-ṭullāb kullhum l-il-kaftirya (tʔaxxar).
7. iḏa ğaẓğaẓ [*quietscht*] il-bāb, ________________! (zayyat)
8. čalb iğ-ğīrān ičbīr, bass laṭīf w ma ________________ (ʕaḏḏ)
9. abūya ________________ sāʕa b-il-ḥammām w ________________ b-ṣōt ʕāli (ḏall, ġanna)
10. ṭubxat akla ṭayyba kulliš ihwāya bass ma ________________ (ḥaṭṭ) bahārāt.

Ü 9.8 Transformieren Sie die folgenden Sätze, indem Sie einen anderen Verbstamm verwenden (z.B. II. statt I. oder V. statt II.). Die unterschiedliche Semantik erfordert auch die Weglassung bzw. Hinzufügung anderer Komponenten. Am Ende übersetzen Sie den neuen Satz.

Muster: *il-ibnayya libsat čākētha ğ-ğidīd.* → *il-uṃṃ labbsat bittha č-čākēt iğ-ğidīd.* „Das Mädchen zog die neue Jacke an. → Die Mutter zog ihrer Tochter die neue Jacke an."

1. yidrus ʕarabi kull yōm. → abūya …
2. uxti ẓ-ẓġayyra giʕdat ʕa-l-mēz. → āni …
3. ḏirab il-finğān ʕa-l-ḥāyiṭ w-kassara. → il-finğān …
4. ha-l-ibnayya titgaʕʕad kull yōm min uṃṃha sāʕa sitta iṣ-ṣubuḥ. → il-uṃṃ…

5. il-pāṣ čān malyān. ma gdarna nirkuba. → il-pāṣ čān malyān w-is-sāyiq …
6. Muḥammad čān ʕumra ʕišrīn min itzawwağ. → Sāmi čān ʕumra ʕišrīn min abū́ …
7. il-mudīr ḥawwala l-ġēr [*andere*] waḏ̣īfa. → huwwa …
8. huwwa ʕallamni arkab pāysikil. → āni …
9. ha-l-walad yišrab ḥalīb kull yōm iṣ-ṣubuḥ. → ha-l-walad, uṃṃa …
10. axūya tqawwa b-iṭ-ṭōba min waṛa [*wegen*] it-tadrīb. → it-tadrīb …
11. farrġat is-salla gabuḷ-ma trūḥ l-is-sūg. → is-salla …

Ü 9.9 Drücken Sie in den folgenden Sätzen das Objekt durch ein Pronomen aus.
Muster: *ʕAli yḥibb Fāṭma. → ʕAli yḥibbha.*

1. mā-ʕruf ʕinwān bēt xāḷti. →
2. kitabna wāğibātna. →
3. Ḥasan yğīb il-kutub. →
4. aklaw il-xubuz. →
5. ridna nšūf il-bazzūna l-iẓġayyra hnāka. →
6. ḏ̣ammēti l-hadāya. →
7. saddēna l-bāb. →
8. aṣdiqāʔna yğībūn il-fanāğīn. →
9. Sāmir axaḏ is-sayyāra. →
10. uṃṃi ğābat ha-l-ġaraḏ̣. →
11. aṣdiqāʔi farrġaw il-buṭil. →
12. Sāmi yiftaḥ id-dukkān kull yōm sāʕa tisʕa. →
13. iḥna ḥaṭṭēna l-dōndirma b-il-muğammida. →
14. Fāṭma saddat il-bāb. →
15. biʕna sayyāratna l-qadīma. →

Ü 9.10 Verneinen Sie zuerst die folgenden Sätze, setzen Sie sie dann ins Präsens und verneinen Sie sie wieder. Verwenden Sie in den negierten Sätzen nach Möglichkeit ein Pronominalsuffix.
Muster: *ḥičēt wiyya Fāṭma – ma ḥčēt wiyyāha. aḥči wiyya Fāṭma – mā-ḥči wiyyāha.*

1. il-ustāḏa niṭat daris ğidīd.
2. il-wilid mišaw wiyya aṣdiqāʔhum l-il-madrasa.
3. nisēt il-quṣṣa kullha.

4. il-yōm bida d-daris mitʔaxxir.
5. abu Salīm bina bēt ičbīr w ḥilu.
6. Sawsan bičat ihwāya.
7. huwwa niṭa l-wilda flūs ihwāya.
8. nisēt aktib il-wāğib.
9. iṭ-ṭullāb axḏaw muḥāḏara ṭuwīla.
10. il-ustāḏ ḥiča sāʕa kāmla.

Ü 9.11 Beantworten Sie die Fragen, indem Sie das Objekt als Pronomen ausdrücken. Muster: *štirēti ğ-ğunṭa? – ī, štirētha.*

1. tuʕurfīn ʕinwāna? – lā, ______________________.
2. širabtu l-ʕaṣīr? – ī, ______________________.
3. libsat ṣadīqtič fistānha iğ-ğidīd? – lā, ______________________.
4. ğibti l-buṭil? – ī, ______________________.
5. zāraw il-wilid ʕammhum il-marīḏ? – ṭabʕan ______________________.
6. ḥaṭṭēt il-iglāṣāt ʕa-l-mēz? – ī, ______________________.
7. ġisaltu č-čarāčif? – lā, baʕad ma ______________________.
8. ḏamméti l-hadāya? – ī, ______________________.
9. labbastu l-wilid? – lā, baʕad ma ______________________.
10. baddalit ič-čarāčif? – lā, ma ______________________.
11. axaḏtu l-wilid l-il-madrasa? – ṭabʕan, ______________ l-il-madrasa s-sāʕa ṯmānya.

Ü 9.12 Ergänzen Sie die Sätze, indem Sie in sinnvoller Weise Objektsuffixe, Possessivsuffixe oder freistehende Pronomen einsetzen.

1. ṣadīq____ Ḥasan yidrus b-il-xāriğ. il-bārḥa šift____ b-iṣ-ṣidfa bass mū raʔsan ʕiraft____.
2. čān ʕidd____ mašākil ihwāya bass ğuwārīn____ sāʕdō____.
3. ktāb____ hāḏa ywannis, mumkin atdāyan____ minnak fadd yōmēn?
4. ğunuṭṭ____ tigīla hwāya, tigidrīn itsāʕdī____, Aḷḷa yxallī____!
5. čān ʕidd____ xuṭṭār ihwāya w bēt____ ṣār waṣix. lāzim innaḏḏf____ .

Ü 9.13 Ergänzen Sie die Sätze, indem Sie ein passendes Interrogativum einsetzen (*šinu, šini, šiniyya, yāhu, yāhi, yāhiyya*).

1. ____ ism il-mudīr il-kāmil?
2. ____ hiyya aqdam [*älteste*] maḥalla b-Baġdād?
3. ____ š-šāriʕ illi tiskun bī b-Baġdād?
4. ____ aṭwal? nahr id-Dānūb lō Diğla?
5. ____ firqat ič-čālġi?
6. ____ min haḏanni trīd tištiri?
7. ____ asmāʔ bībān Baġdād?
8. ____ asraʕ [*schnellste*] sayyāra?

Lektion X – Wiederholungslektion

Texte

Text X/1: Meine neue Freundin – *ṣadīqti ğ-ğidīda*

Sāmi: marḥaba Maryam, šlōnič?
Maryam: ahlan Sāmi, zēna, il-hamdillā, inta šlōnak?
Sāmi: il-ḥamdillā, axbārič?
Maryam: māšyīn tislam.
Sāmi: il-yōm ib-bālna nrūḥ il-fadd mukān, šinu raʔyič?
Maryam: fikra ḥilwa, āni ğāhza, wēn ib-bālkum itrūḥūn?
Sāmi: da-nfakkir inrūḥ l-il-Manṣūr, fattaḥ mōḷ ğidīd b-ir-Ruwād da-nrīd inšūfa il-yōm b-il-lēl.
Maryam: māši, maʕnātha ašūfkum yamm maʕraḏ Baġdād id-duwali, w min-nāk nitmašša suwa l-ir-Ruwād.
Sāmi: ḥilu, laʕad sāʕa b-is-sabʕa w nuṣṣ nitğammaʕ kullna yamm maʕraḏ Baġdād.
Maryam: ī, xōš ḥatta hammēn ağīb wiyyāya ṣadīqti l-ağnabiyya, w titʕarrfūn ʕalēha. āni wiʕaditha innu awaddīha l-fadd mōḷ min mōḷāt Baġdād w hāy xōš furṣa iğat. hiyya ṭabʕan awwal marra tiği bīha l-Baġdād.

b-il-lēl igḅāḷ maʕraḏ Baġdād id-duwali ...

Maryam: halaw šabāb!
Sāmi w-aṣdiqāʔa: halaw Maryam!
Maryam: hāy hiyya ṣadīqti n-namsāwiyya Claudia. Claudia, haḏōla aṣdiqāʔi māl ğāmʕa: Sāmi w Aḥmad w Ḥasan w Zaynab.
Claudia: tšarrafna!
Sāmi w kull aṣdiqāʔa: furṣa saʕīda!
Sāmi: š-sawwētu l-yōm?
Maryam: rāwēt Claudia l-aswāq iš-šaʕbiyya b-Baġdād min sūg iš-Šōrğa lī šāriʕ in-Nahar. w hamm rāwētha sāʕt il-Qišla. aku hwāya mukānāt ḥilwa, yōm wāḥid ma tikfi nšūfha kullha. āxir šī riḥna giʕadna šwayya b-iz-Zawrāʔ gabuḷ-ma niği hnā.
Claudia: hassa iḥna laʕad wēn rāyḥīn?

Sāmi:	aku mōḷ ğidīd, qarīb min-nā. yinrād-la bass rubuʕ sāʕa maši.
Claudia:	ī, simaʕit ʕanna l-yōm b-il-faysbuk – ygūlūn kulliš ḥilu!
Sāmi:	mumtāz, laʕad xall inlaḥḥig inrūḥ gabuḷ-ma tṣīr izdiḥām!

Text X/2: Im Kaffeehaus – *b-il-gahwa*

Sāmi da-yrīd yšūf iḤsēn b-il-gahwa, bass iḤsēn ma ʕinda wakit w ma iğa. b-il-gahwa aku fadd wāḥid w hammēn maḥḥad wiyyā. w liʔan māku myūza fārġa rāḥ Sāmi ʕalē w siʔala iḏa bīha mağāl yitʕarraf ʕalē w yugʕud yamma.

Sāmi:	marḥaba, axūya, bala zaḥma tismaḥ-li ašārkak b-il-mēz? liʔan māku mukānāt.
Thomas:	akīd itfaḍḍal!
Sāmi:	āni ismi Sāmi, aği dāʔiman ʕala hāḏi l-gahwa bass hāy awwal marra ašūfak ihnā.
Thomas:	ahlan wa sahlan Sāmi, tšarrafna, āni ismi Thomas, āni min Aḷmānya w-iğēt il-Baġdād ziyāra w gabuḷ yōmēn wuṣalit.
Sāmi:	tšarrafna w ahlan w sahlan bīk! lēš tigdar tiḥči ʕarabi hīči, hāy šlōn itʕallamit?
Thomas:	liʔan āni dirasit ʕarabi b-ğāmʕat Barlīn w ʕišit sana kāmla b-il-Baṣra gabuḷ itlaṯ sanawāt.
Sāmi:	ʕafya ʕalēk! waḷḷa ʕammi kulliš zēn, maʕnāha akīd tuʕruf tilʕab ṭāwli zēn. itḥibb nilʕab-ilna fadd gēm?
Thomas:	xōš fikra! yaḷḷa nwaṣṣīha w niṭlub-ilna fadd šī nšurba hammēn.

Sāmi w Thomas yṭilbū-lhum ṭāwli w čāyāt w waṛa šwayya tōṣal iṭ-ṭalabiyya w yballšūn liʕib w-iswālif wāḥid wiyya l-lax.

Sāmi:	inta mitwannis ihnā, Thomas?
Thomas:	ī waḷḷa kulliš mitwannis, in-nās ḥabbābīn w-il-ʕīša hnā rixīṣa. bass iğ-ğaww ḥārr, w-il-kahrabāʔ tiği bass arbaʕ sāʕāt b-il-yōm.
Sāmi:	maṯalan šinu fariq il-asʕār bēn ihnā w Aḷmānya?
Thomas:	awwal šī l-xubuz, il-ʕašra b-ʔalif, alf w nuṣṣ ihnā bass ib-ʔAḷmānya aqall šī b-itlaṯ yōrowāt yaʕni bīha ḥawāli arbaʕ tālāf dīnār.
Sāmi:	ṣaḥīḥ, bass la tinsa ir-rawātib ihnā taʕbāna. yaʕni maṯalan rātib il-muʕallim māl madrasa, yiṭlaʕ-la ḥawāli tlaṯ mīt alif dīnār, yammkum šlōnha ir-rawātib?
Thomas:	ī b-hāy ḥaqqak, il-muʕallim ʕiddna ma yistilim rātib aqall min alf w ṯmān mīt yōro.

Sāmi: w min nāḥya ṯānya aku šaġḷāt ihnā kulliš ġālya min waṛa ḍ-ḍarība w-il-gumrug miṯl is-sayyārāt il-mustawrada. w la tinsa t-taḏaxxum b-il-asʕār hammēn.

Thomas: bass it-taḏaxxum il-māli muškila čbīra b-kull mukān, ḥatta ib-ʔŌruppa.

Sāmi w Thomas yliʕbūn w kull wāḥid bīhum yāxuḏ w yinṭi b-il-ḥači ʕa-l-asʕār bēn il-baladēn w ma yḥissūn šlōn mišat sāʕtēn.

Sāmi: w hāy lahhētak b-il-ḥači w-il-iswālif w ġuḷabtak b-iṭ-ṭāwli.

Thomas: ʕafya ʕalēk! bass inšāḷḷa ašūfak marra lux w-inʕīd il-gēm w-aġuḷbak! hassa lāzim arūḥ, ʕindi daris ʕarabi. fuṛṣa saʕīda!

Sāmi: fuṛṣa saʕīda! b-it-tawfīq!

Thomas: tislam axūya, Aḷḷa ywaffqak!

Sāmi: yaḷḷa baybāy!

Thomas: bāy!

✓ Sprichwort: *uṣbur ʕa-l-ḥuṣrum tākla zibīb!* „Habe Geduld bei den unreifen Trauben, (dann) isst du sie als Rosinen!" – Das heißt, wenn man geduldig ist, wird das Ergebnis immer besser.

Übungen zu den Texten

Ü 10.1 Text X/1: Sind die folgenden Aussagen richtig oder falsch? Wenn sie falsch sind, stellen Sie sie richtig.

1. yiltiqūn iš-šabāb baʕd il-ʕašwiyya.
2. Maryam wiʕdat ṣadīqatha innu trāwīha kull aswāq Baġdād.
3. Maryam tāxuḏ Claudia wiyyāha il-mawʕidha wiyya aṣdiqāʔha b-is-sīnamā.
4. rāḥaw il-aṣdiqāʔ l-il-mawʕid b-in-nafarāt.
5. simʕat Claudia ʕan hāḏa l-mōḷ b-il-faysbuk w-ir-rādyo.
6. Claudia ṭāliba min Iṭālya.
7. aku b-Baġdād izdiḥāmāt ihwāya.
8. Sāmi tʕarraf ʕala aṣdiqāʔa b-iš-šuġuḷ.
9. il-Qišla fadd sāʕa mašhūra b-Baġdād.
10. Maryam itmaššat yōmēn wiyya Claudia b-il-mukānāt il-ḥilwa b-Baġdād.

Ü 10.2 Text X/2: Sind die folgenden Aussagen richtig oder falsch? Wenn sie falsch sind, stellen Sie sie richtig.

1. Sāmi w iḤsēn iltiqaw b-il-gahwa.
2. Sāmi giʕad b-il-gahwa wiyya aṣdiqāʔa.
3. Thomas aḷmāni w huwwa ṣār-la isbūʕēn ib-Baġdād.
4. Thomas yiḥči ʕarabi zēn liʔan uṃṃa ʕirāqiyya.
5. Sāmi širab čāy w Thomas širab ḥāmuḍ.
6. il-asʕār b-il-ʕIrāq miṯl il-asʕār ib-ʔAḷmānya.
7. il-rawātib b-il-ʕIrāq aʕla min [*höher als*] ir-rawātib ib-ʔAḷmānya.
8. it-taḍaxxum il-māli muškila čbīra b-il-ʕIrāq bass.
9. Sāmi w Thomas liʕbaw ṭāwli sāʕtēn w Thomas ġuḷab.
10. Thomas čān lāzim yrūḥ liʔan čān ʕinda daris ʕarabi.

Übungen zu Grammatik und Wortschatz

Ü 10.3 Bilden Sie Sätze im Perfekt mit folgenden Verben in der entsprechenden Person: Verwenden Sie dabei folgende Zeitangaben: *il-bārḥa, il-isbūʕ il fāt, il-ʕām, gabuḷ šahrēn, gabuḷ šahar, ha-s-sana, il-yōm iṣ-ṣubuḥ, il-bārḥa il-misa.*

Verben (der Satz soll im Perfekt sein): *niltiqi, tākul, yidrus, tṭubxīn, yṭilʕūn, yzūr, tibči, tinsūn, tnām, nǧīb, yšūfūn, timšīn, anṭi, ymūt, tġayyar.*
Muster: *il-bārḥa baʕd iḍ-ḍuhur iltiqēna b-il-gahwa.* „Gestern Nachmittag trafen wir uns im Café."

Ü 10.4 Negieren Sie die folgenden Sätze und übersetzen Sie sie anschließend ins Deutsche.

1. uxut Sāmi trūḥ yōmiyya l-il-madrasa.
2. lāzim awaddi sayyārti l-il-garāǧ.
3. rūḥi ʕidd axūč, mumkin huwwa ysāʕdič.
4. il-bārḥa akalna w-širabna hwāya.
5. il-ʕām riḥna b-il-ʕuṭla l-il-baḥar.
6. Ḥsēn diras ihwāya w niǧaḥ b-il-imtiḥān.
7. yinrād-li musāʕada. ḍarūri tiǧi ʕindi.
8. iṣʕad lī fōq! aṣdiqāʔak bi-ṭ-ṭarma.
9. axūya dawwar ʕala ktāba w ligā.
10. āni naʕsān w ǧūʕān.

Ü 10.5 Ergänzen Sie die Sätze in sinnvoller Weise durch einen Folgesatz, in welchem Sie entweder eine Aufforderung (mittels Imperativ) oder ein Verbot ausdrücken.

Muster: *lāzim aktib ʕinwān ha-l-bēt.* ____________________! → *lāzim aktib ʕinwān ha-l-bēt. inṭīni qalam, bala zaḥma ʕalēč!*

1. lāzim ašūf Sāmi. ____________________!
2. uṃṃi nāyma b-ġurfatha. ____________________!
3. lāzim aḥaḏḏir il-ġada l-il-xuṭṭār ____________________!
4. ʕindak imtiḥān b-iğ-ğāmʕa ʕugub bāčir ____________________!
5. lāzim adfaʕ il-īğār bass ma ʕindi flūs. ____________________!
6. il-wilid yrīdūn yiliʕbūn b-il-ḥadīqa. ____________________!
7. il-yōm aku hawa kulliš qawi. ____________________!
8. iḏa trīdīn itliʕbīn wiyyāya gēm ṭāwli bāčir, ____________________!
9. il-yōm aku izdiḥām ihwāya ʕa-ṭ-ṭarīq l-il-Baṣra. ____________________!
10. nrīd inrūḥ l-is-sūg w nirğaʕ gabḷ il-ġada.____________________!

Ü 10.6 Führen Sie die Information der folgenden Sätze zu einem einzigen Satz zusammen. Beachten Sie, dass es teilweise mehrere Möglichkeiten gibt, und verwenden Sie wo möglich auch die Form *māl*, um Substantive zu verbinden.

Muster: *hāḏa ṣadīqi Sāmi. mōbāyḷa ğidīd.*

a. *mōbāyḷ ṣadīqi Sāmi ğidīd.* „Das Handy meines Freundes Sami ist neu."
b. *hāḏa mōbāyḷ ṣadīqi Sāmi iğ-ğidīd.* „Das ist das neue Handy meines Freundes Sami."
c. *hāḏa l-mōbāyḷ iğ-ğidīd māl ṣadīqi Sāmi.* „Das ist das neue Handy von meinem Freund Sami."

1. axūya Samīr ʕinda bēt. ḥadīqta čbīra.
2. Sawsan ʕiddha šamsiyya. šamsiyyatha xarbāna.
3. b-sūg il-xuḏra aku maḥallāt ihwāya. il-maḥallāt yfattḥūn is-sāʕa sitta.
4. uxti ʕiddha sayyāra ğidīda. ha-s-sayyāra, lōnha ḥilu.
5. b-iṣ-ṣēf ihwāya suwwāḥ yiğūn il-Heidelberg. ʕadadhum ičbīr.
6. Zaynab bitt ʕammi. uṃṃha rāḥat il-Karbala il-bārḥa.

Ü 10.7 Ergänzen Sie die Aussage durch einen sinnvollen Satz, der einen Besitz ausdrückt.

Muster: *uxti zangīna.* → *uxti zangīna, ʕiddha flūs ihwāya.*

1. īğār ğīrānna ġāli. →
2. Zaynab itḥiss b-il-wiḥda. →
3. ʕāʔilat Ḥasan ičbīra. →
4. Salīm mistaʕğil. →
5. Maryam nāğḥa. →

Ü 10.8 Vervollständigen Sie:

yōm iğ-ğumʕa ʕindak ʕazīma māl xams ašxāṣ. šlōn lāzim itḥaḍḍir il-mēz?

āni lāzim aḥuṭṭ ____________________

____

____

____________________.

Ü 10.9 Lesen und übersetzen Sie folgendes Telefongespräch:

Sāmir:	alu, naʕam?
Ḥasan:	halaw Sāmir. šlōnak?
Sāmir:	zēn, il-ḥamdillā. inta šlōnak? š-aku māku?
Ḥasan:	ṣaddig māku šī, bass aḥtāğ raqum Maryam. tigdar tinṭīni raqumha?
Sāmir:	ī ṭabʕan, tiddallal, aku yammak waṛqa w qalam?
Ḥasan:	ī aku.
Sāmir:	xōš laʕad iktib: 0770 43 95 878.
Ḥasan:	šukran ḥubbi Sāmir! ʕūd xābirni dāʔiman, marra ṯānya baʕdēn, akīd! Aḷḷa wyāk!
Sāmir:	maʕa s-salāma! ʕūd sallim-li ʕala Maryam!
Ḥasan:	Aḷḷa ysallmak, yōṣal.

Modifizieren Sie den Dialog in Hinblick auf folgende Vorgaben:

a. Zaynab ruft Fāṭma an und will die Nummer des Direktors der Schule. Dieser hat kein Handy, aber Fāṭma kann Zaynab seine Festnetznummer geben.
b. ʕAli ruft Rīm an und will die Nummer ihrer Schwester in Deutschland. Rīm sagt ihm die Nummer, aber ohne Vorwahl (*miftāḥ*). ʕAli fragt nach, ob sie die Vorwahl von Deutschland wisse (sie ist 0049).

Ü 10.10 Ergänzen Sie die passenden Wochentage bzw. Tageszeiten und ggf. noch andere Wörter.

Muster: *šwakit itrīdīn tiǧīn ʕiddna? – arīd aǧi yōm ______________, yaʕni waṛa š-šuġuḷ.* → *šwakit trīdīn tiǧīn ʕiddna? – arīd aǧi yōm* ***il-xamīs il-ʕaṣir****, yaʕni waṛa š-šuġuḷ.*

1. š-sawwētu il-bārḥa? __________________ __________________
   činna b-iš-šuġuḷ, w ____________________ riḥna l-is-sīnama.
2. šlōn čān iǧ-ǧaww yōm is-sabit? ______________________________
   bārid išwayya, bass ____________________ ṣār ḥārr.
3. lēš taʕbān ihwāya? – liʔan ____________ ma nimit l-______________
   w giʕadit ________________ mn-il-ġubša.
4. š-ʕiddkum bāčir b-iǧ-ǧāmʕa? ____________________ ʕiddna muḥāḏara
   w baʕdēn aku furṣa_______________w ______________ ʕiddna mtiḥān.
5. šwakit itrīd itrūḥ l-iš-šuġuḷ bāčir? – bāčir yōm ______________ māku
   šuġuḷ, bass _______________ arīd arūḥ wiyya aṣdiqāʔi l-is-sīnama.

Ü 10.11 Beantworten Sie folgende Fragen:

1. čam marra b-il-yōm itšurbīn gahwa?
2. čam marra b-il-isbūʕ itliʕbīn tanis?
3. čam marra b-il-isbūʕ itšurbīn nargīla?
4. čam marra b-iš-šahar tāklīn falāfil?
5. čam marra b-is-sana tzūrīn xāḷtič?
6. čam marra b-is-sana trūḥīn l-is-sīnama?
7. čam marra b-iš-šahar tāklīn b-il-maṭʕam?
8. čam marra b-is-sana tsāfrīn il-Aḷmānya?
9. čam marra zirtu Līnz?
10. čam marra b-il-yōm yṣallūn l-muslimīn?

Ü 10.12 Bringen Sie die Wörter in die richtige Reihenfolge.

1. Aḥmad, min wakit, trīdūn, itšūfūn, iḏa, taʕālu
2. itdawwur, uxti, šuġuḷ, ʕala, ǧidīd, lāzim
3. madrasat, farīq, b-, uxti, iṭ-ṭōba, ġuḷab, liʕbat

4. Aḥmad, bass, b-iṭ-ṭarīq, wiyyā, šifit, mistaʕǧila, činit, ḥičēt, ma, liʔan, hwāya
5. is-safra, kull, ġarāḏak, ḥāḏḏra, l-, !
6. b-, il-madrasa, tǧammʕaw, iṭ-ṭālibāt, sāḥat

Ü 10.13 Bringen Sie die folgenden kurzen Dialoge in ihre richtige Reihenfolge.

Dialog A.

- wēn itṣīr iǧ-ǧāmʕa t-tiknolōǧiyya?
- lā, ib-ṣaff iṭ-ṭarīq is-sarīʕ [*Autobahn*] māl iMḥammad il-Qāsim, bass iṭ-ṭalʕa min iMḥammad il-Qāsim ʕala šāriʕ iṣ-Ṣināʕa magṭūʕ, fa-ʔaḥsan šī trūḥ nafarāt.
- wēn yṣīr šāriʕ iṣ-Ṣināʕa? barra Baġdād?
- ib-šāriʕ iṣ-Ṣināʕa.

Dialog B.

- āni dā-rīd adrus b-il-maktaba. bass iḏa trīdīn, nišrab-ilna gahwa min itxaḷḷṣīn.
- māši, laʕad ašūfak sāʕa arbaʕa w xamsa b-il-kāftirya.
- zēn, il-yōm inti š-ʕindič?
- sāʕa ṯintēn illa rubuʕ.
- baʕad rubuʕ sāʕa ʕindi muḥāḏara. w-inta, iš-ʕindak il-yōm?
- šgadd is-sāʕa yammič?

Dialog C.

- lā, ṣaddig ṣaʕub, liʔan b-ha-l-wakit aku liʕba bēn iš-Šurṭa w-iǧ-Ǧawwiyya w-arīd ašūfha ʕa-t-tilfizyōn.
- alu, halaw Sālim! āni Munīr. šlōnak?
- āni hamm zēn, dā-rīd asiʔlak iḏa tḥibb itrūḥ wiyya l-wilid il-yōm b-il-lēl sāʕa ṯmānya w nuṣṣ l-il-gahwa.
- halaw bīk Munīr! zēn, inta šlōnak?
- iḏa hīči, laʕad akīd aǧi.
- iḥna kullna hamm da-nrīd inšūf il-liʕba, w b-il-gahwa aku šāša čbīra w āni ḥiǧazit mēz il-kull il-wilid.

Ü 10.14 Arbeiten Sie zu zweit oder zu dritt! Fragen Sie nach einem Ort und beschreiben Sie den Weg! Die folgenden Wörter können Ihnen dabei helfen:

timši / itrūḥ / tkammil gubaḷ / tilgīn /
awwal / ṯāni / ṯāliṯ ... šāriʕ / darbūna / fariʕ

itlūf / itfūt ʕa-l-yamīn / ʕala īdak il-yamīn / ʕa-l-yisra / ʕala īdak il-yimna / b-ir-rukun / b-is-sāḥa
b-ʔawwal / b-ʔāxir / b-rās iš-šāriʕ

Ü 10.15 Geben Sie Ihr Geburtsdatum und das Ihrer Eltern an. Fragen Sie dann jemanden nach dem Geburtsdatum.

Ü 10.16 Geben Sie die auf den Uhren zu sehende Zeit an („Es ist … Uhr."). Integrieren Sie in einem zweiten Satz diese Uhrzeit in eine Aussage oder eine Aufforderung (z.B. „Um 1:15 essen wir zu Mittag.").

Ü 10.17 Wiederholung von Wortfeld 8 „Höflichkeitsformeln“: Bilden Sie passende Sätze mit den folgenden Wörtern und Phrasen und übersetzen Sie diese dann.

Muster: tiʕḏurni → tiʕḏurni, mā-gdar aği ʕiddkum il-yōm.

1. *bala zaḥma ʕalēč* → ______________________________.
2. *tsimḥū-li* → ______________________________.
3. *min ruxuṣtak* → ______________________________.
4. *mistaʕğila* → ______________________________.
5. *il-akil kulliš ṭayyib* → ______________________________.

Lektion XI

Texte

Text XI/1: Im Damenschuhgeschäft – *ib-maḥall māl aḥḏiya nisāʔiyya*

l-izbūna:	marḥaba!
il-bayyāʕ:	ahlan wa sahlan uxti, šlōn agdar axidmič?
l-izbūna:	min ruxuṣtak arīd-li fadd ḥiḏāʔ ḥilu w-ykūn kašxa.
il-bayyāʕ:	aku b-bālič lōn muʕayyan lō ma yufruq?
l-izbūna:	bali aku b-bāli, yaʕni fadd šī yirham ʕala rōb māl sahra lōn samāwi.
il-bayyāʕ:	w yā qiyās da-trīdīn?
l-izbūna:	tisʕa w-itlāṯīn.
il-bayyāʕ:	tfaḏḏli! ǧarrbi hāḏa!
l-izbūna:	lā, hāḏa čaʕba nāṣi, māku miṯla bass ʕala čaʕab ʕāli?
il-bayyāʕ:	ṭabʕan aku, tfaḏḏli hāḏa wāḥid čaʕba aʕla!
l-izbūna:	ī, bass āni mā-ḥibb ič-čaʕab il-ʕarīḏ! ma ʕindak nafs il-mudēl w nafs il-lōn, bass ič-čaʕab māla ykūn rifīʕ?
il-bayyāʕ:	bali ʕindi! ṯawāni bass w ykūn yammič!... itfaḏḏli ʕēni! šinu raʔyič hassa?
l-izbūna:	waḷḷa! hāḏa ḥilu w-imrattab kulliš! mumkin agaddra?
il-bayyāʕ:	ṭabʕan! uxḏi rāḥtič!
l-izbūna:	mmm... hassa huwwa ṣaḥḥ kulliš ḥilu w-yxabbuḷ, bass mū murīḥ abad ḥarāmāt! tuʕḏurni ʕēni, taʕʕabtak wiyyāya bass arīd ašūf ġēr maḥallāt!... šukran ilak.
il-bayyāʕ:	lā b-il-ʕakis! il-maḥall maḥallič, šarraftīna!

Text XI/2: Im Männermodengeschäft – *ib-maḥall il-malābis ir-riǧāliyya*

l-izbūn:	is-salāmu ʕalaykum!
il-bayyāʕ:	wa ʕalaykum is-salām aġāti, itfaḏḏal axūya! šlōn agdar asāʕdak?
l-izbūn:	miḥtāǧ-li qamīṣ w banṭarūn ṣayfi, min ruxuṣtak!
il-bayyāʕ:	tiddallal ʕēni! itḥibb il-qamīṣ irdān ṭuwīla lō nuṣṣ ridin?
l-izbūn:	ʕēni! yārēt ykūn nuṣṣ ridin w lōna samāwi aw ayy lōn ṯāni fātiḥ!
il-bayyāʕ:	lāzim ykūn sāda?
l-izbūn:	lā mū ḏarūri. ḥatta lō mxaṭṭaṭ hamm ōkay.
il-bayyāʕ:	šinu raʔyak ib-hāḏa l-qamīṣ is-samāwi l-imxaṭṭaṭ wiyya banṭarūn nīli?

l-izbūn: ī zēn! bass ma-yxālif agaddirhum suwiyya?

il-bayyāʕ: ṭabʕan akīd! inta yā qiyās tilbas?

l-izbūn: t̠nēn w arbaʕīn.

il-bayyāʕ: tfaḏ̣ḏ̣al! ġurfat tagdīr l-ihdūm ihnā ʕa-l-yamīn.

baʕad ḥawāli tlat̠ daqāyiq

l-izbūn: il-qamīṣ gāʕid tōp ʕalayya, bass il-banṭarūn išwayya ṭuwīl.

il-bayyāʕ: māku muškila abad! id̠a ʕindak wakit, hassa xilāl nuṣṣ sāʕa il-xayyāṭ māl il-maḥall yʕaddil-lak-iyyā́ ʕala qiyāsak.

l-izbūn: tamām. šgadd l-iḥsāb kulla laʕad?

il-bayyāʕ: ʕēni! il-qamīṣ w-il-banṭarūn wiyyāha ḥsāb il-xayyāṭ itṣīr kullha ib-xamsa w ʕišrīn alif dīnār.

l-izbūn: tfaḏ̣ḏ̣al hāy xamsa w ʕišrīn w min-nā l-fadd nuṣṣ sāʕa arǧaʕ-lak marra lux ʕalamūd il-banṭarūn, ōkay?

il-bayyāʕ: ōkay tamām. Aḷḷa wyāk.

l-izbūn: yaḷḷa laʕad, maʕa s-salāma!

Text XI/3: Umtausch – *tabdīl*

l-izbūna: marḥaba!

il-bayyāʕa: ahlan wa sahlan ib-ḥaḏ̣irtič, itfaḏ̣ḏ̣li uxti!

l-izbūna: štirēt min ʕindič ha-r-rōb il-isbūʕ il fāt hadiyya l-ʔuṃṃi, ṣaḥḥ qiyāsa čān aẓġar min qiyāsha bass ṭilaʕ ičbīr šwayya. ma-yxālif araǧǧʕa?

il-bayyāʕa: l-il-asaf tarǧīʕ māku ʕiddna, bass tabdīl mumkin id̠a tḥibbīn itšūfīn ġēr mudēl. aw tigidrīn itʕūfī́ yammna, ʕalamūd itẓaġġir-lič-iyyā il-xayyāṭa māl il-maḥall, bass lāzim tiǧīn bāčir min iṣ-ṣubuḥ ʕalamūd tistilmī́.

l-izbūna: xōš ḥači, hīči hamm ōkay. maʕnātha bāčir amurr-ilkum iṣ-ṣubuḥ āxd̠a w-anṭīkum iḥsāb it-taẓġīr. maʕa s-salāma!

il-bayyāʕa: maʕa s-salāma. Aḷḷa wyāč!

Text XI/4: Am Kleidermarkt – *b-sūg il-malābis*

Maryam: bāčir arīd arūḥ l-is-sūg.
Claudia: wiyyā-man?
Maryam: wiyya uṃṃi.
Claudia: nāwīn itšūfūn fadd šī muʕayyan?
Maryam: ib-bāli aštirī-li pōtīn šitwi, w-il-ʔuṃṃi ğuẓma liʔan hassa miḥtāğat-ilha.
Claudia: mnēn nāwya tištirīhum?
Maryam: min šāriʕ in-Nahar aw min šāriʕ ir-Rubayʕi.
Claudia: w-išwakit nāwīn itrūḥūn bāčir?
Maryam: waṛa ḍ-ḍuhur.
Claudia: ṣaddgi āni hamm miḥtāğat-li ḥiḏāʔ rasmi ʕalamūd ʕiris uxti. biyya ağī wyākum?
Maryam: ṭabʕan bīč!
Claudia: kulliš zēn, maʕnātha bāčir waṛa ḍ-ḍuhur amurr ʕalēkum ihnā w-inrūḥ suwiyya, ōkay?
Maryam: ōkay tamām!

Übungen zu den Texten

Ü 11.1 Fragen zu Text XI/1:

1. wēn rāḥat il-izbūna w lēš?
2. wiyya šinu čānat il-izbūna trīd tilbas il-ḥiḏāʔ?
3. yā qiyās itrīd?
4. lēš ma ḥabbat awwal ḥiḏāʔ?
5. lēš ma ḥabbat ṯāni ḥiḏāʔ?
6. lēš ma ḥabbat ṯāliṯ ḥiḏāʔ?
7. ištirat hiyya ḥiḏāʔ b-il-axīr?

Ü 11.2 Fragen zu Text XI/2:

1. š-yrīd yištiri l-izbūn?
2. šlōn yrīd ykūnūn il-irdān mal il-qamīṣ?
3. yā lōn lāzim ykūn il-qamīṣ? w lāzim ykūn sāda?
4. šinu lōn il-qamīṣ w-il-banṭarūn illi gaddarha l-izbūn?
5. šinu qiyāsa?
6. šgadd čān il-iḥsāb kulla?
7. lēš čān lāzim yirğaʕ il-izbūn l-il-bayyāʕ waṛa nuṣṣ sāʕa?

Grammatik

11.1 Indirekte Objektsuffixe

Indirekte Objekte, die pronominalisiert sind, werden durch eine direkt an das Verb angehängte Form der Präposition *l-* mit Suffixen ausgedrückt. Häufig, aber nicht immer, entsprechen diese Pronominalsuffixe dem deutschen Dativ (mir, dir, ihm usw.). Die Formen variieren je nach Auslaut des Verbs, an welches das jeweilige Suffix tritt.

SINGULAR	NACH VOKAL	NACH KONSONANT
1. PERS.	*-li*	*-li*
2. PERS. M.	*-lak*	*-lak*
2. PERS. F	*-lič*	*-lič*
3. PERS. M.	*-la*	*-la*
3. PERS. F	*-lha*	*-ilha*
PLURAL		
1. PERS.	*-lna*	*-ilna*
2. PERS.M	*-lkum*	*-ilkum*
2. PERS.F	*-lčan*	*-ilčan*
3. PERS.M	*-lhum*	*-ilhum*
3. PERS.F	*-lhin*	*-ilhin*

Beachte:

- Ein kurzer Vokal am Ende des Wortes wird gelängt:
  – *ǧību* „Bringt!“ – *ǧībū-lna* „Bringt uns!“
- Die Perfektendung *-aw* wird zu *-ō*:
  – *ǧābaw* „sie brachten“ – *ǧābō-li* „sie brachten mir“
- Die Präsensendungen *-īn* und *-ūn* verlieren das *-n*.
  – *tǧībīn* „du bringst“ – *tǧībī-lhum* „du bringst ihnen“
  – *yǧībūn* „sie bringen“ – *yǧībū-la* „sie bringen ihm“
- Das Verb *gāl* „sagen“ weist in Verbindung mit den indirekten Suffixen folgende Veränderungen auf: Der lange Vokal des Stammes wird gekürzt; wenn noch ein Vokal folgt, wird oft das *l* verdoppelt oder aber der lange Vokal bleibt erhalten:
  - *gāl* + *la* → *gal-la* „er sagte ihm“, aber *gālaw* + *li* → *gallō-li* ~ *gālō-li* „sie sagten mir“, *gallat-la* ~ *gālat-la* „sie sagte ihm“; *gūl* + *li* → *gul-li* „sag (M) mir!”, aber *gullī-li* ~ *gūlī-li* „sag (F) mir!“; *ngūl* + *lhum* → *ngul-lhum* „wir sagen ihnen“, aber *ygullū-lhum* ~ *ygūlū-lhum* „sie sagen ihnen“.

Wie das Beispiel *ngul-lhum* „wir sagen ihnen“ zeigt, wird hier auch die Suffix-Form für Verben, die auf Vokal enden, verwendet.

- Es gibt auch eine Variante, in welcher der letzte Konsonant verdoppelt wird: *ngul-lkum* ~ *ngull-ilkum* „wir sagen euch“. Die Perfektformen der 1. und 2. Personen zeigen oft Assimilation: *gitt-la* statt *gilit-la* „ich sagte ihm“; *ginnā-lkum* statt *gilnā-lkum* „wir sagten euch“.
- Verschiedene Paradigmen mit dem Verb *ǧāb* „bringen“:

SINGULAR	nach K er brachte mir, dir …	nach v̄ sie brachten mir, dir…
1. PERS.	*ǧāb-li*	*ǧābō-li*
2. PERS. M.	*ǧāb-lak*	*ǧābō-lak*
2. PERS. F	*ǧāb-lič*	*ǧābō-lič*
3. PERS. M.	*ǧāb-la*	*ǧābō-la*
3. PERS. F	*ǧāb-ilha*	*ǧābō-lha*
PLURAL		
1. PERS.	*ǧāb-ilna*	*ǧābō-lna*
2. PERS.M	*ǧāb-ilkum*	*ǧābō-lkum*
2. PERS.F	*ǧāb-ilčan*	*ǧābō-lčan*
3. PERS.M	*ǧāb-ilhum*	*ǧābō-lhum*
3. PERS.F	*ǧāb-ilhin*	*ǧābō-lhin*

Beachte: *ṣār-l-* bedeutet wörtlich „es ist für … geworden“; in Kombination mit Zeitausdrücken kann es aber auch mit „seit“ übersetzt werden: *ṣār-ilna xams isnīn mitzawwǧīn.* „Wir sind (schon) seit fünf Jahren verheiratet.“

11.2 Das Verb „sein“ – *čān / ykūn*

Die entsprechenden Formen von *čān / ykūn* sind immer dort für „sein“ zu gebrauchen, wo es sich *nicht* um einen (positiven oder negativen) Aussagesatz im Präsens handelt. Das gilt auch für die von Modalausdrücken abhängigen Formen von „sein.“ Beispiele:

hāḏa ġāli. „Das ist teuer.“
hāḏa čān ġāli. „Das war teuer.“
iḏa ykūn ġāli. „Wenn es teuer ist.“
hāḏa mū ġāli. „Das ist nicht teuer.“
hāḏa ma čān ġāli. „Das war nicht teuer.“

il-bārḥa čānaw b-il-Baṣra. „Gestern waren sie in Baṣra."
činit taʕbāna kulliš. „Ich war sehr müde."
yā lōn lāzim ykūn il-qamīṣ? „Welche Farbe soll das Hemd haben?"

Unveränderliches, d.h. nicht mit dem Subjekt übereingestimmtes *čān*, dient vor allem auch zum Ausdruck der Vergangenheit für folgende Ausdrücke:

aku → *čān aku* „es gab"
hnāka čān aku gabuḷ ibyūt ḥilwa. „Früher gab es dort schöne Häuser."
ʕind- → *čān ʕind-* „hatte"
čān ʕindi šuġl ihwāya. „Ich hatte viel Arbeit."
čān ʕidd xāḷna sayyāra ḥamra. „Unser Onkel hatte ein rotes Auto."
lāzim → *čān lāzim* „musste"
čān lāzim itrūḥ. „Sie musste gehen."
il-bārḥa čān lāzim adrus sāʕtēn. „Gestern musste ich zwei Stunden lernen."
ḍarūri → *čān ḍarūri* „es war notwendig"
čān ḍarūri nǧība l-il-mustašfa. „Es war notwendig, dass wir ihn ins Spital brachten."
mumkin → *čān mumkin* „es war möglich"
ma čān mumkin yinǧaḥ abad, liʔan kull šī ma diras. „Es war nicht möglich, dass er (die Prüfung) je besteht, denn er hatte gar nichts gelernt."

čān als Auxiliarverb

Im Irakischen existieren teilweise sehr komplexe Konstruktionen, die zum Ausdruck von Zeit- und Aspektbezügen im Verbalsystem dienen. Diese Nuancen werden i.A. durch Auxiliarverben (Hilfsverben) ausgedrückt, von denen das wichtigste *čān* ist. Im Folgenden werden einige der häufigsten Konstruktionen und ihre Verwendung vorgestellt.

čān + einfaches Präsens

Eine konjugierte Form von *čān* mit einem einfachen Präsens drückt eine gewohnheitsmäßige oder sich wiederholende Handlung in der Vergangenheit aus.

činna nugʕud min wakit. „Wir pflegten früh aufzustehen."
kull-ma čint arūḥ l-il-Baṣra čint agʕud yamm xāḷi. „Immer wenn ich nach Basra fuhr, wohnte ich bei meinem Onkel."

čān + *da*-Präsens

Eine konjugierte Form von *čān* mit einem folgenden *da*-Präsens dient zum Ausdruck einer länger andauernden Handlung in der Vergangenheit (die auch wiederholt sein kann).

> *min ṭabbēt l-il-ġurfa čānat Zaynab da-tiḥči wiyya ustāḏha.* „Als ich das Zimmer betrat, redete Zaynab gerade mit ihrem Professor."
> *Dālya w ʕAli čānaw da-yʕāwnūn uṃṃhum b-iṭ-ṭabux* „Dālya und ʕAli halfen ihrer Mutter (immer) beim Kochen."

11.3 Das Verb (9): Abgeleitete Stämme: Der III. und der VI. Stamm

Ähnlich wie die Stämme II und V sind der III. und VI. Stamm sowohl morphologisch als auch (oft) semantisch miteinander verbunden.

11.3.1 Der III. Stamm

Der III. Stamm zeichnet sich durch eine Längung des ersten Stammvokals aus. Das Schema ist im Perfekt *fāʕal*, im Präsens *yfāʕil* oder (seltener) *yfāʕul.* Es gibt auch eine Variante mit *ō* statt *ā*, z.B. *sōlaf, ysōlif* „erzählen, reden". Mit Ausnahme der defektiven Wurzeln werden alle Formen regelmäßig gebildet. Der III. Stamm ist fast immer transitiv und auf ein Ziel, meist eine Person, ausgerichtet:

> *sāʕad, ysāʕid* „j-m helfen"
> *ʕāwan, yʕāwin* „j-m (bei etwas) helfen"
> *sāfar, ysāfir* „reisen"
> *sāwa, ysāwi* „gleich machen, eben machen"
> *xābar, yxābur* „j-n anrufen"

Zur Konjugation der regulären und defektiven Verben im III. Stamm siehe die Paradigmen 11A–C. Ein weiteres defektives Verb, das nach diesem Muster konjugiert wird, ist *ʕāfa, yʕāfi* „j-m Gesundheit/Lebenskraft geben".

11.3.2 Der VI. Stamm

Der VI. Stamm wird gleich wie der III. Stamm durch Längung des ersten Stammvokals gebildet, hat aber zusätzlich ein *t*-Präfix (so wie der V. Stamm). Das Schema ist daher im Perfekt *tfāʕal,* im Präsens *yitfāʕal.* Alle Formen außer jenen der defektiven Wurzeln werden regelmäßig gebildet.

Der VI. Stamm ist häufig reziprok zum III. Stamm, drückt also eine Gegenseitigkeit aus. Daher werden viele Verben des VI. Stammes fast nur im Plural verwendet (sonst benötigen sie meist die Präposition *wiyya* „mit").

Beispiele:

tṣāḥab, yitṣāḥab „gute Freunde werden“
txābar, yitxābar „miteinander telefonieren“; aber *txābar wiyya* „telefonieren mit j-m“
tʕāwan, yitʕāwan „miteinander kooperieren“
tsāwa, yitsāwa „gleich werden, gleich sein“
t̲t̲āwab, yit̲t̲āwab „gähnen“

Zur Konjugation der regulären und defektiven Verben im VI. Stamm siehe die Paradigmen 14A–B.

11.4 Verben mit zwei Objekten und die Partikel *-yyā*

Eine Reihe von irakischen Verben kann auch zwei direkte Objekte regieren, während die deutschen Entsprechungen meist ein Dativ- und ein Akkusativobjekt aufweisen. Bei allen diesen Verben ist das erste Objekt eine Person. Zu diesen Verben gehören:

niṭa / yinṭi	„j-m etw. geben“
rāwa / yrāwi	„j-m etw. zeigen“
dāyan / ydāyin	„j-m etw. borgen“
labbas / ylabbis	„j-m etw. anziehen“
darras / ydarris	„j-n etw. lehren“

Beispiele:

dāynat Zaynab uxutha qāmūs il-ʕarabi. „Zaynab borgte ihrer Schwester das Arabisch-Wörterbuch.“
Dālya trāwi āṣdiqāʔha sayyāratha ğ-ğidīda. „Dālya zeigt ihren Freunden ihr neues Auto.“

Das zweite Objekt trägt immer einen (leichten) Fokus, d.h. der erste Satz oben ist die Antwort auf „Was hat Zaynab ihrer Schwester geborgt?“. Wenn der Fokus mehr auf der Person liegt, dann wird diese mit der Präposition *l-* eingeleitet.

wēn waddēt l-iktāb? – nṭēt l-iktāb l-uṃṃi. „Wohin hast du denn das Buch getan? – Ich habe das Buch meiner Mutter gegeben.“
š-inṭēti iṣ-ṣadīqič? – nṭēt ṣadīqi ktāb. „Was hast du deinem Freund gegeben? – Ich habe meinem Freund ein Buch gegeben.“

Pronominalisierung

Bei zwei direkten Objekten kann das erste Objekt – also jenes, das sich auf die Person bezieht – durch ein Pronomen ausgedrückt werden:

nṭēta l-iktāb. „Ich gab ihm das Buch."
dāynatha qāmūs il-ʕarabi. „Sie borgte ihr das Arabisch-Wörterbuch."

Wenn beide Objekte pronominalisiert werden, tritt nur das erste unmittelbar an das Verb, während das zweite an die Partikel *-yyā-* suffigiert wird. Der ganze Ausdruck ist jedoch eine Einheit. Diese Konstruktion wird auch verwendet, wenn eines der Objekte durch *li-* eingeleitet ist (wie etwa bei *ǧāb* „bringen").

niṭatak il-ǧunṭa? „Gab sie dir die Tasche?" → *ī, niṭatni-yyāha* „Ja, sie gab sie mir."
ǧīb-li d-daftar „Bring mir das Heft!" → *ǧīb-li-yyā́* „Bring es (M) mir!"
raǧǧaʕ-ilhum il-iktāb → *raǧǧaʕ-ilhum-iyyā́* „Er gab es (M) ihnen zurück."
dizz-la l-īmēḷ → *dizz-la-yyā́* „Schick es (M) ihm!"

Die Pronomen der 3.M.SG und F.SG werden in Kombination mit *-yyā-* beide zu *h*, d.h. es wird nicht mehr unterschieden, ob das Bezugswort maskulin oder feminin ist. Zudem kann sich die Partikel *iyyā́* in solchen Formen auf maskuline oder feminine Wörter beziehen.

niṭata l-iktāb „Sie gab ihm das Buch." → *niṭath-iyyā́* „Sie gab es (M) ihm."
niṭata ṣ-ṣūra „Sie gab ihm das Bild." → *niṭath-iyyā́* „Sie gab es (F) ihm."
niṭatha l-iktāb „Sie gab ihr das Buch." → *niṭath-iyyā́* „Sie gab es (M) ihr."
niṭatha ṣ-ṣūra „Sie gab ihr das Bild." → *niṭath-iyyā́* „Sie gab es (F) ihr."
ǧīb-ilha „Bring ihr!"→ *ǧīb-ilh-iyyā́* „Bring es (M, F) ihr!"

Die Pronomen der 2. und 3. Personen SG haben in Kombination mit *-yyā-* auch eine verkürzte Variante:

nǧīb-lak id-daftar → *nǧīb-lak-iyyā́* ~ *nǧīb-**ilk**-iyyā́* „Wir bringen es (M) dir."
štirēt-lič il-badla → *štirēt-lič-iyyāha* ~ *štirēt-**ilč**-iyyāha* „Ich habe ihn (F) dir gekauft."

Die Partikel *-(i)yyā-* wird im Allgemeinen nur gebraucht, wenn das zweite Pronominalsuffix eine Form der 3. Person ist. Will man das zweite Objekt betonen oder ist dieses nicht in der 3. Person, wird es vorangestellt und direkt an das Verb gehängt. Das die Person bezeichnende Objekt wird dann mittels der unabhängigen Präposition *il* ausgedrückt.

Beispiele:

dazzōk ila „Sie schickten dich zu ihm."
ǧīb-li-yyấ → *ǧība ili* „Bring es (M) mir!"
raǧǧaʕ-ilhum-iyyấ → *raǧǧaʕa ilhum* „Er gab es (M) ihnen zurück."
dizz-la-yyấ → *dizza ila* „Schick es (M) ihm!"

11.5 Adjektive vom Schema *afʕal*

Diese Adjektive weisen sowohl semantische als auch morphologische Besonderheiten auf: Sie bezeichnen fast ausschließlich Farben (siehe unten Wortfeld 9) und körperliche Defekte. Sie besitzen eigene Feminin- und Pluralformen, die vom Schema *faʕla* bzw. *fiʕil* oder *fuʕul* gebildet werden.

Beispiele (jeweils M.SG, F.SG und PL):

aṣlaʕ – ṣalʕa – ṣuluʕ ~ ṣalʕīn	glatzköpfig (auf Grund einer Krankheit, hohen Alters)	ṣ-l-ʕ
agraʕ – garʕa – girʕān	glatzköpfig, kahl	g-r-ʕ
adġam – daġma – duġum ~ daġmīn	betrübt, traurig aussehend, dunkel, trüb (Farbe)	d-ġ-m
amḷaṭ – PL *muḷuṭ ~ maḷṭīn*	rasiert, ohne Bart	m-ḷ-ṭ
aʕma – ʕamya – ʕimi	blind	ʕ-m-y
axras – xarsa – xursān ~ xarsīn	stumm	x-r-s
aṭraš – ṭarša – ṭuruš ~ ṭaršīn	taub	ṭ-r-š
aʕraǧ - ʕarǧa – ʕiriǧ ~ ʕarǧīn	hinkend, lahm	ʕ-r-ǧ
aḥwal – ḥōla – ḥūl ~ ḥōlīn	schielend	ḥ-w-l
aʕmaš – ʕamša – ʕimiš ~ ʕamšīn	kurzsichtig	ʕ-m-š
aṯwal – ṯōla – ṯūl ~ ṯōlīn	blöd	ṯ-w-l
armal – armala – arāmil	verwitwet, Witwe/r	r-m-l
aʕzab – ʕazba – ʕuzzāb	ledig	ʕ-z-b

✓ Sprichwort: *il-garʕa titbāha b-šaʕar uxutha.* „Die Glatzköpfige prahlt mit den Haaren ihrer Schwester." – Sagt man, wenn jemand mit etwas prahlt, das nicht ihm gehört, sondern einer ihm nahestehenden Person.

Wortfeld 9: Farben – *il-alwān*

abyaḍ – bēḍa – bīḍ	weiß	b-y-ḍ
aḥmar – ḥamra – ḥumur	rot	ḥ-m-r
aṣfar – ṣafra – ṣufur	gelb	ṣ-f-r
asmar – samra – sumur	(hell)braun (v.a. Hautfarbe)	s-m-r
aswad – sōda – sūd	schwarz	s-w-d
ašgar – šagra – šugur	blond	š-g-r
axḍar – xaḍra – xuḍur	grün	x-ḍ-r
azrag – zarga – zurug	blau	z-r-g
burtuqāli – burtuqāliyya	orange	p-r-t-q-l
banafsaği – banafsağiyya	violett	b-n-f-s-ğ
baṣali – baṣaliyya	zwiebelfarben, hellbraun	b-ṣ-l
ḏahabi – ḏahabiyya	golden	ḏ-h-b
fiḍḍi – fiḍḍiyya	silbern	f-ḍ-ḍ
ğōzi – ğōziyya	dunkelbraun, kaffeebraun	ğ-w-z
ḥinṭi – ḥinṭiyya	hellbraun (nur Hautfarbe)	ḥ-n-ṭ
mārōni – mārōniyya	bordeauxrot, weinrot	m-r-n
nīli	blau, dunkelblau, indigo	n-y-l
qirmizi – qirmiziyya	karmesinrot, purpur	q-r-m-z
riṣāṣi – riṣāṣiyya	bleifarben, grau	r-ṣ-ṣ
samāwi – samāwiyya	hellblau, himmelblau	s-m-w
wardi – wardiyya	rosa	w-r-d
abraṣ – barṣa – biriṣ	Albino	b-r-ṣ
fātiḥ – fātḥa	hell	f-t-ḥ
ṭōx (unveränderlich)	dunkel	ṭ-w-x
šaffāf – šaffāfa – šaffāfīn	durchsichtig, transparent	š-f-f

Die oben angeführten Wörter sind ausschließlich Adjektive, werden also nicht im Sinne von „(die Farbe) Rot“, „Blau“ usw. verwendet. Die Farbintensität kann durch die Wörter *fātiḥ* „hell“ und *ṭōx* „dunkel“ modifiziert werden, z.B. *aḥmar fātiḥ* „hellrot“, *samra fātiḥ* „hellbraun“, *aḥmar ṭōx* „dunkelrot“, *samra ṭōx* „dunkelbraun“. Die Wörter *ṭōx* und *fātiḥ* sind in dieser Funktion invariabel.

Beispiele:

hāḏa l-kursi axḏar ṭōx bass ḏāka axḏar fātiḥ. „Dieser Sessel ist dunkelgrün, aber jener ist hellgrün."
lōnha aḥmar ṭōx „Ihre Farbe ist dunkelrot."
is-sayyāra l-ḥamra ṭōx „das dunkelrote Auto"

Sprichwörter und Phrasen mit Farben

il-qirš il-abyaḏ yinfaʕ b-il-yōm il-aswad „Spare in der Zeit, dann hast du in der Not!" (wörtl.: Der weiße (~ silberne) Groschen hilft am schwarzen Tag.)
ġrāb ygul-la li-ġrāb wuččak aswad „Eine Krähe sagt zur anderen: „Dein Gesicht ist schwarz." (Man soll keine Eigenschaft kritisieren, die man selbst besitzt).
il-fugur il-abyaḏ aḥsan min il-ġina l-aswad. „Weiße Armut ist besser als schwarzer Reichtum."
in-nār aklat il-axḏar w-il-yābis. „Das Feuer hat alles vernichtet (das Grüne und das Trockene)."
qalba abyaḏ miṯl iṯ-ṯaliğ. „Er hat ein reines Herz (wörtl. weiß wie Schnee)."
aḥmar miṯl id-damm „rot wie Blut"
aṣfar miṯl in-nūmi „gelb wie eine Zitrone"

Wortfeld 10: Kleidungsstücke und Schuhe – *malābis w aḥḏiya*

badla PL *-āt*	Kleid	b-d-l
banṭarūn PL *-āt*	Hose	b-n-ṭ-r
dišdāša(t nōm) PL *dišādīš (nōm)*	luftiges Gewand, (Nachthemd)	d-š-d-š
biğāma PL *-āt* ~ *biğāyim*	Schlafanzug, Pyjama	b-ğ-m
blūz PL *blūzāt*	Pullover	b-l-z
čaff PL *čfūf* (SG wenig verwendet)	Handschuhe	č-f-f
čākēt PL *-āt, čawākīt* ~ *čuwākīt*	(leichte) Jacke, Weste	č-k-t
čaʕab PL *čʕūb*	Absatz (beim Schuh), Ferse	č-ʕ-b
čiswa PL *čisaw*	Badehose	č-s-w
fānēla PL *-āt*	Unterhemd (für Männer)	f-n-l-l
ğūrāb PL *ğuwārīb* (SG wenig verwendet)	Socke	ğ-r-b
ğuẓma PL *ğiẓam*	Stiefel	ğ-ẓ-m

hdūm dāxiliyya	Unterwäsche	
ḥiḏāʔ PL *aḥḏiya*	Schuhe	ḥ-ḏ-y
ḥǧāb PL *-āt* *rapṭa* PL *-āt*	Kopftuch	ḥ-ǧ-b r-p-ṭ
ḥzām PL *ḥzāmāt ~ ḥizim*	Gürtel	ḥ-z-m
kōḷōn PL *-āt*	Damenstrumpfhose	k-l-n
laffāf PL *-āt*	Schal	l-f-f
lāpčīn PL *-āt*	Fußballschuh	l-p-č-n
lbās PL *lbāsāt, libsān*	Unterhose	l-b-s
māyō PL *māyōhāt*	Badeanzug	m-y-(h)
naʕāl PL *nʕālāt, niʕil* *bābūǧ* PL *buwābīǧ*	Hausschuhe, Schlapfen	n-ʕ-l b-w-b-ǧ
qamīṣ PL *qumṣān*	Hemd	q-m-ṣ
qamṣala PL *qamāṣil*	Jacke	q-m-ṣ-l
qappūṭ PL *qupāpṭ*	Mantel	q-p-ṭ
ribāṭ PL *arbiṭa*	Krawatte	r-b-ṭ
ridin PL *rdānāt, rdān*	Ärmel	r-d-n
ridin ṭuwīl	mit langen Ärmeln	
nuṣṣ ridin	mit halblangen Ärmeln	
bala ridin ~ rdān	ärmellos	
rōb PL *rwāba (māl sahra)*	(elegantes) Kleid, (Abend)kleid	r-w-b
šafqa PL *-āt*	Hut	š-f-q
sitra PL *sitar*	Anzugjacke, Sakko	s-t-r
sityān PL *-āt*	BH	s-t-y-n
šōrt PL *-āt*	kurze Hose	š-r-t
tannūra PL *-āt, tnānīr*	Rock	t-n-r
tīšērt PL *-āt*	T-Shirt	t-š-r-t
ṯōb PL *ṯyāb*	Bluse	ṯ-w-b
ʕaraqčīn PL *-āt* *klāw* PL *klāwāt*	Kappe, Mütze	ʕ-r-q-č-n k-l-w
atag PL *-āt*	Unterhemd (für Frauen)	ʔ-t-g

Übungen zur Grammatik

Ü 11.3 Setzen Sie folgende Sätze in die Vergangenheit und übersetzen Sie sie dann ins Deutsche! – Muster: *lāzim niḥči wyāhum.* → *il-bārḥa čān lāzim niḥči wyāhum.* „Gestern mussten wir mit ihnen sprechen."

1. lāzim azūr ʕammi l-marīḏ̣. il-bārḥa ______________________.
2. il-yōm ḥārra hwāya. il-bārḥa ______________________.
3. huwwa zaʕlān minni. il-bārḥa ______________________.
4. aṣdiqāʔna mawǧūdīn. il-bārḥa ______________________.
5. inti mašġūla hassa? ______________________ il-bārḥa?
6. māku muškila. ______________________.
7. iḥna farḥānīn ihwāya. il-bārḥa ______________________.
8. ma bīk ḥēl [*hast du Lust*] tiǧi yammna? ______________________ il-bārḥa?
9. lāzim tiǧi wyāna. il-bārḥa il-misa ______________________.
10. ḏ̣arūri nzūr xālṭi yōm iṯ-ṯilāṯā. yōm iṯ-ṯilāṯā l-fāt ______________________.

Ü 11.4 Erzählen Sie, was Sie gestern alles machen mussten. Beginnen Sie folgendermaßen: *il-bārḥa čān yōm ṭuwīl w ṣaʕub ...*

Ü 11.5 Übersetzen Sie:

1. Meine Mutter schickte mir einen Brief.
2. Sagt mir, wann ihr nach Basra fahren wollt.
3. Aḥmad brachte uns gestern zwei neue Bücher.
4. Wie viele Jahre bist du schon hier?
5. Fāṭma, bring unserem Gast eine Tasse Kaffee!
6. Sie sagte mir nicht, was sie in Deutschland gemacht hat.
7. Sagt uns eure Adresse. Wir möchten euch die Fotos schicken.
8. Ich bin seit fünf Wochen in Bagdad.
9. Wir sagten ihm: „Iss das nicht!"
10. Unsere Schwester ist krank. Wir müssen ihr Essen bringen.

Ü 11.6 Setzen Sie die passenden Formen ein.

Muster: *abu š-šabāb, ________ gḷāṣ čāy! (ğāb, āni) → abu š-šabāb, ğīb-li gḷāṣ čāy!*

1. mumkin ________________________ ṣūra min ruxuṣtak? (yāxuḏ, iḥna)
2. ____________________________ ismak ihnā! (kitab, āni)
3. ʕafya ma-yxālif ________________ ha-l-iktāb laḥḏa? (lizam, āni)
4. il-bārḥa __________________ bībīti fadd quṣṣa kulliš ḥilwa. (ḥiča, āni)
5. ______________________ īmēḷ awwal-ma tōṣal il-Baġdād! (dazz, āni)
6. iḏa trūḥūn l-is-sūg, ____________ b-rağʕatkum fadd šī nākla! (ğāb, iḥna)
7. __________________________________ š-sawwēti il-bārḥa! (sōlaf, āni)
8. ____! wēn axūč? (gāl, iḥna)
9. Maryam, ma-yxālif ______________ gḷāṣ ṃayy min il-maṭbax? (ğāb, āni)
10. ma nuʕruf iš- _____________________________________. (gāl, huwwa)

Ü 11.7 Setzen Sie die richtige Form des passenden Verbs ein: *sāʕad* (2*), *tḥāsab, rāwa, tʕādal, ḥāča* (2*), *tṣālaḥ, tṯāwab, sāfar, xābar, tšāwaf, tbāwas*

1. lā ____________-ni walā ____________-č! āni kulliš zaʕlāna minnič.
2. l-bārḥa Baršalōna _____ ____ wiyya Riyāl Madrīd b-id-dawri [*Liga*] l-ispāni.
3. iḏa ________________-ni b-ḥall il-wāğib _______________-ak b-iṭ-ṭabux.
4. wēn Claudia? ma dā-šūfha wyākum! – mū l-bārḥa __________ l-in-Namsa?
5. wēn mixtifi ya mʕawwad, ištāqēnā-lak, xallīna ______________.
6. rūḥ ṣīḥ-li l-bōy ʕalamūd __________________________ gabuḷ-ma nrūḥ.
7. lēš ma ʕrafit?! il-bārḥa sallmaw wāḥid ʕa-l-lax w-__________________ w-____________ hammēn.
8. la tinsa ____________-ni awwal-ma tōṣal ḥatta la yḏall bāli [*mich sorgen*] ʕalēk, liʔan itʔaxxar il-wakit.
9. Sāmi kulliš naʕsān w kull daqīqtēn ______________________.
10. ma-yxālif ______________ š-kitabtu l-bārḥa b-dars il-kīmya [*Chemie*], liʔan ġibit il-bārḥa.

Ü 11.8 Setzen Sie die passenden Formen in der Vergangenheit ein und übersetzen Sie dann den Satz ins Deutsche.

1. Sāmya ma ___________ trūḥ wiyyāna l-is-sīnama, liʔan hiyya _________ ___________ wāğibāt ihwāya. (trīd, ʕind)
2. iḏa ___________ ___________ wakit, lēš ma riḥti wyāna? (ʕind)

3. abūya ma da-yigdar yiqra ğ-ğarīda, __________ __________ yištirī-la naḏḏārāt ğidīda. (lāzim)
4. ________ ________ yrūḥ l-iṭ-ṭabīb, liʔan ________ kulliš taʕbān. (lāzim)
5. __________ __________ adrus yōmiyya, liʔan __________ __________ mtiḥān ṣaʕub. (lāzim, ʕind)
6. __________ __________ xōš madrasa b-manṭaqatna. (aku)
7. __________ __________ nğība l-il-mustašfa liʔan __________ __________ wuğaʕ b-rāsa. (ḏarūri, ʕind).
8. ma ________ ________ tištiri ḥalīb, liʔan aku buṭḷēn b-iṯ-ṯillāğa. (ḏarūri)
9. ma __________ __________ azūrak liʔan sayyārti __________ __________. (mumkin, xarbān)
10. __________ __________ kutub ihwāya b-madrasatna. (aku)

Ü 11.9 Setzen Sie die passenden Adjektive vom *afʕal*-Typ ein:

1. hāḏa r-riğğāl, ma ʕinda šaʕar, huwwa __________________.
2. hāy il-maṛa, ma tšūf, hiyya __________________.
3. hāy il-ibnayya čānat tibči, hiyya __________________.
4. haḏōla l-wilid ma ygidrūn yiḥčūn, huṃṃa __________________.
5. ha-š-šabāb w-il-banāt baʕadhum ma mitzawwğīn, huṃṃa __________.
6. hāy il-maṛa, māt rağilha, hiyya __________________.
7. hāḏa r-riğğāl ma yigdar yismaʕ, huwwa __________________.
8. hāḏa l-walad da-yiʕriğ [*hinkt*], huwwa yimkin __________________.
9. hāḏa r-riğğāl yinrād-la naḏḏāra, huwwa __________________.
10. abūya ma ʕinda liḥya [*Bart*], huwwa __________________.

Ü 11.10 Bringen Sie die folgenden Wörter zuerst in die richtige Reihenfolge und übersetzen Sie dann den Satz ins Deutsche:

1. il-maraḏ, taʕbān, baʕda, min
2. ṃayy, il-bōy, w tlaṯ, tlaṯ, ğāb-ilna, gahwa, gḷāṣāt, fanāğīn
3. yōmiyya, l-il-imtiḥān, ginnā-lha, trīd, tidrus, tinğaḥ, lāzim, iḏa
4. tilbas, qiyās, yā, qundara, inta?
5. aṣdiqāʔi, agul-lak, iš-, gallō-li, ismaʕ, ḥatta
6. qappūṭ, sawwī-li, w gitt-la, ʕind, riḥit, lōn, il-xayyāṭ, azrag, šitwi
7. ʕarabi, w baʕadna, b-il-ʕIrāq, zēn, xamis, tišhur, ma, ṣar-ilna, niḥči

8. il-ḥamra, uxuḏni, yʕaddil-li, ğuẓumti, ḥatta, wyāk, l-il-iskāfi
9. mā, ʕindi, agaṣṣir-lič, wakit, tʕuḏrīni!, il-yōm, ir-rōb
10. w ʕinwānič, adizz-lič, hāy, il-warqa [*Zettel*], itkitbī-li, mumkin, ʕala, agdar, risāla, ismič, ḥatta

Ü 11.11 Ersetzen Sie das zweite Objekt durch das entsprechende Pronominalsuffix und verwenden Sie die Partikel *-(i)yyā-*.
Muster: *rāwētha bēti* → *rāwētha-yyā́.*

1. dazzat-li īmēḷ.
2. gālō-lna l-xabar.
3. uxti štirat-li r-rōb.
4. āni nṭētha qalam.
5. axūya rāwāni mōbāyḷa ğ-ğidīd.
6. labbsat-ha l-blūz il-aḥmar.
7. biʕnā-lhum bētna.
8. rağğaʕ-ilha l-iktāb.
9. ğīb-ilna č-čāy!
10. yinṭīha hawiyyta.

Ü 11.12 Schreiben Sie drei kurze Dialoge: Sie gehen auf den Markt und wollen Kleider kaufen. Erklären Sie dem Verkäufer Ihre Wünsche. In drei verschiedenen Geschäften kaufen sie Kleider:

A. Für sich selbst.
B. Für Ihren Partner/Ihre Partnerin.
C. Für Ihre Kinder oder Cousinen/Cousins.

Lektion XII

Texte

Text XII/1: Was spielen wir? – *š-nilʕab?*

ʕAli: iš-nilʕab il-yōm? ṭāwli lō dōmna lō waṛaq?
Sāmi: šinu raʔyak b-iṭ-ṭāwli, ʕAllāwi?
ʕAli: kulliš zēn! w-iš-tišrab? čāy lō gahwa?
Sāmi: ʕādi miṯil kull marra, čāy w nargīla. w-inta?
ʕAli: āni hammēn aṭlub-li miṯlak! laʕad xallīna niṭlub w-inšūf minu yuġḷub il-yōm!
Sāmi: ī, hāḏi ma miḥtāǧa ṯnēn yiḥčūn bīha. ṭabʕan āni miṯil kull marra! xallīna nballiš ib-ʔawwal gēm!
ʕAli: hassa nšūf minu l yuġḷub ḥubbi!
il-bōy: tfaḏḏalu ʕyūni! š-itʔumrūn?
ʕAli: ʕēni! nargīltēn imʕassal tiffāḥtēn w-igḷāṣēn čāy w ǧīb-ilna ṭāwli, bala zaḥma ʕalēk!
il-bōy: tiddallal aġāti, ṯawāni w ykūnūn giddāmkum!
ʕAli w Sāmi: tislam ʕēni! Aḷḷa yxallīk!

w hīči liʕbaw il-wilid xams igyūma bass mū miṯil kull marra wāguf il-ḥaḏḏ wiyya Sāmi dāʔiman liʔan ha-l-marra ʕAli ġuḷab ib-ʔarbaʕ igyūma.

Text XII/2: Wichtige Stadtteile von Bagdad – *manāṭiq muhimma b-Baġdād*

ṯnēn min aġla l-manāṭiq ib-Baġdād hiyya l-Manṣūr w Zayyūna, ihnāka sāknīn azgan ʕawāʔil w bīha aḥla l-quṣūr. amma ʕala ṭūl Diǧla aku hwāya manāṭiq bīha maqāhi w muntazahāt, ašhar hāḏi l-manāṭiq il-Ǧādriyya w-il-Aʕḏamiyya w ġērha. aḥsan manāṭiq māl tasawwiq šāriʕ ir-Rubayʕi w-il-Manṣūr hammēn b-il-iḏāfa l-il-mōḷāt il-mintišra hassa hwāya b-Baġdād miṯil Baġdād Mōḷ b-il-Ḥārṯiyya w Mōḷ il-Manṣūr w Bābilōn Mōḷ b-il-Manṣūr w ġērhum ihwāya.

min aqdam il-manāṭiq ib-Baġdād šāriʕ ir-Rašīd w-iš-šawāriʕ id dāyir-ma-dāyra. w-ihnāk yigdar il-wāḥid hammēn yitsawwag ib-sūg iš-Šōrğa maṯalan aw is-sūg il-ʕArabi w ġērhum kōma. aqdam w aḥla maʕālim Baġdād itṭill ʕala nahar Diğla miṯil il-Qaṣr il-ʕAbbāsi b-ir-Riṣāfa bēn ğisir Bāb l-iMʕaḏḏam w ğisr iš-Šuhadāʔ w-il-Madrasa l-Mustanṣiriyya yamm ğisr iš-Šuhadāʔ. ašhar il-muntazahāt il-Zawrāʕ w Ğazīrat Baġdād.

Text XII/3: Irakisches Essen 1: Vorspeisen – *akil ʕirāqi 1: il-muqabbilāt*

Ab hier werden regelmäßig Texte über typisch irakische Speisen präsentiert. Dies dient einerseits dem Aufbau eines einschlägigen Wortschatzes, andererseits gibt es auch Einblick in einen wichtigen Bereich der irakischen Alltagskultur.

waṛa-ma wiṣlaw Claudia w aṣdiqāʔha l-il-maṭʕam, ṭilbaw il-qāʔima māl akil w ballšaw yiqrūn. bass Claudia ma tuʕruf il-akil il-baġdādi zēn w bidat tisʔal ṣadīqātha ʕa-l-aklāt il-baġdādiyya w huṃṃa yğāwbūha:

Claudia: yaʕni šinu muqabbilāt?

Sāmi: il-muqabbilāt hiyya aklāt xafīfa, tiftaḥ iš-šahiyya, nākulha gabḷ il-wağba l-asāsiyya miṯl iẓ-ẓalāṭāt w-iš-šōrbāt. maṯalan ihnā aku tabbūla w fattūš w bāba ġannūğ w ġēr muqabbilāt hammēn ihwāya. b-iḏ-ḏabuṭ mā-ʕruf išlōn ysawwūn kull ẓalāṭa, bass ib-ṣūra ʕāmma ahamm šī b-ʔakṯar iẓ-ẓalaṭāt iṭ-ṭamāṭa w zēt iz-zaytūn w marrāt iṯ-ṯūm.

Ḥasan: āni ʕindi šwayya xibra b-ha-l-iswālif, liʔan āni štiġaḷit marra b-maṭʕam! it-tabbūla, maṯalan, hiyya ṣaḥḥ aṭyab ẓalāṭa bass hammēn aʕqad wiḥda w tāxuḏ wakit ihwāya b-it-taḥḏīr. ṭabʕan lōnha axḏar liʔan bīha akṯar šī maʕdanōs. kull šī bīha lāzim ykūn maṯrūm nāʕim, miṯl il-maʕdanōs w-il-buṣal w-iṭ-ṭamāṭa. haḏōla yinxibṭūn wiyya burġuḷ nāʕim mangūʕ w raššat miliḥ w niʕnāʕ yābis w-išwayya laymūn maʕṣūr w mumkin wiyyāha dibis rummān w ṭabʕan zēt zaytūn. titqaddam wiyya l-xass w mumkin hammēn wiyya z-zaytūn, w lā tinsīn tidʕī-li. kulliš ṭayyba w ṣiḥḥiyya!

Aḥmad: bass yā ğamāʕa, tara intu nisētu tiḥčū-lha ʕala absaṭ anwāʕ il-muqabbilāt, miṯl il-buṣal il-axḏar w-il-ixyār w ṭamāṭa. haḏōla nqaddimhum ʕa-l-akil bala taḥḏīr wiyya l-wağbāt il-asāsiyya! aku hammēn il-labna w-iz-zaytūn w ġērhum. w lā tinsīn iṭ-ṭirši b-ʔanwāʕa!

Mays: ṣaḥīḥ! bass āni aḥibb aʕarrfič baʕad ʕa-l-bāgilla b-id-dihin. hāy akla kull il-ʕirāqiyyīn yḥibbūha, rixīṣa w baṣīṭa, bass ṭayyba kulliš w xuṣūṣan min yinḏāf-ilha bēḏa ʕēn magḷiyya. hiyya hamm mumkin itkūn nōʕ min anwāʕ il-muqabbilāt, bass hiyya akṯar šī wağbat rayūg raʔīsiyya. titkawwan min bāgilla yābsa, tinsilig b-il-ṃayy w yinḏāf-ilha buṣal maṯrūm magḷi b-id-dihin w ʕaṣrat laymūn w miliḥ. ha-l-akla ṭayyba kulliš wiyya xubz it-tannūr illi yinḏāf imgaṣgaṣ qiṭaʕ iẓġār w yinxubuṭ wiyya l-akil ila an yišrab il-ṃayy mālt il-bāgilla. ḏūgīha w-alif ʕāfya!

Claudia: yā ʕēni, yā ʕēni! kull šī yammkum ṭayyib w hassa intu ḥayyartūni w ma dā-ʕruf š-ağarrib awwal šī!

Übungen zu den Texten

Ü 12.1 Übung zu Text XII/1: Erzählen Sie den Inhalt dieses Texts nach, erwähnen Sie, was die beiden Freunde tranken, wer was spielte, wer am Ende gewann usw.

Ü 12.2 Fragen zu Text XII/2:

1. šinu huṃṃa aġla l-manāṭiq ib-Baġdād?
2. minu yiskun ib-ha-l-manāṭiq?
3. šinu asmāʔ ašhar il-mōḷāt ib-Baġdād?
4. yāhiyya aḥsan manāṭiq māl tasawwiq?
5. šiniyya aqdam manāṭiq ib-Baġdād?
6. wēn itṣīr aḥla maʕālim Baġdād?
7. wēn ṣāyir mukān il-Qaṣr il-ʕAbbāsi b-iḏ-ḏabuṭ?
8. šinu ašhar maʕlam yamm ğisr iš-Šuhadāʔ?
9. šiniyya ašhar il-muntazahāt ib-Baġdād?

Ü 12.3 Fragen zu Text XII/3:

1. šinu sawwan Claudia w aṣdiqāʔha waṛa-ma wiṣlan l-il-maṭʕam?
2. ʕala šinu siʔlat Claudia?
3. šinuwwa ahamm šī b-akṯar iẓ-ẓalaṭāt?
4. lēš ʕidd Ḥasan išwayya xibra b-iẓ-ẓalaṭāt?

5. šiniyya aṭyab ẓalāṭa b-raʔy Ḥasan?
6. lēš lōn it-tabbūla kulliš axḏar?
7. šinu yinḏāf l-it-tabbūla?
8. šinu absaṭ anwāʕ il-muqabbilāt ib-raʔy Aḥmad?
9. ʕala šinu ḥābba Maryam itʕarraf Claudia hamm?
10. il-bāgilla b-id-dihin, wiyya šinu kulliš ṭayyiba?

Ü 12.4 Erzählen Sie Ihren Freunden von den Vorspeisen des Iraks. Beginnen Sie folgendermaßen: b-il-ʕuṭla māl iṣ-ṣēf čān ʕindi dawrat luġa [*Sprachkurs*] ʕarabiyya b-Baġdād w činit yōmiyya arūḥ wiyya aṣdiqāʔi l-ʕaṣir il-fadd maṭʕam. hnāk ġarrabit akṯar il-muqabbilāt, maṯalan …

Grammatik

12.1 Der Elativ und die Steigerung

Der sogenannte Elativ ist eine eigene Form des Adjektivs, mit welcher sowohl der Komparativ als auch der Superlativ ausgedrückt werden.

12.1.1 Bildung des Elativs

Der Elativ wird im Allgemeinen durch das Schema *afʕal* gebildet und entspricht demnach formal den in §11.5 vorgestellten Adjektiven wie *aḥmar*, *aṭraš* usw. Beim Elativ existieren jedoch weder eigene Feminin- noch Pluralformen. Die Elativformen können je nach Kontext einem deutschen Komparativ (z.B. „größer“) oder Superlativ (z.B. „am größten“) entsprechen. Für die Bildung des Elativs muss die Wurzel des jeweiligen Adjektivs bekannt sein.
Beispiele:

ADJEKTIV	WURZEL	SCHEMA	ELATIV
rixīṣ	*rxṣ*	*a_ _a_*	*arxaṣ*
čibīr	*čbr ~ kbr*	*a_ _a_*	*akbar*
qarīb	*qrb*	*a_ _a_*	*aqrab*
ṣaʕub	*ṣʕb*	*a_ _a_*	*aṣʕab*
ṭuwīl	*ṭwl*	*a_ _a_*	*aṭwal*
ṭayyib	*ṭyb*	*a_ _a_*	*aṭyab*

Bei Adjektiven, deren letzter Radikal ein *w* oder *y* ist (das sind jene, die auf *u* oder *i* enden), lautet das Schema *afʕa*:

Adjektiv	Wurzel	Schema	Elativ
ḥilu	*ḥlw*	*a_ _a*	*aḥla*
ġāli	*ġly*	*a_ _a*	*aġla*

Adjektive von Wurzeln mit identischem 2. und 3. Radikal bilden den Elativ meistens nach dem Schema *afaʕʕ*. Bei manchen dieser Wörter ist aber auch das *afʕal*-Schema gebräuchlich, insbesondere bei *ğidīd*, dessen Elativ *ağdad* lautet:

Adjektiv	Wurzel	Schema	Elativ
qalīl	*qll*	*a_a_ _*	*aqall*
murr	*mrr*	*a_ a_ _*	*amarr*
xafīf	*xff*	*a_ a_ _*	*axaff*

Konsonanten, die nicht zur Wurzel gehören, werden bei der Bildung des Elativs nicht berücksichtigt (meist handelt es sich um das *yy* in ursprünglichen Verkleinerungsformen oder das *m-* von Adjektiven, die formal eigentlich Partizipien sind):

Adjektiv	Wurzel	Schema	Elativ
ẓġayyir	*ẓġr* ~ *ṣġr*	*a_ _a_*	*aẓġar* ~ *aṣġar*
gṣayyir	*gṣr*	*a_ _a_*	*agṣar*
mašhūr	*šhr*	*a_ _a_*	*ašhar*
muhimm	*hmm*	*a_a_ _*	*ahamm*

Als Elativ zu *zēn* „gut" fungieren *aḥsan* oder (seltener) *afḍal* „besser, am besten"; zur Steigerung des Adverbs *hwāya* „viel" wird meist *akṯar* „mehr, am meisten" gebraucht (daneben gibt es auch *azyad*). Der Elativ des vierradikaligen Adjektivs *zangīn* „reich" ist *azgan*.

12.1.2 Der Komparativ

Der Komparativ wird durch eine für sich stehende und nicht weiter markierte Elativform ausgedrückt. Falls das zu Vergleichende genannt wird, folgt es auf die Präposition *min*.

> *hāy arxaṣ.* „Das ist billiger."
> *Baġdād aqdam min Dubayy.* „Bagdad ist älter als Dubai."

12.1.3 Der Superlativ

Die häufigste Konstruktion zum Ausdruck des Superlativs ist jene, wo eine Elativform direkt einem *indeterminierten* Substantiv vorangeht. Das Substantiv ist je nach Kontext im Singular oder Plural:

Baġdād akbar madīna b-il-ʕIrāq. „Bagdad ist die größte Stadt des Iraks."
Zaynab aḥla bnayya b-ṣaffna. „Zaynab ist das hübscheste Mädchen in unserer Klasse."
ašhar manāṭiq ṣōb il-Karx hiyya il-Manṣūr w-il-Kāḏmiyya. „Die bekanntesten Viertel in der Gegend von il-Karx sind il-Manṣūr und il-Kāḏmiyya.

In Kombination mit pluralischen Substantiven kann der Elativ auch vor einem determinierten Substantiv stehen.

ašhar il-muntazahāt il-Zawrāʕ w Ǧazīrat Baġdād. „Die bekanntesten Promenaden sind il-Zawrāʕ und die Bagdadinsel."

Der Elativ als absoluter Superlativ (wie z.B. deutsch „am größten") kommt im Allgemeinen nicht allein stehend vor. Soll ein solcher absoluter Superlativ ausgedrückt werden, wird entweder die bestimmte Form genommen oder *šī* (für Dinge), *wāḥid* F *wiḥda* (für Personen) oder *il-kull* nachgestellt.

huwwa l-aṣġar „Er ist am jüngsten ~ der Jüngste."
hāḏa aḥsan šī. „Das ist am besten ~ das Beste."
hiyya akbar wiḥda. „Sie ist am ältesten ~ die Älteste.'
yāhu aġla l-kull? „Welches ist am teuersten ~ das Teuerste?"

Der substantivierte Elativ kann sowohl komparative (wenn auf zwei Personen oder Sachen bezogen) als auch superlativische Bedeutung haben:

hāḏa l-aḥsan. „Das ist das Bessere." ~ „Das ist das Beste (von allen)."
minu akbar wāḥid bēnātkum? „Wer ist der ältere von euch (beiden)?" *oder* „Wer ist der älteste von euch?"

Die beiden Wörter *awwal* „erster" und *āxir* „letzter" werden auch wie Elative konstruiert:

awwal šī „das Erste, als Erstes"
āxir šī „das Letzte, als Letztes"
awwal pāṣ „der erste Bus"
āxir pāṣ „der letzte Bus"
āxir il-axbār „die letzten (neuesten) Nachrichten"

12.2 Das Verb (10) – Assimilierte Verben des Grundstamms

Als „assimiliert“ werden jene Verben bezeichnet, deren erster Radikal ein *w* oder ein *y* ist (letztere sind sehr selten). Im Perfekt werden diese Verben ganz regelmäßig konjugiert, im Präsens verschmilzt der Radikal *w* mit dem Präfixvokal zu einem langen *ō*, der Radikal *y* zu einem langen *ē*.

Beispiele sind: *wuṣal, yōṣal* „ankommen“, *wuṣaf, yōṣuf* „beschreiben“, *wuʕad, yōʕid* „versprechen“, *wuzan, yōzin* „abwiegen“. *yibas, yēbas* „vertrocknen“.
Zur Konjugation der assimilierten Verben im Grundstamm siehe die Paradigmen 4A–B. Weitere Verben dieser Kategorie finden sich unten in Übung 12.11.

12.3 Aktive Partizipien

Von fast allen Verben kann ein aktives Partizip gebildet werden, das vor allem einen andauernden Zustand ausdrückt, der sehr oft in einem resultativen Verhältnis zu den finiten Formen des Verbs steht (vgl. „sie zieht ein Kleid an“ gegenüber „sie ist eine ein Kleid angezogen Habende“ ~ „sie hat ein Kleid an“).

12.3.1 Bildung der Partizipien

Gleich wie die Adjektive besitzen Partizipien vier Formen: Singular maskulin, Singular feminin sowie Plural maskulin und feminin. Für jeden Verbalstamm existieren eigene Schemata für die Bildung des aktiven (und passiven, siehe §14.7) Partizips. Diese sind – für die bisher gelernten Stämme – folgende:

Grundstamm (I. Stamm)

Für reguläre und assimilierte Verben (Beispiele mit entsprechender Perfektform):

SG M *fāʕil* – SG F *fāʕla* – PL M *fāʕlīn* – PL F *fāʕlāt*

libas	*lābis* – *lābsa* – *lābsīn* – *lābsāt*	„angezogen habend“
fitaḥ	*fātiḥ* – *fātḥa* – *fātḥīn* – *fātḥāt*	„aufgemacht habend“
wuṣal	*wāṣil* – *wāṣla* – *wāṣlīn* – *wāṣlāt*	„angekommen seiend“

Für geminierte Verben:

SG M *fāʕʕ* – SG F *fāʕʕa* – PL M *fāʕʕīn* – PL F *fāʕʕāt*

ḥaṭṭ	*ḥāṭṭ* – *ḥāṭṭa* – *ḥāṭṭīn* – *ḥāṭṭāt*	„hingestellt habend“
sadd	*sādd* – *sādda* – *sāddīn* – *sāddāt*	„zugemacht habend“

Für konkave Verben, unabhängig davon, ob der mittlere Radikal *w* oder *y* ist:

SG M *fāyil* – SG F *fāyla* – PL M *fāylīn* – PL F *fāylāt*

zār (z-w-r)	*zāyir – zāyra – zāyrīn – zāyrāt*	„besucht habend“
šāf (š-w-f)	*šāyif – šāyfa – šāyfīn – šāyfāt*	„gesehen habend“
ṣār (ṣ-y-r)	*ṣāyir – ṣāyra – ṣāyrīn – ṣāyrāt*	„geworden seiend“
rāḥ (r-w-ḥ)	*rāyiḥ – rāyḥa – rāyḥīn – rāyḥāt*	„gehend“

Für defektive Verben, unabhängig davon, ob der letzte Radikal *w* oder *y* ist:

SG M *fāʕi* – SG F *fāʕya* – PL M *fāʕ(y)īn* – PL F *fāʕyāt*

niṭa (n-ṭ-w)	*nāṭi – nāṭya – nāṭ(y)īn – nāṭyāt*	„gegeben habend“
nisa (n-s-y)	*nāsi – nāsya – nās(y)īn – nāsyāt*	„vergessen habend“
ḥiča (ḥ-k-y)	*ḥāči – ḥāčya – ḥāč(y)īn – ḥāčyāt*	„gesprochen habend“

Die beiden Verben *akal* und *axaḏ* zeigen eine irreguläre Bildung der Partizpien, da diese mit einem *m-* beginnen. Auch für das Verb *niṭa* existiert neben *nāṭi* eine Form mit *m-*, die eigentlich ein Partizip des IV. Stammes ist.

akal	*mākil – mākla – māklīn – māklāt*	„gegessen habend“
axaḏ	*māxiḏ – māxḏa – māxḏīn – māxḏāt*	„genommen habend“
niṭa	*minṭi – minṭya – minṭ(y)īn – minṭyāt*	„gegeben habend“

Die Partizipien von *iğa* „kommen“ lauten: M *ğāy*, F *ğāya*, M.PL *ğāyīn*, F.PL *ğāyāt*.

Sehr viele intransitive Verben, die meistens Eigenschaften oder Zustände ausdrücken und deren Subjekt meistens Menschen oder andere Lebewesen sind, bilden das aktive Partizip vom Schema *faʕlān*.

ʕiṭaš	*ʕaṭšān– ʕaṭšāna – ʕaṭšānīn – ʕaṭšānāt*	„durstig (seiend)“
burad	*bardān – bardāna – bardānīn – bardānāt*	„kalt“ (im Sinne von „mir ist kalt“)
ziʕal	*zaʕlān – zaʕlāna – zaʕlānīn – zaʕlānāt*	„verärgert (seiend)“
furaḥ	*farḥān – farḥāna – farḥānīn – farḥānāt*	„glücklich (seiend)“
mila	*malyān – malyāna – malyānīn – malyānāt*	„voll (seiend)“

Weitere Beispiele: *ğūʕān* „hungrig“, *kaslān* „faul, träge“, *naʕsān* „schläfrig“, *sahrān* „wach“, *sakrān* „betrunken“, *ḥalmān* „träumend“.

Abgeleitete Stämme

II. Stamm: *mfaʕʕil/mfaʕʕul* (Vokal richtet sich nach Präsensform); defektiv *mfaʕʕi*

ġayyar (ġ-y-r)	*mġayyir – mġayyra – mġayyrīn – mġayyrāt*	„geändert habend“
naḏḏaf (n-ḏ-f)	*mnaḏḏuf – mnaḏḏfa – mnaḏḏfīn – mnaḏḏfāt*	„gereinigt habend“
ġanna (ġ-n-y)	*mġanni – mġannya – mġann(y)īn - mġannyāt*	„gesungen habend“

III.Stamm: *mfāʕil/mfāʕul* (Vokal richtet sich nach Präsensform);defektiv *mfāʕi*

sāfar (s-f-r)	*msāfir – msāfra – msāfrīn - msāfrāt*	„gereist seiend“
xābar (x-b-r)	*mxābur – mxābra – mxābrīn - mxābrāt*	„angerufen habend“
rāwa (r-w-y)	*mrāwi – mrāwya – mrāw(y)īn - mrāwyāt*	„gezeigt habend“

V. Stamm: *mitfaʕʕil/mitfaʕʕul*; defektiv *mitfaʕʕi*

tzawwaǧ (z-w-ǧ)	*mitzawwiǧ – mitzawwǧa – mitzawwǧīn – mitzawwǧāt*	„verheiratet seiend“
tšarraf (š-r-f)	*mitšarruf – mitšarrfa – mitšarrfīn - mitšarrfāt*	„geehrt seiend“
tġadda (ġ-d-w)	*mitġaddi – mitġaddya – mitġadd(y)īn ~ mitġaddāyīn – mitġaddyāt*	„zu Mittag gegessen habend“

VI. Stamm: *mitfāʕil/mitfāʕul;* defektiv *mitfāʕi*

tʕāwan (ʕ-w-n)	*mitʕāwin – mitʕāwna – mitʕāwnīn – mitʕāwnāt*	„kooperiert habend“
tḥārab (ḥ-r-b)	*mitḥārub – mitḥārba – mitḥārbīn – mitḥārbāt*	„gekämpft habend“
tsāwa (s-w-y)	*mitsāwi – mitsāwya – mitsāw(y)īn – mitsāwyāt*	„gleich geworden seiend“

12.3.2 Verwendung der aktiven Partizipien

Die Partizipien müssen in Genus und meist auch in Numerus mit ihrem Bezugswort übereingestimmt werden. Da sie im Gegensatz zu den konjugierten Verbformen kein Subjekt ausdrücken, wird bei Fehlen eines Substantivs das entsprechende Personalpronomen davorgestellt (außer der Bezug geht eindeutig aus dem Kontext hervor).

In ihrer primären, verbalen Verwendung dienen die Partizipien dem Ausdruck eines Zustands, der durch die Handlung des Verbs eingetroffen ist und zum Zeitpunkt des Sprechens noch andauert. Dieser Gebrauch der Partizipien kann als resultative Funktion bezeichnet werden.

xāḷti sākna b-in-Nāṣriyya. „Meine Tante wohnt in Nāṣriyya." (Meine Tante ist eine, die sich in Nāṣriyya niedergelassen hat, und immer noch dort ist.)
bitta nāyma. „Seine Tochter schläft gerade." (Sie ist eine, die eingeschlafen ist und jetzt noch immer schläft.)
sāmʕa l-axbār? „Hast du die Nachrichten schon gehört?"
minu ḥāṭṭ il-buṭil ʕala l-mēz? „Wer hat die Flasche auf den Tisch gestellt?" (wo sie nun noch immer steht)
āni āsfa/āsif „Es tut mir leid." (Ich bin eine/einer, die/der bereut hat und der/dem es nun noch immer leid tut.)
iḥna mitġaddīn. „Wir haben schon zu Mittag gegessen (und sind jetzt satt)."

Aktive Partizipien von transitiven Verben können auch Pronominalsuffixe annehmen, welche dann ein direktes Objekt bezeichnen. Die Regeln entsprechen im Allgemeinen denen für Substantive, d.h. auslautende Vokale werden gelängt, die Femininendung *-a* wird zu *-at/-t.*

huwwa lābis-ha / lābs-a „Er hat sie / ihn angezogen."
āni nāsī-ha / nāsyat-ha. „Ich (M / F) habe sie vergessen."

Wenn ein vokalisch anlautendes Suffix an ein feminines AP tritt, wird entweder das *-a-* der Femininendung betont, oder es fällt aus und davor wird ein Hilfsvokal eingeschoben.

Zaynab kātbát-a ~ kātibt-a. „Zaynab hat ihn geschrieben."
hiyya nāsyát-a. „Sie hat ihn vergessen."

Bei Verben der Bewegung (vor allem bei „gehen" und „kommen") wird das Partizip für die aktuelle Gegenwart, manchmal aber auch für die Zukunft verwendet:

wēn rāyḥīn? „Wohin geht ihr (gerade)?"
inti ǧāya l-il-ḥafla? „Wirst du zur Party kommen?"

Negiert werden Sätze mit Partizipien durch *ma*, die Vergangenheit wird mittels *čān* ausgedrückt:

> *ʕammti ma sākna b-Baġdād, hiyya sākna b-il-Baṣra.* „Meine Tante wohnt nicht in Bagdad, sondern in Basra.
> *il-bārḥa činna gāʕdīn b-il-ḥadīqa.* „Gestern saßen wir im Garten."

Häufig finden sich Partizipien auch lexikalisiert als Adjektive oder als Substantive. Insbesondere aktive Partizipien von abgeleiteten Stämmen dienen auch als Berufsbezeichnungen. Einige Beispiele:

fāriġ	„leer"	*muʕallim*	„Lehrer"
tāǧir	„Kaufmann"	*wālid*	„Vater" (gezeugt Habender)
bārid	„kalt"	*wālda*	„Mutter" (geboren Habende)

12.3.3 *čān* + Partizip

Diese Konstruktion drückt ein Geschehen in der Vergangenheit aus, das zwar zu einem bestimmten Zeitpunkt abgeschlossen wurde, aber für das Folgende von Relevanz ist bzw. bleibt. Sowohl das Verb *čān* also auch das Partizip werden mit dem Subjekt übereingestimmt.

> *min ǧawwi aṣdiqāʔna činna gāʕdīn giddām il-bēt.* „Als unsere Freunde kamen, saßen wir schon vor dem Haus." (d.h., wir hatten uns hingesetzt und saßen noch immer dort).
> *min ǧawwi l-xuṭṭār, čānat uṃṃi ṭābxa l-ʕaša.* „Als die Gäste kamen, hatte meine Mutter schon das Abendessen gekocht."
> *min šifta čān wāguf ib-nuṣṣ iš-šāriʕ.* „Als ich ihn sah, stand er mitten auf der Straße." (Er hatte sich auf die Straße gestellt und stand noch immer dort.)

12.4 Das Verbalnomen (*maṣdar*)

Zu beinahe allen Verben des Grundstamms kann auch ein sogenanntes Verbalnomen gebildet werden. Es existieren etwa zehn Schemata, das häufigste davon ist *faʕil/faʕul*. Grundsätzlich gibt es jedoch für die Bildung der Verbalnomen keine Regeln, d.h., diese müssen als Vokabeln eigens zu dem jeweiligen Verb dazugelernt werden. Die Verbalnomen der übrigen Stämme sind – sofern sie verwendet werden – regelmäßig und finden sich in den jeweiligen Konjugationslisten im *Supplement*.

Beispiele Schema *faʕil*:

> *ṭubax* → *ṭabux* „Kochen"
> *nām* → *nōm* (< *nawm*) „Schlafen, Schlaf"

bāʕ → *bēʕ* (< *bayʕ*) „Verkaufen"
miša → *maši* (< *mašy*) „Gehen"

Beispiele Schema *fiʕil/fuʕul*:
širab → *šurub* „Trinken"
liʕab → *liʕib* „Spielen"
libas → *libis* „Tragen (v. Kleidung)"
ḥabb → *ḥubb* „Liebe"

Beispiel Schema *faʕal*:
ṭilab → *ṭalab* „Bestellen, Bestellung"

Beispiel Schema *faʕāl*:
niǧaḥ → *naǧāḥ* „Erfolg"

Beispiele Schema *fʕāla* ~ *fiʕāla*:
qira → *qrāya* „Lesen"
zār → *ziyāra* „Besuch"
diras → *dirāsa* „Lernen"

Beispiele Schema *fuʕūl*:
wuṣal → *wuṣūl* „Ankunft"
dixal → *duxūl* „Eintreten"

Beispiele Schemata auf *-ān*:
ṭār → *ṭayarān* „Fliegen, Flug"
nisa → *nisyān* „Vergessen"

Verbalnomen werden oft ähnlich wie ein substantivierter Infinitiv im Deutschen verwendet, d.h., sie sind sehr häufig bestimmt, entweder durch den Artikel oder durch ein abhängiges substantivisches Attribut.

hāḏa l-bēt l-il-bēʕ. „Dieses Haus ist zu verkaufen."
šurb il-ṃayy mufīd. „Wassertrinken ist nützlich (d.h. gesund)."
id-dirāsa ʕala ẓuǧur ashal. „In der Jugend ist das Lernen leichter."

Unbestimmte Verbalnomen von derselben Wurzel (oder mit derselben Bedeutung) wie das Verb des Prädikats dienen einer Intensivierung oder Spezifizierung.

ynām nōm mū b-il-ʕaqil. „Er schläft abnormal viel/lange."
tgidrūn itrūḥūn maši. „Ihr könnt zu Fuß gehen." [wörtl.: ihr könnt ein Gehen gehen]

12.5 Die Funktionen von *kull*

Das Wort *kull* ist eigentlich ein Substantiv und bedeutet „Gesamtheit". Es wird in einer Reihe von grammatischen Konstruktionen in verschiedensten Bedeutungen verwendet. Die wichtigsten davon sind:

12.5.1 Alleinstehend

Alleinstehend wird nur die Form mit Artikel gebraucht, also *il-kull.* Dieses bedeutet „alle" und bezieht sich ausschließlich auf Personen:

> *il-kull čānaw farḥānīn.* „Allen ging es gut."
> *il-kull ğawwi l-il-ḥafla.* „Alle kamen zur Party."

12.5.2 Mit unbestimmtem Substantiv

Folgt nach *kull* ein unbestimmtes Substantiv im Singular, bedeutet es „jede-":

> *b-kull bēt aku ṯillāğa.* „In jedem Haus gibt es einen Kühlschrank."
> *Fāṭma trūḥ l-is-sūg kull yōm.* „Fāṭma geht jeden Tag zum Markt."

Der Ausdruck *kull šī* bedeutet wörtlich „jede Sache" und wird im Sinne von „alles" gebraucht, siehe z.B. oben Text XII/3: *kull šī bīha lāzim ykūn maṯrūm nāʕim.* „Alles darin muss ganz fein geschnitten sein."

Vor allem mit Bezug auf Personen wird gewöhnlich *kull wāḥid* „(ein) jeder" und *kull wiḥda* „(eine) jede" verwendet:

> *kull wiḥda ğābat wiyyāha hadiyya.* „Jede brachte ein Geschenk mit."
> *kull wāḥid dazz-ilna īmēḷ.* „Jeder schickte uns ein E-Mail."

12.5.3 Mit bestimmtem Substantiv

A. Substantiv im Singular
Gefolgt von einem bestimmten Substantiv im Singular bedeutet *kull* „ganz-":

> *kull il-bēt kulliš ḥārr.* „Das ganze Haus ist sehr heiß."
> *yōm iğ-ğumʕa šifit kull il-ʕāʔila.* „Am Freitag sah ich die ganze Familie."

B. Substantiv im Plural
Gefolgt von einem bestimmten Substantiv im Plural bedeutet *kull* „alle":

> *kull aṣdiqāʔi čānaw b-il-ḥafla.* „Alle meine Freunde waren auf der Party."
> *kull l-išbābīč maftūḥīn.* „Alle Fenster sind offen."

12.5.4 Mit Possessivsuffixen

Das Wort *kull* kann auch mit Suffixen versehen werden. Mit einem Suffix im Singular bedeutet es so viel wie „Ganzes", ist aber idiomatisch meist anders zu übersetzen:

> *nizal il-muṭar ʕala ġafḷa w kulli tballalit.* „Plötzlich regnete es und ich bin total nass geworden." (wörtlich: mein Ganzes ist …)
> *xilṣat id-dōndirma? – ī! – kullha?* „Ist das Eis aus?" – „Ja!" – „Das ganze?"

Mit pluralischen Suffixen bedeutet es „alle":

> *kullna sāknīn b-il-Manṣūr.* „Wir wohnen alle im Viertel al-Manṣūr."
> *kullhum sāʕdōna.* „Sie alle halfen uns."

Statt der oben beschriebenen Konstruktion kann auch das mit dem Artikel versehene Substantiv vorangehen; *kull* folgt dann mit einem auf das Substantiv verweisenden Pronomen (entsprechend im SG oder PL):

> *kull il-banāt ~ il-banāt kullhum* „alle Mädchen"
> *kull il-madīna ~ il-madīna kullha* „die ganze Stadt"
> *kull il-bēt ~ il-bēt kulla* „das ganze Haus"

Satzeinleitendes *kull* mit einer folgenden Negation verstärkt die Verneinung (ähnlich wie Deutsch „gar nicht").

> *kull wakit ma ʕindi.* „Ich habe gar keine Zeit."
> *kull šī māku.* „Es gibt gar nichts."
> *kull aḥḥad ma xābar.* „Es hat gar niemand angerufen."

12.6 Der Diminutiv

Im Irakischen kann der Diminutiv nicht von jedem Substantiv gebildet werden (es gibt also keine Entsprechung der deutschen Suffixe *-chen*, *-lein*). Ursprünglich Verkleinerungsformen sind *bnayya* „Mädchen" und *gṣayyir* „kurz", die aber nicht mehr als solche empfunden werden. Manchmal wird die Endung *-ūn(a)* zum Ausdruck einer Verkleinerung gebraucht, z.B. *darib* „Weg", *darbūna* „Gasse", *ẓġayyir* „klein", *ẓġayyrūn* „winzig", *šwayya* „wenig", *šwayyūna* „ganz wenig". Auch das Schema *faʕūl* bzw. *fāʕūl* findet sich hie und da, z.B. *banūta* „kleines Mädchen", *sālūfa* „kurze und nette Geschichte".

Vor allem innerhalb der Familie und unter engen Freunden, verwendet man die Koseformen der Vornamen (oft vom Schema *faʕʕūl*), z.B. *Faṭṭūma* zu *Fāṭma*, *Maryūma* zu *Maryam*, *Ḥammūdi* zu *Mḥammad* und *Aḥmad*, *ʕAllāwi* zu *ʕAli*.

Übungen zur Grammatik

Ü 12.5 Setzen Sie ein passendes Substantiv in der richtigen Form ein und übersetzen Sie dann den gesamten Satz ins Deutsche. Bilden Sie anschließend, wo sinnvoll möglich, denselben Satz, indem Sie *kull* hinter das Substantiv stellen.

Muster: *kull* ________________ *ʕala l-mēz.* → *kull il-kutub ʕala l-mēz.* → *il-kutub kullhum ʕala l-mēz.* „Alle Bücher liegen auf dem Tisch."

1. kull ______________ Maryam ğawwi l-il-ḥafla. → ______________ Maryam ______________ ğawwi l-il-ḥafla.
2. kull ______________ malyāna waṛaq w kutub. → ______________ malyāna waṛaq w kutub.
3. b-il-iKwēt aku kampyūtar b-kull ______________ .
4. kull ______________ il-ʕirāqiyya ṭayyba kulliš. → ______________ il-ʕirāqiyya ______________ ṭayyba kulliš.
5. kull ______________ činit nāyim il-bārḥa. → ______________ činit nāyim il-bārḥa.
6. Maryam sawwat kull ____________ w rattbat kull ____________ → Maryam sawwat ____________ ____________ w rattbat ____________ ____________.
7. ib-Baġdād il-qadīma, b-kull ______________ čān aku sāḥa.
8. āni w kull ____________ riḥna l-il-ḥafla il-bārḥa. → āni w ____________ ____________ riḥna l-il-ḥafla il-bārḥa.
9. Sawsan w kull ______________ ma yāklūn laḥam . → Sawsan w ______________ ______________ ma yāklūn laḥam.
10. inta w kull ____________ b-iṣ-ṣaff niğaḥtu. → intu ____________ niğaḥtu.

Ü 12.6 Übersetzen Sie:

1. Ich habe dich im ganzen Haus gesucht.
2. Alle meine Verwandten leben in Basra.
3. In unserem Viertel kenne ich jedes Geschäft.
4. Wir sind die ganzen Ferien in Bagdad.
5. Ich habe die ganze Nacht arabische Wörter gelernt, aber ich habe sie alle vergessen.
6. Wir sind alle aus Deutschland, nur Turgut ist aus der Türkei.
7. Habt ihr das ganze Brot aufgegessen?

8. Auf der Party sang eine jede von uns ein Lied.
9. Zaynab und Fāṭima gehen nach jeder Vorlesung ins Café und trinken (arabischen) Kaffee ohne Zucker.
10. Am Freitag sind alle Geschäfte im Sūg geschlossen.

Ü 12.7 Bilden Sie den Elativ von folgenden Adjektiven:

ẓġayyir →	xafīf →
sahil →	bārid →
ġāli →	ḥārr →
gṣayyir →	biʕīd →
ṯigīl →	simīn →
ḍiʕīf →	niḏ̣īf →
rixīṣ →	qarīb →
ḏaki →	ǧidīd →

Ü 12.8 Ergänzen Sie die richtige Elativform der Adjektive und übersetzen Sie dann den Satz ins Deutsche: *ẓġayyir, ṭuwīl* (2x), *ḥilu* (2x), *ḏaki* (2x), *rixīṣ, ǧidīd, simīn, qarīb, ḍiʕīf, ġāli* (2x).

1. b-Aḷmānya š-šita ṭuwīl, bass ib-Fillanda iš-šita ________________.
2. iṣ-ṣēf _________ mn-iš-šita, bass ir-rabīʕ __________ minhum iṯnēnāthum [*sie beide*].
3. il-qiṭin [*Baumwolle*]________________ mn-il-ḥadīd [*Eisen*].
4. Maryam, ʕumurha 20 sana w Lea, ʕumurha 21. Maryam ______________ min Lea b-sana wiḥda.
5. kēlu ṭ-ṭamāṭa b-1000 dīnār w-il-buṣal ib-750 w-il-xass ib-500 bass! il-buṣal ________________ mn-iṭ-ṭamāṭa b-250 dīnār w ________________ min il-xass ib-250.
6. Sāmi, ṭūla 187 w wazna 80 kēlu, Aḥmad ṭūla 170 w wazna 70. Sāmi ________________min Aḥmad bass Aḥmad ________________ minna.
7. il-Baṣra tibʕid ḥawāli 550 kēlumatir ʕan Baġdād w ʕan il-Ḥilla 450 kēlumatir. il-Ḥilla _________ l-il-Baṣra min Baġdād ib-100 kēlumatir taqrīban.

8. ǧīrānna čān ʕinda sayyāra ǧdīda, bass l-isbūʕ il fāt bāʕha w-ištira wiḥda _______________.

9. ibin ʕammi ḏaki, bass bitt xāḷti Samīra _______________ minna w ṭabʕan āni _______________ wāḥid bīhum.

10. hāḏa ___________ dubb [*Bär*] šifta b-ḥayāti!

Ü 12.9 Beantworten Sie folgende Fragen:

Muster: *šinu aqdam luġa maktūba b-it-tārīx? – il-luġa l-yōnāniyya* (Griechisch) *luġa qadīma kulliš, bass il-luġa s-sōmariyya* (Sumerisch) *hiyya aqdam luġa maktūba.*

1. yāhiyya akbar dawla b-il-ʕālam?
2. yāhu aṭwal nahar b-il-ʕālam?
3. minu ašhar mumaṯṯil b-in-Namsa?
4. šinu aʕla ǧibal [*Berg*] b-il-ʕālam?
5. wēn ṣāyra aʕla bināya b-il-ʕālam?
6. minu ašṭar ṭālib b-iṣ-ṣaff?
7. šinu aṭyab akla b-il-ʕālam?
8. šinu āxir l-axbār?
9. minu aḥla maṛa w aḥla riǧǧāl b-il-ʕālam?

Ü 12.10 Beschreiben Sie die Viertel der Stadt, in der Sie wohnen. Wo gibt es die teuersten Geschäfte, das billigste Gemüse, die schönsten Häuser usw. Verwenden Sie dazu das Vokabular von Text XII/2.

Ü 12.11 Setzen Sie die passenden Verbformen im Präsens und im Perfekt ein und übersetzen Sie sie:

	wuṣal	*wigaʕ*	*wigaf*
āni			
intu			
huṃṃa			
hiyya			
inti			

	wuʕad	*wuṣaf*	*wilad*
āni			
intu			
huṃṃa			
inta			
iḥna			
hiyya			

Ü 12.12 Fügen Sie die richtige Form des passenden Verbs ein: *wilad, wuṣaf, wiʕad* (2x)*, wigaʕ, wuṣal, wiǧaʕ.*

1. min ____________________-a, ʕirafit innu huwwa Sāmir.
2. iḏa ____________________, lāzim tūfīn b-il-waʕad!
3. b-yā sana ____________________ axūč?
4. Sāmi ____________________ yiǧi yammi il-bārḥa, w miṯil kull marra hamm ma iǧa.
5. iḏa ____________________ šī, lāzim raʔsan itrūḥ l-id-diktōr.
6. Mays xaṭiyya! ____________________ min id-daraǧ w kisrat īdha.
7. iḏa tḏallīn timšīn ʕala kēfič hīči, ____________________ mitʔaxxrīn ihwāya ʕala l-mawʕid mālna.

Ü 12.13 Setzen Sie das passende Partizip der folgenden Verben ein: *rāḥ* (2x), *libas, nām, akal, giʕad.*

1. šabāb, wēn ____________? – iḥna ____________ l-iǧ-ǧāmʕa. aku mtiḥān muhimm il-yōm.
2. Zaynab taʕbāna w ____________________ lī hassa.
3. aku hnāk riǧǧāl ____________________čākēt axḏar.
4. intu wēn ____________________ hassa?
5. āni kulliš ʕaṭšān! – lēš? š- ____________________il-yōm?

Ü 12.14 Ergänzen Sie die fehlenden Formen des aktiven Partizips und übersetzen Sie sie dann ins Deutsche.

MASKULIN	FEMININ	PLURAL	ÜBERSETZUNG
	rākba		
ṭāliʕ			
		māšīn	
ṣāyir			
	mākla		
		gāʕdīn	
nāzil			
	ḥāṭṭa		
		lābsīn	

Ü 12.15 Setzen Sie die Wörter für das jeweils passende Kleidungsstück ein. Übersetzen Sie dann den kurzen Text ins Deutsche: *ṯōb, šōrt, māyō, fānēla, čiswa, tannūra, māyō, qamīṣ.*

Zaynab w ahilha rāyḥīn l-il-baḥar, b-il-Yōnān (Griechenland). iǧ-ǧaww kulliš ḥārr b-iṣ-ṣēf ihnāk. hiyya lābsa ____________ bala rdān w ______________ gṣayyra w māxḏa wyāha ______________ l-is-sibiḥ. abūha s-sāyiq māl is-sayyāra w lābis bass ___________ w _________ w māxiḏ wiyyā __________ hamm l-is-sibiḥ. umṃha šāyla ibinha l-iẓġayyir ʕala ḥiḏinha w lābsa ______________ ṣayfi nuṣṣ ridin w ma māxda wyāha ______________ liʔan hiyya txāf min il-baḥar w ma trīd tisbaḥ.

Ü 12.16 Fügen Sie die folgenden Wörter zu sinnvollen Sätzen zusammen.

1. šāriʕ in-Nahar, aḥsan, māl tasawwiq, manāṭiq, il-Manṣūr, hiyya, w, w, šāriʕ ir-Rubayʕi
2. bass, Ṣṭambūl (F), abʕad, kulliš, ʕan, Baġdād, Hamburg, ibʕīda.
3. šitwiyya, w šōrt, ǧōziyya, il fāt, w-ihdūm, riḥit, w-ištirēt, l-is-sūg, ǧiẓma, w naʕālāt, il-isbūʕ, dāxiliyya, azrag

4. wṣalna, qāʔimat, w waṣṣēnā-lna, aklāt, miṣḷāwiyya [*aus Mossul*], axadna, l-akil, w muqabbilāt, awwal-ma, l-il-maṭʕam
5. w ṭayyba, il-wağbāt, tāza, kull, b-hāda, l-maṭʕam
6. čānat, ṭubaxit, il-yōm, dōḷma, iḏ-ḏuhur, w, il-ḥašwa, mālatha, kulliš, ṭayyba
7. w šōrbat, ʕa-l-ġada, aku, bāčir, w tabbūla, ʕadas, kubba
8. māl sahra, ridin, b-ʕiris, rōb, libasit, axḏar, nuṣṣ, axūya
9. sāʕa, waṣṣalit, b-is-sabʕa, uṃṃi, il-bārḥa, l-il-maṭār, w nuṣṣ, w uxti
10. vīza, lāzim, mn-is-safāra, ʕala, l-in-Namsa, trūḥ, itqaddim, gabuḷ-ma

Ü 12.17 Weisen Sie zuerst den Kleidungsstücken auf dem Bild eine bestimmte Farbe zu, dann bilden Sie Sätze wie z.B.: „Gestern kaufte ich eine blaue Hose." „Heute trägt meine Schwester ein lila Kleid." „Kann ich die grünen Stiefel probieren?" usw.

Lektion XIII

Texte

Text XIII/1: Im Leihwagenbüro – *b-il-maktab māl taʔǧīr is-sayyārāt*

yrūḥ izbūn ʕala maktab māl taʔǧīr sayyārāt, liʔan da-yrīd yʔaǧǧir sayyāra ila w-il-ʕāʔilta ḥatta ysāfrūn čam yōm l-il-iSlēmāniyya w yzūrūn garāyibhum ihnāk.

l-izbūn:	is-salāmu ʕalaykum ʕēni!
abu l-maktab:	wa-ʕalaykum is-salām aġāti. itfaḏḏal išlōn axidmak?
l-izbūn:	arīd asʔal ʕa-l-asʕār māl is-sayyārāt. miḥtāǧ-li sayyāra l-muddat sitt tiyyām.
abu l-maktab:	ʕēni! il-asʕār tixtilif ḥasab nōʕ is-sayyāra w hamm ḥasab ḥaǧimha.
l-izbūn:	in-nōʕ mū muškila, bass b-in-nisba l-il-ḥaǧim iḥna sabiʕ ašxāṣ, yaʕni yinrād-ilna sayyāra tkūn čibīra šwayya.
abu l-maktab:	ʕindi sayyārtēn yfīdūk laʕad.
l-izbūn:	huṃṃa ōtōmatīk?
abu l-maktab:	wiḥda ōtōmatīk w-il-lux gēr ʕādi.
l-izbūn:	w aku bēnāthum fariq b-is-siʕir?
abu l-maktab:	ṭabʕan il-ōtōmatīk aġla. hiyya hammēn aḥdaṯ. w-iṯ-ṯānya gēr xamsa bass hammēn kulliš zēna.
l-izbūn:	zēn, šlōn asʕārhum haḏōla?
abu l-maktab:	uṃṃ il-gēr il-ʕādi b-36 alif dīnār b-il-yōm w-il-ōtōmatīk ib-43 alif dīnār b-il-yōm.
l-izbūn:	w hāy il-asʕār mašmūlt it-taʔmīn?
abu l-maktab:	lā, sayyārātna ma bīha taʔmīn. il-ha-s-sabab aku mablaġ 500 alif lāzim yindifiʕ ka-ʕarabūn. w hāḏa l-mablaġ, inraǧǧʕa l-iz-zbūn ib-ḥālat raǧǧaʕ is-sayyāra miṯil-ma axaḏha.
l-izbūn:	zēn aku taxfīḏ̣āt ib-ḥālat axaḏnāha isbūʕ kāmil?
abu l-maktab:	ʕādatan insawwi taxfīḏ̣āt min itkūn muddat il-īǧār isbūʕēn aw akṯar. bass liʔan inta izbūn ǧidīd ʕindi, raḥ-asawwī-lak siʕir xāṣṣ: isbūʕ kāmil ib-siʕir sitt tiyyām. yaʕni tigdar itxalli s-sayyāra yammak yōm zāyid. šinu raʔyak? w min išwakit lī šwakit itrīdha?

l-izbūn: min iğ-ğumʕa ğ-ğāya l-iğ-ğumʕa il waṛāha. bass mablaġ il-ʕarabūn ma ʕindi-yyā hassa ğawwa īdi. ağī-lak bāčir w adfaʕ-lak il-mablaġ. šinu l-maṭlūb ġēr il-flūs?

abu l-maktab: aḥtāğ minnak ṣūra māl hawiyya w māl iğāzt is-sōq māltak w čam tawqīʕ.

l-izbūn: hadōla mawğūdīn wiyyāya. itḥibb tāxuḏ-ilhum ṣūra raʔsan, ḥatta ham tiḥğiz-li s-sayyāra b-ismi?

abu l-maktab: ṭabʕan! bass lī hassa ma ʕrafit yā wiḥda minhum ixtārēt?

l-izbūn: raḥ-ʔāxuḏ il-ōtōmatīk.

abu l-maktab: xōš! laʕad itfaḏ̣ḏ̣al imlī-li hāy il-istimārāt l-iṯnēn. w-waqqiʕ-li marra hnā w marra hnā w xallīhum wiyyāk lī bāčir. bāčir tistilim nusxa minhum ihnā wiyya d-dafiʕ. w hassa, min ruxuṣtak, itfaḏ̣ḏ̣al barra wyāya ḥatta arāwīk is-sayyāra.

l-izbūn: šukran! itfaḏ̣ḏ̣al!

abu l-maktab: hāy hiyya. hnā l-yadda māl ḏ̣uwa, w hnā māl išāra.

l-izbūn: w wēn it-tāyar il-ispēr?

abu l-maktab: mawğūd b-iṣ-ṣandūg il-xalfi.

l-izbūn: zēn w šlōn afawwilha, bānzīn lō dīzil?

abu l-maktab: bānzīn. w hāḏa raqm it-talifōn māl maktab. iḏa ṣār wiyyāk ayy muškila aw ḥādiṯ – lā sāmaḥ Aḷḷā – aw ḥabbēt tisʔal ayy šī, xābirna ʕala ha-r-raqum ib-ʔayy wakit, 24 sāʕa mawğūdīn. w hassa ʕindak ayy istifsār ṯāni?

l-izbūn: ī! aku masāfa muḥaddada?

abu l-maktab: lā, il-masāfa maftūḥa. il-muhimm ykūn it-tānki māl bānzīn malyān min itsallm-inna is-sayyāra. suʔāl ṯāni?

l-izbūn: lā hāḏa-wwa. tislam!

Text XIII/2: Am Gemüsemarkt 2 – *ib-sūg l-imxaḏ̣ḏ̣ar*

iṣ-ṣēf bida yixlaṣ w-iš-šita da-yiği šwayya šwayya w da-yiġla wyā l-mxaḏ̣ḏ̣ar w-il-fākiha. Abu Salīm marr il-yōm ʕala sūg il-xuḏra w da-yrīd yšūf ihnāk iḏa yigdar yištiri šī l-it-taxzīn gabuḷ-ma tiṣʕad il-asʕār kulliš.

l-izbūn: masāʔ il-xēr!

abu l-imxaḏ̣ḏ̣ar: ahlan wa sahlan masāʔ in-nūr, itfaḏ̣ḏ̣al aġāti!

l-izbūn: š-ʕindak xiḏrāwāt itfīd l-it-taxzīn ha-l-ayyām?

abu l-imxaḏ̣ḏ̣ar: aku ʕindak* il-fāṣūliyya w-il-bāgilla w-il-bazālya w-il-ʕadas wakithum hassa, asʕārhum rixīṣa w tāza w ṭaʕumhum ṭayyib w ḥilu ʕabālak nastala. w aku nās ballšaw iyyabbsūn.

l-izbūn:	w šinu axbār iṭ-ṭamāṭa?
abu l-imxaḏḏar:	ʕindi ṭamāṭa māl Zubēr tirham itsawwīha ʕaṣīr aw ityabbisha, šlōn-ma tḥibb, aku ʕindi hamm ixyār nāʕim yxabbuḷ l-iṭ-ṭirši.
l-izbūn:	xōš! w ʕindak bāmya w waṛaq ʕinab?
abu l-imxaḏḏar:	ʕindi bāmya maḥalliyya tāza w-itfīdak l-it-taybīs. waṛaq il-ʕinab il-bāčir inšāḷḷa mn-iṣ-ṣubuḥ yiğīna mn-il-ʕalwa.
l-izbūn:	laʕad min ruxuṣtak ʕabbī-li mn-il-fāṣūliyya w-il-bāgilla w-il-bazālya w-il-ʕadas w-il-bāmya ʕašir kēluwāt w-itlaṯ ṣanādīg ṭamāṭa w čīsēn waṛaq ʕinab. il-yōm āni ğēt maši mā-gdar ašīlhum kullhum wiyyāya. bāčir amurr-lak b-is-sayyāra w āxuḏhum w anṭīk l-iḥsāb. bass iḏa tḥibb hassa raʔsan nitḥāsab.
abu l-imxaḏḏar:	lā ʕammi tiddallal, walā yhimmak bāčir murr-li w-ykūn miswāgak wiyya l-iḥsāb ğāhzīn inšāḷḷa.
l-izbūn:	Aḷḷa yxallīk tislam! laʕad ani atraxxaṣ. b-is-salāma ʕazīzi.
abu l-imxaḏḏar:	Aḷḷa wyāk ḥabībi maḥallak hāḏa!

*Anmerkung: *aku ʕindak il-fāṣūliyya* … der Verkäufer antwortet hier in der 2. Person, also „du hast (~ findest) hier grüne Bohnen …“. Im letzten Satz dieses Dialogs ist der Verkäufer besonders höflich und suggeriert, dass das Geschäft dem Kunden gehört.

Text XIII/3: Eine Wasserpfeife bestellen – *tawṣiyat nargīla*

il-xalfa māl narāgīl:	masāʔ il-xēr! š-tuʔmurni stāḏi?
Sāmi:	marḥaba masāʔ n-nūr! ʕēni nrīd inwaṣṣī-lna tlaṯ narāgīl!
Aḥmad:	lā šukran! āni ma arīd nargīla, mā-daxxin ġēr ğigāyir.
Ḥsēn:	maʕnātha awwal šī, xalli nwaṣṣī-lna nargīltēn bass. w baʕdēn akīd raḥ-itġayyir raʔyak*, w wakitha nāxuḏ-lak miṣṣāṣa lux.
Sāmi:	āni raḥ-awaṣṣī-li mʕassal ʕilič niʕnāʕ.
Ḥsēn:	w āni dā-fakkir ağarrub l-imʕassal māl raggi, liʔan simaʕit huwwa xafīf, w ʕalamūd hamm Aḥmad yigdar yğarrba liʔan aʕurfa il-ʔAḥmad, ymūt ʕala raggi.
il-xalfa:	tamām! rubuʕ sāʕa w-in-nargīltēn giddāmkum.
Aḥmad:	mumtāz tislam.
il-xalfa:	aġāti inta, tiddallal. itḥibbūn itwaṣṣūn šī lax ġēr in-narāgīl?
Sāmi:	āni arīd čāy.
Aḥmad:	w āni hamm.
Ḥsēn:	w āni ğīb-li šarbat māl burtuqāl.

waṛa šwayya tiği n-nargīltēn w-il-mašārīb. il-xalfa māl narāgīl da-yḥuṭṭ il-faḥim ʕa-r-rūs (māl in-narāgīl) w-yāxuḏ čam nafas min kull wiḥda ḥatta yšaġġiḷhum w

yinṭīhum l-il-wilid. w-il-wilid yibdūn ynariglūn w ysōlfūn. Ḥsēn yinṭi nargīlta l-Aḥmad ʕalamūd yğarrub-la fadd čam nafas bīha. Aḥmad yğirr-la nafas wāḥid bass w raʔsan yibdi yguḥḥ fa-ybaṭṭil ynargil.
w waṛa ḥawāli sāʕa w nuṣṣ ...

Sāmi: yaḷḷa šabāb āni mā-gdar aṭawwil baʕad, ʕindi šuġuḷ bāčir w lāzim agʕud min wakit.
Aḥmad: laʕad xall nitḥāsab w nimši.

il-wilid yṣīḥūn abu n-narāgīl w yinṭū l-iḥsāb w yrūḥūn.

*Anmerkung: *raḥ-itġayyir raʔyak* „du wirst deine Meinung ändern". Zum Futur s. §14.4.

Übungen zu den Texten

Ü 13.1 Fragen zu Text XIII/1:

1. čam yōm yiḥtāğ l-izbūn is-sayyāra w-il-čam wāḥid?
2. aku nōʕ muḥaddad yrīda l-izbūn?
3. šinu yuṭlub abu l-maktab ġēr iğāzt is-sōq?
4. ʕala šinu waqqaʕ l-izbūn?
5. šlōn itkūn is-sayyāra b-it-taslīm?

Ü 13.2 Fragen zu Text XIII/3:

1. čam nargīla waṣṣaw il-wilid?
2. lēš Aḥmad ma yrīd ywaṣṣi nargīla?
3. yā nōʕ mʕassal axḏaw il-wilid?
4. iš-waṣṣaw ġēr in-narāgīl?
5. lēš ma ywaṣṣūn rās nargīla ğidīd?

Ü 13.3 Verwenden Sie Text XIII/3 als Vorlage für einen Bericht, was Sie gestern machten. Beginnen Sie folgendermaßen: *il-bārḥa riḥit wiyya aṣdiqāʔi l-fadd gahwa b-il-……. ṭilabna nargīla w ...*

Grammatik

13.1 Das Demonstrativpronomen für die Ferndeixis

Die Demonstrativpronomen für die Ferndeixis haben recht viele Varianten, insbesondere Formen mit und ohne anlautendes *ha-*.

	SINGULAR	PLURAL
MASK.	*ḏāk(a) ~ haḏāk(a)*	*ḏōlāk(a) ~ haḏōlāk(a)*
FEM.	*ḏīč(a) ~ haḏīč(a)*	*hāḏannīč ~ ḏannīč*

Die hier angeführten Demonstrativpronomen werden ähnlich wie deutsch „jene/r/s" nur dann gebraucht, wenn man entweder einen Kontrast „diese : jene" ausdrücken will oder auf etwas (örtlich bzw. zeitlich) weiter Entferntes verweist. Beispiele: *ḏāka r-riğğāl* „jener Mann", *haḏōlāka l-muwaḏḏafīn* „jene Beamten", *ḏīč l-ibnayya* „jenes Mädchen".

13.2 Die Verlaufsform des Präsens mittels *gāʕid*

Ähnlich wie der Modifikator *da-* (siehe §4.5) zeigt auch das Partizip *gāʕid* „(wörtl.) sitzend" zusammen mit einer Präsensform an, dass eine Handlung gerade jetzt oder andauernd stattfindet. Es kann mit dem Subjekt in Geschlecht und Zahl übereingestimmt werden, aber unveränderliches *gāʕid* ist häufiger (d.h., man kann sowohl *hiyya gāʕid tiḥči* oder *hiyya gāʕda tiḥči* „Sie spricht gerade" hören). Die Form *gāʕid* kann auch mit *da-* kombiniert werden.

> *š-gāʕd itsawwi? – gāʕd adawwur ʕala ğunuṭti.* „Was machst du?" – „Ich suche gerade meine Tasche."
> *Zaynab, ma ʕiddha wakit hassa. gāʕda tiḥči wiyya ustāḏha.* „Zaynab hat jetzt keine Zeit, sie redet gerade mit ihrem Professor."
> *gāʕid da-yištuġuḷ lēl nahār.* „Er arbeitet Tag und Nacht."

Sätze mit *gāʕid* werden durch *ma* verneint:

> *ma gāʕd algi baggāḷ aštiri min ʕinda xubuz.* „Ich finde gerade keinen Lebensmittelladen, in dem ich Brot kaufen kann."

Bei Verben der Bewegung und des Zustands wird die Aktualität im Allgemeinen durch das Partizip ausgedrückt. Die Präsensform mit *gāʕid* bedeutet hier meist eine wiederholte Handlung, z.B. *gāʕid tiği ʕala bāli hwāya ha-l-iyyām* „In letzter Zeit bist du mir immer wieder eingefallen."

13.3 Das Verb (11) – Vierradikalige Verben

Das Irakische besitzt relativ viele Verben, die nicht drei, sondern vier Wurzelkonsonanten aufweisen. Im Gegensatz zu den dreiradikaligen Verben existieren hier nur drei Stämme: (1) ein Grundstamm (I. Stamm) mit dem Schema *faʕlal* (Perfekt) – *yfaʕlil* ~ *yfaʕlul* (Präsens), (2) ein sogenannter *t*-Stamm (II. Stamm) mit dem Schema *tfaʕlal* – *yitfaʕlal*, der fast immer intransitiv ist, und (3) ein sehr seltener III. Stamm mit dem Schema *fʕalall* – *yifʕalill*.

Vierradikalige Verben haben unterschiedliche Urspünge: „Echte" vierradikalige Wurzeln (z.B. *tarǧam* „übersetzen"), Erweiterungen von dreiradikaligen Wurzeln (*xarbaṭ* „durcheinanderbringen" zu *xubaṭ* „vermischen"), Ableitungen von Substantiven (z.B. *kahraba* „Elektrizität" → *tkahrab* „sich elektrisieren"), sowie häufig verdoppelte Wurzeln, die entweder lautmalerisch (z.B. *maṣmaṣ* „lutschen", *ṭanṭan* „summen") oder Intensivbildungen von geminierten Wurzeln sind (z.B. *gaṣgaṣ* „in Stücke schneiden" zu *gaṣṣ* „schneiden").

Mit Ausnahme der Verbformen, die von defektiven Wurzeln gebildet werden, verhalten sich die vierradikaligen Verben wie die regulären. Zur Konjugation dieser Verben siehe die Paradigmen 19, 20, und 21.

Weitere vierradikalige Verben sind: *xarmaš*, *yxarmiš* „kratzen"; *ṭabṭab, yṭabṭib* „(mehrmals) klopfen, stoßen", *tzaʕṭaṭ*, *yitzaʕṭat* „kindisch sein", *tdaʕbal*, *yitdaʕbal* „rollen", *qšaʕarr*, *yiqšaʕirr* „frösteln, zittern".

13.4 Relativpronomen und Relativsätze (1)

Es gibt nur ein einziges Relativpronomen, welches unveränderlich ist, d.h., weder in Genus noch Numerus mit seinem Bezugswort übereingestimmt wird. Häufig ist das Relativpronomen lautlich identisch mit dem Artikel, also *il* ~ *l* (es wird auch an dieselben folgenden Konsonanten assimiliert wie der Artikel); um es graphisch vom Artikel unterscheiden zu können, schreiben wir es jedoch ohne Bindestrich. Es existiert auch eine längere Form *illi* ~ *lli*.

Für die richtige Bildung von Relativsätzen sind vor allem folgende zwei Regeln zu beachten:

Regel 1: Das Relativpronomen wird i. A. nur dann verwendet, wenn das Bezugswort bestimmt ist (d.h., es ist ein Eigenname, ein Pronomen, ein Nomen mit Artikel oder Possessivsuffix, oder eine aus zwei Substantiven bestehende Phrase, deren zweites Glied bestimmt ist). Sätze mit einem unbestimmten Bezugswort haben kein Relativpronomen (siehe §16.5 A).

Regel 2: Wenn das Relativpronomen nicht Subjekt des Nebensatzes ist, wird in fast allen Fällen auf das Bezugswort durch ein rückweisendes Pronomen hingewiesen (im Vergleich zum Deutschen wäre dies immer dann der Fall, wenn das Relativpronomen in einem anderen Kasus als dem Nominativ steht).

Beispiele für Relativsätze ohne rückweisendes Pronomen (Subjekt des Haupt- und Nebensatzes sind identisch):

ir-riğğāl l ištira bēt ğīrānna zangīn ihwāya. „Der Mann, der das Haus unseres Nachbarn gekauft hat, ist sehr reich."
minu l-maṛa lli xābratič. „Wer ist die Frau, die dich angerufen hat?"

Beispiele für Relativsätze mit rückweisendem Pronomen (Haupt- und Nebensatz haben verschiedene Subjekte; das Bezugswort und das Pronomen sind zur besseren Veranschaulichung fett gedruckt):

š-ism ***il-madrasa*** *illi tištuġuḷ bī****ha****?* „Wie heißt die Schule, in der du arbeitest?"
imnēn ***ir-riyāğīl*** *iš šifnā****hum*** *b-il-gahwa?* „Woher sind die Männer, die wir im Kaffeehaus gesehen haben?"
il-muqabbilāt *il akalnā****hum*** *ʕidd uṃṃ ṣadīqna čānaw kulliš ṭayybīn.* „Die Vorspeisen, welche wir bei der Mutter unseres Freundes aßen, waren sehr gut."
hnāk ***dukkānt Abu Ḥasan*** *id dawwartu ʕalē****ha****.* „Dort ist das Geschäft von Abu Ḥasan, das ihr gesucht habt."
hāy hiyya ***Zaynab*** *il ḥačēt-lič ʕalē****ha****.* „Das ist Zaynab, von der ich dir erzählt habe."

Manchmal kann das Bezugswort auch durch den Relativsatz grammatisch bestimmt werden und damit keinen Artikel aufweisen, obwohl es semantisch definit ist. Diese Variante ist i.A. nicht obligatorisch und braucht daher nur passiv verstanden zu werden.

ṭabxa ṭ ṭubaxtīha kulliš ṭayyba. „Das Essen, das du gekocht hast, ist sehr gut."
sana l fātat „das Jahr, das vergangen ist ~ letztes Jahr"

13.5 Temporalsätze

Zur Einleitung von Temporalsätzen werden verschiedene Konjunktionen gebraucht. Viele werden durch ein suffigiertes *-ma* gebildet, welches auf keinen Fall mit der

Negationspartikel *ma* verwechselt werden darf. Die wichtigsten temporalen Konjunktionen sind:

lamman ~ lumman	„als“ (mit Perfekt); „wenn“ (mit Präsens)
min	„als, seit“ (mit Perfekt); „wenn“ (mit Präsens);
wakit-ma	„als“ (mit Perfekt); „wenn“ (mit Präsens)
bass	„sobald“
awwal-ma	„sobald“
ilā-ma	„bis“ (mit Perfekt oder Präsens)
ila an	„bis“ (mit Perfekt oder Präsens)
l-ḥadd-ma	„bis“ (mit Perfekt oder Präsens)
gabuḷ-ma	„bevor“ (immer mit Präsens, auch wenn sich der Satz auf die Vergangenheit bezieht)
baʕad-ma	„nachdem“ (mit Perfekt oder Präsens)
waṛa-ma	„nachdem“ (mit Perfekt oder Präsens)
waṛāha	„danach“ (mit Perfekt oder Präsens)
bēn-ma	„während“
kull-ma	„immer wenn“
min wakit-ma	„seit(dem)“

13.6 *gadd, ha-l-gadd* und *gadd-ma*

Das Wort *gadd* bedeutet eigentlich „Ausmaß, Umfang“ (vgl. das Fragewort *šgadd* „wieviel?“). Es wird jedoch auch in verschiedenen anderen Bedeutungen gebraucht, zum Beispiel im Sinne von „gleich wie“ (vor allem *b-gadd ~ m-gadd*) und „entsprechend“ (meist *ʕala gadd*). *ha-l-gadd* entspricht „so, so viel(e)“ und steht immer vor einem unbestimmten Adjektiv oder Substantiv. Die Konjunktion *gadd-ma, b-gadd-ma ~ ha-l-gadd-ma* bedeutet „so viel, dass“. Hierbei kann es sich entweder um eine neutrale Feststellung handeln oder man will damit eine eigene Einschätzung ausdrücken (s. deutsch „*so* viel“).

ha-l-walad ib-gadd ibni Muḥammad. „Dieser Junge ist so alt wie mein Sohn Muḥammad.“
gaddart il-qamīṣ w ṭilaʕ ʕala gaddi. „Ich habe das Hemd probiert und es passt mir genau.“ (wörtl. es ist gemäß meinem Umfang)
ha-l-gadd kāfi lō baʕad? „Ist das genug oder (willst du) mehr?“
ǧīrānna, sayyārta ha-l-gadd ġālya! „Unser Nachbar, der hat *so* ein teures Auto!“

bass ha-l-gadd iflūs ğāyib wiyyāk? „Hast du nur so viel (im Sinne von so wenig) Geld mitgenommen?"
ha-l-gadd nās šifit bi-l-mōḷ. „Im Einkaufszentrum habe ich *so* viele Leute gesehen!"
ha-l-gadd-ma yḏayyiʕ wakit risab b-il-imtiḥān. „Er hat so viel Zeit verloren (verschwendet), dass er bei der Prüfung durchgefallen ist."
nṭāni b-gadd-ma nṭāk. „Er gab mir so viel wie er dir gegeben hat."

13.7 Das Adverb „fast"

Das Adverb „fast" kann man durch *illa šwayya, ʕala šaʕra* oder *šaʕrāya* wiedergeben. Die beiden letzteren entsprechen also dem deutschen „um ein Haar". Meistens steht davor eine Form von *čān*, aber auch ein Verb im Perfekt allein ist möglich. Folgt *šaʕrāya* dem Partizip *bāqī-l-*, bezieht es sich auf ein gerade stattfindendes Geschehen und bedeutet „jetzt gleich".

činit ʕala šaʕra w-andiʕim. „Um ein Haar wäre ich (mit dem Auto) zusammengestoßen".
wugaʕit, ʕala šaʕra. „Ich wäre fast hingefallen."
činit illa šwayya w-arsib b-il-imtiḥān. „Fast wäre ich bei der Prüfung durchgefallen."
bāqī-la šaʕrāya w yitzaḥlag. „Jetzt wird er gleich ausrutschen!"

Wortfeld 11: Hotel und Reise – *il-findiq w-is-safar*

findiq PL *fanādiq* *hōtēl* PL *-āt*	Hotel	f-n-d-q h-w-t-y-l
ġurfa PL *ġuraf*	Zimmer	ġ-r-f
ġurfa mufrada	Einzelzimmer	
ġurfa muzdawağa *ġurfa dabal*	Doppelzimmer	
ğanāḥ *swīt*	Suite	ğ-n-ḥ
sarīr PL *asirra* (im Hotel) sonst: *frāš* PL *-āt* *čarpāya* PL *-āt*	Bett	s-r-r f-r-š č-r-p-y
wiyya ḥammām (w-itwālēt)	mit Bad (und WC)	
ḥağiz	Reservierung	ḥ-ğ-z

ṣālt il-akil	Speisesaal	
istiqbāl *risipšin*	Rezeption, Empfang	q-b-l
maṣʕad PL *maṣāʕid*	Lift, Aufzug	ṣ-ʕ-d
masbaḥ PL *masābiḥ*	Swimmingpool	s-b-ḥ
xams inǧūm	Fünfstern	
manḏ̣ar PL *manāḏ̣ir* *ṭalla* PL *ṭallāt*	Aussicht	n-ḏ̣-r ṭ-l-l
baxšīš	Trinkgeld	b-x-š-š
pāṣ PL *-āt*	Autobus	
raṣīf PL *arṣifa*	Bussteig; Gehsteig	r-ṣ-f
šubbāk taḏākir	Fahrkartenschalter	
taḏkara PL *taḏākir*	Fahrkarte, Ticket	ḏ-k-r
safra PL *-āt* *riḥla* PL *-āt*	Fahrt, Reise	s-f-r r-ḥ-l
sāyiq PL *suwwāq*	Chauffeur, Fahrer	s-w-q
wuṣal, yōṣal *wiṣūl/wuṣūl*	ankommen Ankunft	w-ṣ-l
ġādar, yġādir *muġādara*	abfahren Abfahrt	ġ-d-r
mitʔaxxir *taʔxīr*	verspätet Verspätung	ʔ-x-r
malġi	abgesagt, storniert	l-ġ-y
amtiʕa (PL) *ǧunaṭ safar*	Gepäck	m-t-ʕ
istirāḥa	Pause; Raststelle, Rasthaus	r-w-ḥ
ǧadwal mawāʕīd	Fahrplan; Zeitplan	
šarikat ḏ̣iyāfa	Gastgeber (z.B. Airbnb)	

Übungen zur Grammatik

Ü 13.4 Setzen Sie die passenden Formen der Demonstrativpronomen (*hāḏa, haḏāk* etc.) oder der Demonstrativadverbien (*hnā, hnāk*) ein.

1. itfaḏ̣ḏ̣lu! itḥibbūn itgiʕdūn ______________? – lā, nugʕud ______________ yamm iš-šubbāk aḥsan.
2. minu Zaynab? – Zaynab ________________, il lābsa rōb axḏ̣ar.

3. la trūḥ lī __________! __________ il-fariʕ bī hwāya ʕallāsa [*Gangster*].
4. tiʕğibkum ______________ iğ-ğunṭa akṯar lō ______________?
5. taʕālu ______________ ḥatta ašawwifkum iṣ-ṣuwar!
6. ma-yxālif tiği ______________ šwayya? arīd aḥčī-lak fadd šaġḷa.
7. taʕālu ________ awwal šī, nišrab-inna gahwa w-inrūḥ ________ suwa.
8. ________ yammna iğ-ğaww kulliš ḥilu, bass __________ dāʔiman barid.
9. __________ bētak, mū? – lā, __________ huwwa bēti, b-nihāyt iš-šāriʕ.
10. trīd aḥğiz-lak _________ il-mēz? – lā, afaḏḏil _________, lli ʕa-l-bāb.
11. lēš wāgfīn _____________? taʕālu ______________ yammna!
12. wēna Aḥmad? – ______________ wāguf wiyya ğamāʕta.
13. ḥabbēti ____________ il-karāsi? – lā, ḥabbēt ____________ akṯar.
14. agdar adfaʕ yammak? – lā, ____________ l-il-maʕlūmāt bass. mumkin tidfaʕ ______________ yamm il-madxal.
15. la tisʔalni! mā-ʕruf, isʔal ________________ l-mudarrisīn!

Ü 13.5 Setzen Sie die passenden Verbformen des Präsens und des Perfekts ein und übersetzen Sie sie dann ins Deutsche.

Muster: *humma (tarğam)* → *ytarğimūn* „sie übersetzen" → *tarğimaw* „sie übersetzten".

	gaṣgaṣ	*nargal*	*qašmar*
āni			
intu			
hinna			
inta			
iḥna			
hiyya			
inti			

	xarbaṭ	*tarğam*	*lamlam*
āni			
intu			
hinna			
iḥna			
hiyya			
inti			

Ü 13.6 Ergänzen Sie: Muster: *il-aṭraš huwwa l-wāḥid il ma yismaʕ.*

1. il-armala hiyya …
2. il-aʕma huwwa …
3. il-muʕallma hiyya …
4. in-niswanči huwwa …
5. iz-zangīn huwwa …
6. iṣ-ṣalʕīn huṃṃa …
7. il-xarsa hiyya …
8. ič-čāyči huwwa …
9. il-aʕzab huwwa …
10. il-baxīl huwwa …

Ü 13.7 Kombinieren Sie die Sätze, indem Sie einen Relativsatz bilden.
Muster: *šifti l-iktāb? – il-bārḥa štirēt iktāb. → šifti l-iktāb l ištirēta l-bārḥa?*

1. hāḏa riğğāl. – awwalt il-bārḥa rāwēnāk ṣūrat ha-r-riğğāl.
2. haḏōla huṃṃa l-kilmāt il-ğiddad. – lāzim adrus ʕišrīn kilma l-yōm.
3. il-miftāḥ ʕa-l-mēz. – inta da-tdawwur ʕa-l-miftāḥ.
4. haḏīč il-uğniya ḥilwa. – il-yōm iṣ-ṣubuḥ simaʕna uğniya b-ir-rādyo.
5. hidēna ibin xāḷi hadiyya. – ibin xāḷi bāʕ il-hadiyya.

Ü 13.8 Geben Sie Antwort auf folgende Fragen in dem Sie die oben gelernten temporalen Konjunktionen verwenden. Wiederholen Sie dabei auch den Inhalt des Fragesatzes.

Muster: *šwakit rāḥat l-is-sūg? - rāḥat l-is-sūg waṛa-ma xaḷḷṣat wāğibātha.*

1. lī šwakit raḥ-itḏallūn ib-Barlīn?
2. šwakit raḥ-itriğʕīn min Amrīka?
3. šwakit šifit uxtak?
4. šgadd lāzim it-timman yḏall fāyir b-il-ṃayy?
5. šwakit xābarak?

Ü 13.9 Übersetzen Sie:

1. Sobald deine Schwester nach Hause kommt, werden wir zu Abend essen.
2. Ist das die Ausländerin, die gestern im Café neben uns saß?
3. Hier ist der Stift, den ich gesucht habe.
4. Sie war sehr krank. Sie wäre fast gestorben.
5. Warum isst deine Freundin Ilona kein Kebab? Weil sie Vegetarierin ist.
6. Schenk mir Tee ein, bis ich „Genug!“ sage.
7. Wo sind die Hefte, die wir gestern für die Kinder gekauft haben?

Ü 13.10 Ergänzen Sie die folgenden vierradikaligen Verben. Achten Sie auch auf die richtigen Zeitformen (inklusive Partizipien): *ẓōgaḷ* („schummeln“), *farfar*, *tarğam*, *xarbaṭ* (2x), *lamlam*.

1. iğāni īmēḷ b-il-faransi ma ftihamta. tigdar ʕafya ___________-li-yyā ?
2. āni baʕad mā-lʕab wiyya ʕAli, liʔan ma yuʕruf yilʕab w bass _________.
3. id-dinya čānat da-tmaṭṭir w ma čān ʕiddna šamsiyya w ______________.
4. minu _____________ il-ġurfa hīči? hāy iğ-ğahāl _______________ - ha.
5. ġuruftak kulliš imxarbuṭa. yaḷḷa ________ kull il-ġarāḏ il b-il-gāʕ ib-surʕa!

Ü 13.11 Sie bekommen heute Abend Gäste und kaufen am Markt Zutaten für irakische Vorspeisen. Schreiben Sie dazu einen kurzen Dialog.

Ü 13.12 Bringen Sie den folgenden Dialog *Maryam w Claudia b-il-gahwa* in die richtige Reihenfolge.

Maryam: āsfa! itʔaxxarit ʕalēč! min zamān da-tintaḏ̣rīni?
Maryam: ī, šlōnič?
Maryam: il-ḥamdilla! kull šī tamām! š-itrīdīn itšurbīn?
Maryam: aku kōktēlāt maṯalan, aw ʕaṣāyir ṭabīʕiyya.
Claudia: š-aku hnā ġēr il-gahwa w-ič-čāy?
Maryam: marḥaba Claudia!
Claudia: zēna. w-inti, š-axbārič?
Claudia: lā walā yhimmič, māku muškila! āni hamm itʔaxxarit! wuṣalit gabḷič ib-daqīqtēn bass!
Maryam: āni hamm arīd āxuḏ miṯlič. taʕāli nwaṣṣi w baʕdēn tiḥčī-li b-hudūʔ w ʕala kēf š-aku māku!
Claudia: marḥaba bīč ḥabībti!
Claudia: zēn! laʕad āxuḏ ʕaṣīr niʕnāʕ. w-inti, š-raḥ-tāxḏī-lič?
Claudia: māši!

Lektion XIV

Texte

Text XIV/1: Im Taxi – *b-it-taksi*

l-izbūn: salāmu ʕalaykum ḥubbi, tōṣal l-iṣ-ṣināʕa?
sāyiq it-taksi: wa ʕalaykum aġāti! ī axūya ōṣal! itfaḏḏal! ... wēn itḥibb anazzlak?
l-izbūn: ʕēni nazzilni yamm iǧ-ǧāmiʕa, min ruxuṣtak!
sāyiq it-taksi: tiddallal! bass āni ǧidīd ib-Baġdād w mā-ʕruf b-iḏ-ḏabuṭ wēn ṣāyra ǧ-ǧāmiʕa.
l-izbūn: hiyya ʕala ṭarīq šarīʕ iMḥammad il-Qāsim...
sāyiq it-taksi: lā hāḏa andalla ... andalla. qaṣdi l-bināya māl iǧ-ǧāmiʕa.
l-izbūn: hā! laʕad inta iṭlaʕ ʕala šāriʕ iṣ-Ṣināʕa w bass tōṣal āni adallīk il-bāqi.

waṛa fadd nuṣṣ sāʕa w waṛā-ma ʕiṣaw ʕaṣya ṭuwīla b-il-izdiḥāmāt:

tara iqtirabna kulliš ... hassa awwal taqāṭuʕ ʕa-l-yamīn, w raʔsan hamm ʕa-l-yamīn marra lux w nōṣal igḅāḷ il-bāb.

waṛa fadd daqīqa daqīqtēn.

l-izbūn: ī, tamām ihnāna nazzilni min ruxuṣtak!
sāyiq it-taksi: māši ḥubbi tiddallal.
l-izbūn: tislam! šgadd tuʔmur?
sāyiq it-taksi: xallīha ya mʕawwad wāṣil.
l-izbūn: lā yāba šinu s-sālfa, ma yṣīr waḷḷa!
sāyiq it-taksi: laʕad inṭīni sabʕa* mā-ṭūl istiftāḥiyya**.
l-izbūn: tislam ḥubbi. hāy ʕašra b-il-ʕāfya ʕalēk.
sāyiq it-taksi: Aḷḷa yʕāfīk yā warda. alif šukur.

*Anmerkung: Mit *sabʕa* oder *ʕašra* meint man 7.000 bzw. 10.000 Dinar. ***istiftāḥiyya* ist das erste Geschäft des Tages, für das Händler meist einen Rabatt geben.

Text XIV/2: In der Moschee – *b-il-masǧid*

ib-Baġdād aku masāǧid ihwāya, bīhum it-turāṯi l-qadīm w bīhum il-faxim w bīhum akīd iḏ-ḏaxum. ygūlūn aqdamhum huwwa ǧāmiʕ il-Xulafāʔ it tābiʕ l-is-Sinna w-il mawǧūd ib-ṣōb ir-Riṣāfa, w-il-ʕAtaba il-Kāḏimiyya it tābʕa l-iš-Šīʕa. ṣaḥḥ is-Sinna w-iš-Šīʕa ṭāʔiftēn mixtalfāt, bass ygidrūn ʕādi is-Sinna yṣallūn yamm iš-Šīʕa w-iš-Šīʕa yamm is-Sinna hammēn.

il-muslimīn yrūḥūn yṣallūn b-il-masğid xamis marrāt b-il-yōm. ywaḏḏin il-muwaḏḏin xamis marrāt yōmiyya. kull wāḥid yrīd yfūt l-il-masğid lāzim yinzaʕ ḥiḏāʔa l-awwal, w gabuḷ-ma yballšūn iṣ-ṣalāt lāzim in-nās yitwaḏḏūn il-awwal, w ʕalamūd hāy aku maġāsil wuḏūʔ giddām il-masğid aw ib-dāxil is-sāḥa māl masğid. waṛa-ma yitwaḏḏūn, yiṣṭaffūn il-ʕālam w yitḥaḏḏrūn l-iṣ-ṣalāt. baʕdēn yōgfūn kullhum b-ittiğāh il-qibla w

yṣallūn waṛa l-imām illi ykūn wāguf b-il-miḥrāb. iš-Šīʕa yḥuṭṭūn turba min Karbala ʕala s-siğğāda w b-is-siğūd yḥuṭṭūn guṣṣathum ʕalēha. bass yōm iğ-ğumʕa, gabuḷ ṣalāt iḏ-ḏuhur, yōgaf il-xaṭīb ʕa-l-manbar w yuxṭub b-in-nās, ʕalamūd hāy ysammūha xuṭbat iğ-ğumʕa.

in-niswān ṭabʕan ilhum amākinhum il-xāṣṣa w-il-minfaṣla ʕan amākin ir-riyāğīl, yaʕni l-ḥammāmāt w-il-maġāsil w mukānāt iṣ-ṣalāt. w marrāt ḥatta l-madāxil itkūn mafṣūla, bass il-imām w-il-xaṭīb yibqūn nafishum.

Text XIV/3: Irakisches Essen 2: Kuḅḅa – *akil ʕirāqi 2: il-kuḅḅa*

il-kuḅḅa wiḥda min ašhar aklāt il-ʕIrāq. aṣilha mn-il-Mūṣil, w kuḅḅat il-Mūṣil itkūn akṯar šī čbīra w xafīfa yaʕni tkūn taqrīban ib-gadd gurṣat xubuz, bass aku hamm kuḅḅa waṣaṭ w ẓġār w-imdaʕbala, ḥasab-ma yḥibbūn in-nās ysawwūha.

ḥatta nsawwi l-kuḅḅa awwal šī nḥaḏḏir il-ḥašu. inğīb laḥam w liyya ġanam w niṯrumhum b-il-makīna w niṯrum wiyyāha buṣal ḥasab kammiyyat il-ḥašu w baʕdēn inḥuṭṭ-la šwayya miliḥ w bahārāt w-inxubṭa w-inxallī ʕala kutur. ṯāni šī lāzim inḥaḏḏra huwwa ʕağīnt il-kuḅḅa, il-ʕağīna niḥtāğ-ilha burġuḷ w ğirīš naʕim w laḥam šariḥ, yaʕni laḥam ma bī dihin walā aʕṣāb, w niṯrum il-

laḥam b-il-makīna, waṛāha nuxbuṭ wiyyā l-burġuḷ w-iğ-ğirīš w-inxallī-lhum išwayya miliḥ, w-inmaššī b-il-makīna čam marra ilā an yṣīr ʕağīna zēna nigdar niftaḥha.

nāxuḏ qiṭʕa min ʕağīnt il-kuḅḅa w-inxallīha bēn ṭabaqtēn nāylōn w niftaḥha fatiḥ xafīf b-iš-šēbak w-inguṣṣha ʕala šikil dāʔira w-insawwi ṭabaqa ṯānya b-nafs iṭ-ṭarīqa w nifriš il-ḥašu ʕala wiḥda mn-iṭ-ṭabaqtēn w nāxuḏ iṭ-ṭabaqa iṯ-ṯānya w-inḥuṭṭha fōg il-ūla w-indūsha ʕalamūd tilzag iṭ-ṭabaqtēn zēn.

axīr šī nxallīha b-ğidir bī ṃayy fāyir wiyya miliḥ, w lamman ittūf, inṭalliʕha b-ič-čifčīr w-inxallīha b-muwāʕīn, w titqaddam w tinwikil ḥārra, w alif ʕāfya.

Übungen zu den Texten

Ü 14.1 Fragen zu Text XIV/1:

1. wēn yrīd yrūḥ l-izbūn b-it-taksi?
2. lēš ma yuʕruf is-sāyiq mukān iğ-ğāmiʕa?
3. lēš axaḏ iṭ-ṭarīq kull ha-l-wakit?
4. šgadd čān l-iḥsāb?
5. šinu maʕna "istiftāḥiyya"?

Ü 14.2 Fragen zu Text XIV/2:

1. šinu aqdam ğāmiʕ ib-Baġdād?
2. wēn yṣīr mukāna?
3. š-isim akbar ṭāʔiftēn b-il-ʕIrāq?
4. čam marra yṣallūn il-muslimīn b-il-yōm?
5. š-lāzim ysawwi l-wāḥid gabuḷ-ma yfūt l-il-masğid?
6. š-lāzim ysawwi l-wāḥid gabuḷ-ma yṣalli?
7. b-yā ttiğāh yṣallūn in-nās?
8. šinu l-ixtilāf bēn iš-Šīʕa w-is-Sinna b-in-nisba l-iṣ-ṣalāt?
9. yṣallūn ir-riyāğīl w-in-niswān ib-nafs il-mukān lō minfaṣlīn?

Grammatik

14.1 Das Reflexivprononomen

Das Substantiv *rūḥ* „Geist, Seele" (F) wird zusammen mit einem Pronominalsuffix auch als Reflexivpronomen gebraucht (manchmal in gleicher Funktion auch *nafis*). Allerdings wird das Reflexivpronomen im Irakischen nur dann verwendet, wenn das Subjekt und das Objekt eines Verbs identisch sind. D.h., die meisten reflexiven

Verben des Deutschen werden durch eigene Verben ausgedrückt (vgl. *tġayyar* „sich ändern"; *tġassal* „sich waschen").

> *šifit rūḥi b-il-imrāya.* „Ich sah mich selbst im Spiegel."
> *ʕAli dāʔiman yiḥči wiyya rūḥa.* „ʕAli redet dauernd mit sich selbst."
> *sawwōha ʕalamūd nafishum.* „Sie haben es für sich selbst gemacht."

14.2 „selbst" und „alleine"

In der Bedeutung „selbst, eigenständig, alleine" verwendet man häufig *ib-waḥid-* bzw. *ib-baḥid-* + Suffix (manchmal auch ohne Präposition *b-*). Im Sinne von „von alleine" wird *min waḥid-* verwendet.

> *sawwētha b-baḥdak?* „Hast du es selbst gemacht?"
> *kitabna kull il-wāǧibāt ib-waḥidna.* „Wir haben alle Aufgaben selbst geschrieben."
> *it-talifōn ṭufa min waḥda* „Das Telefon hat sich von alleine ausgeschaltet."

Im Sinne von „selbst ~ in eigener Person" wird *b-nafs-* dem Leitwort nachgestellt.

> *ir-raʔīs ib-nafsa iǧa.* „Der Präsident kam selbst."

14.3 „der-, die-, dasselbe"

Wie schon in den Texten vorgekommen, wird *nafis* in dieser Bedeutung einem bestimmten Substantiv vorangestellt. Das Wort *nafis* (F) bedeutet wörtlich „Seele".

> *ʕindak nafs il-mudēl ib-nafs il-lōn?* „Hast du dasselbe Modell in derselben Farbe?"
> *intu b-nafs il-ʕumur?* „Seid ihr gleich alt?" (wörtlich: seid ihr in demselben Lebensalter)
> *il-yōm nafs iš-šilla rāyḥīn l-il-ḥafla.* „Heute wird dieselbe Gruppe (von Leuten) zur Party gehen."

14.4 Das Futur

Zum Ausdruck einer zukünftigen Handlung gibt es mehrere Möglichkeiten. Am häufigsten verwendet man den Verbmodifikator *raḥ-* (am Land hört man auch *laḥ-*) vor einer Präsensform. Verneint wird diese Futurform durch *ma.*

> *bāčir yixlaṣ id-dars is-sāʕa b-iṯ-ṯintēn. waṛāha raḥ-inrūḥ l-il-mōḷ.* „Morgen endet der Unterricht um zwei Uhr. Dann werden wir ins Einkaufszentrum fahren."

raḥ-ʔasʔal šaxiṣ ṯāni. „Ich werde eine andere Person fragen."
minu raḥ-yidfaʕ il-iḥsāb māl kull ha-l-miswāg? „Wer wird all diese Einkäufe bezahlen?"
ma raḥ-niği l-il-ḥafla. „Wir werden nicht zur Party kommen."

Das Präsens kann für die Zukunft verwendet werden, wenn die Aussage ein Adverb mit Zukunftsbedeutung (z.B. „morgen) enthält. Es wird aber auch für zukünftige Ereignisse verwendet, wenn der Eintritt des Ereignisses mehr oder weniger selbstverständlich ist.

hassa tiği uṃṃič w-itğīb-lič il-akil. „Gleich wird deine Mutter kommen und dir das Essen bringen."
bāčir tiṭlaʕ iš-šamis. „Morgen wird wieder die Sonne aufgehen."

Erwünschte und erhoffte zukünftige Handlungen werden häufig durch *inšāḷḷa* oder *b-ʔiḏin Aḷḷa* ergänzt (in etwa „So Gott will!"; freier übersetzt „hoffentlich").

il-yōm ma ʕindi wakit, bass ʕugub bāčir azūrič inšāḷḷa. „Heute habe ich keine Zeit, aber übermorgen werde ich dich (hoffentlich) besuchen."
inšāḷḷa titḥassan ib-surʕa. „Hoffentlich wirst du bald gesund!"
raḥ-yitzawwğūn baʕad šahrēn inšāḷḷa. „In zwei Monaten werden sie heiraten (so Gott will)."

Insbesondere bei Bewegungsverben kann auch das aktive Partizip zum Ausdruck zukünftiger Handlungen oder Ereignisse verwendet werden. Häufig enthalten solche Sätze ein Adverb, das den zukünftigen Zeitpunkt angibt.

b-iṣ-ṣēf imsāfrīn l-il-Mūṣil. „Im Sommer fahren wir/sie nach Mossul."
wēn rāyḥīn ha-s-sana? „Wohin werdet ihr dieses Jahr fahren?"

14.5 Das Verb (12) – Der VII. Stamm

Die Verben des VII. Stammes dienen vor allem dem Ausdruck des Passivs (siehe unten). Dies bedeutet, dass so gut wie alle transitiven Verben des Grundstammes auch einen VII. Stamm bilden. Das Schema der regulären Wurzeln lautet *nfiʕal / nfuʕal – yinfiʕil.*

Beispiele:

kitab „schreiben" → *nkitab, yinkitib* „geschrieben werden"
kital „schlagen" → *nkital, yinkitil* „geschlagen werden"
nğubar, yinğibir „gezwungen werden"
nkisar, yinkisir „zerbrechen (intrans.)"

Für weitere Verben von diesem Stamm siehe den Übungsteil zu dieser Lektion. Analog zum Grundstamm weisen die von nicht-regulären Wurzeln gebildeten Verben eigene Formen auf. Dabei gilt Folgendes (siehe auch die Paradigmen 15A-D):

- Die geminierten Verben des VII. Stamms werden konjugiert wie *ʕaḏ̣ḏ̣, yʕaḏ̣ḏ̣*, z.B. *ndazz, yindazz* „geschickt werden".
- Die meisten konkaven Verben des VII. Stamms werden konjugiert wie *nām, ynām*, z.B. *ngāl, yingāl* „gesagt werden". Einige werden regelmäßig gebildet, z.B. *nʕuwağ, yinʕiwiğ* „gebogen werden".
- Die defektiven Verben des VII. Stamms werden konjugiert wie *ḥiča, yiḥči*, z.B. *nnisa, yinnisi* „vergessen werden".
- Der VII. Stamm von *axaḏ* lautet *nnixaḏ, yinnixiḏ* „genommen werden", zu *akal* gibt es zwei Varianten: *nnikal, yinnikil* und *nwikal, yinwikil* „gegessen werden".

14.6 Das Passiv

Der Gebrauch des Passivs ist im Irakischen auf Sätze beschränkt, in denen die handelnde Person (oder auch eine Institution u. Ä.) nicht bekannt ist oder nicht genannt werden soll. Das bedeutet, dass Sätze wie deutsch „Das Kind wurde von seinem Vater gerettet" im Allgemeinen nicht formuliert werden (weil die handelnde Person bekannt ist). Sehr häufig dient allerdings das Passiv dem Ausdruck allgemeingültiger Sachverhalte oder Geschehen und entspricht damit oft deutschen Sätzen mit „man" oder einem unpersönlichen „es". Aus diesem Grund werden auch von intransitiven Verben Passivformen gebildet (etwa um „man schläft" oder „es wird geschlafen" auszudrücken).

Neben dem VII. Stamm wird auch der V. Stamm zur Bildung des Passivs gebraucht, vor allem zu aktiven Verben des II. Stamms (siehe. §9.4).

samma „er nannte" → *tsamma* „er wurde genannt"
baddal „er tauschte aus" → *tbaddal* „es wurde ausgetauscht"

Bei 4-radikaligen Verben dient der *t*-Stamm zur Bildung des Passivs:

tarğam „er übersetzte" → *ttarğam* „es wurde übersetzt"

14.7 Passive Partizipien

Von transitiven Verben können grundsätzlich passive Partizipien gebildet werden, die analog zu den aktiven Partizipien (siehe §12.3) das Resultat eines Geschehens ausdrücken: *aktiv:* „geöffnet habend" – *passiv:* „geöffnet worden (und daher offen)".

Daraus folgt, dass zu den bereits passivischen Stämmen V. und VII. im Allgemeinen *keine* passiven Partizipien gebildet werden.

Das Schema für passive Partizipien des Grundstamms ist *mafʕūl*, bei den übrigen Stämmen unterscheidet sich das passive Partizip von dem jeweiligen aktiven Partizip nur dadurch, dass in der letzten Stammsilbe *a* statt *i* steht.

Tabelle der passiven Partizipien anhand von Beispielen:

	M.SG	F.SG	M./F.PL	BEDEUTUNG
I. REGULÄR	*maftūḥ*	*maftūḥa*	*maftūḥīn /-āt*	„geöffnet“
I. GEMINIERT	*maḥṭūṭ*	*maḥṭūṭa*	*maḥṭūṭīn /-āt*	„gelegt“
I. DEFEKTIV	*mansi*	*mansiyya*	*mansiyyīn /-āt*	„vergessen“
II. REGULÄR	*mnaḏḏaf*	*mnaḏḏafa*	*mnaḏḏafīn /-āt*	„geputzt“
II. DEFEKTIV	*msamma*	*msammāya*	*msammāyīn /-āt*	„genannt“
III. REGULÄR	*msāʕad*	*msāʕada*	*msāʕadīn /-āt*	„geholfen“
III. DEFEKTIV	*msāwa*	*msāwāya*	*msāwāyīn /-āt*	„gleich gemacht“
4-RADIKALIG	*mtarǧam*	*mtarǧama*	*mtarǧamīn /-āt*	„übersetzt“

Von den hier nicht angeführten Wurzeltypen werden niemals oder nur ganz selten passive Partizipien gebildet. Ausnahmen sind meist aus der Hochsprache entlehnt, z.B. *mawǧūd* „vorhanden“ (I. Stamm, assimiliert). Für die passiven Partizipien der übrigen Stämme siehe die jeweiligen Paradigmen im *Supplement*.

Passive Partizipien bilden auch die meisten Wörter, welche für die Zubereitungsart von Speisen verwendet werden:

mašwi	„gegrillt“ ← *šuwa, yišwi*
magḷi	„gebraten (in Öl)“ ← *giḷa, yigḷi*
mgaḷḷa	„gebraten (in Öl)“ ← *gaḷḷa, ygaḷḷi*
maslūg	„gekocht (in Wasser)“ ← *silag, yislig*

Kein Partizip ist lediglich *nī,* F *niyya* „roh“.

14.8 „dass"-Sätze

Die deutsche Konjunktion „dass" lautet im Bagdadischen *innu*. Sie ist unveränderlich und wird mit Bezug auf alle Personen verwendet. Geht das Subjekt nicht eindeutig aus dem Zusammenhang hervor, wird das unabhängige Personalpronomen nachgestellt (siehe Satz 3 unten):

Beispiele:

ttifaqna innu nrūḥ l-is-sūg suwa. „Wir haben beschlossen, dass wir gemeinsam zum Markt gehen."
ʕala bāli innu huwwa raḥ-yirğaʕ ʕugub bāčir. „Ich dachte, dass er übermorgen zurückkommen wird."
simaʕit innu inta mitmarriḍ. „Ich habe gehört, dass du erkrankt bist."

Relativ häufig werden voneinander abhängige Sätze nicht durch Konjunktionen verbunden. Das heißt, der inhaltlich eigentlich von der vorangehenden Aussage abhängige Satz folgt als eigenständiger Hauptsatz. Das ist vor allem dann der Fall, wenn der „Hauptsatz" nur aus einem Prädikat besteht (häufig in Entsprechungen von deutsch „Es ist …, dass"):

simaʕna aku ʕiddkum sayyāra ğidīda. „Wir haben gehört, dass ihr ein neues Auto habt." (vgl. deutsch: Wir haben gehört, ihr habt ein neues Auto).
wēn Zaynab? – gālat ma raḥ-tiği l-yōm. „Wo ist Zaynab? – Sie sagte, dass sie heute nicht kommen werde."
zēn ma gittī-la. „Es ist gut, dass du (F) es ihm nicht gesagt hast."
aḥsan-lak itrūḥ gabuḷ-ma yizʕal. „Es ist besser für dich (M), dass du gehst, bevor er sich ärgert."
ḥaqqak sāfarit. „Du hast recht gehabt, dass du abgereist bist."
ḥarāmāt ma tiḥčūn wiyya ğīrānkum. „Schade, dass ihr nicht mit euren Nachbarn sprecht."

Wortfeld 12: Wichtige Körperteile – *aʕḍāʔ iğ-ğisim il-muhimma*

rās PL *rūs*	Kopf	r-ʔ-s
šaʕar	Haar(e)	š-ʕ-r
šaʕrāya	ein Haar	š-ʕ-r
wuğih ~ *wičč* PL *wğūh*	Gesicht	w-ğ-h w-č-č

guṣṣa	Stirn	g-ṣ-ṣ
ʕēn (F) PL *ʕyūn*	Auge	ʕ-y-n
ḥāğib PL *ḥawāğib*	Augenbraue	ḥ-ğ-b
rimiš PL *rmūš*	Wimper	r-m-š
iḏin (F) PL *īḏān*	Ohr	ʔ-ḏ-n
xašim PL *xšūm*	Nase	x-š-m
ḥalig PL *ḥlūg*	Mund	ḥ-l-g
sinn PL *snūn* ~ *snān*	Zahn	s-n-n
šiffa PL *šfāf* ~ *šfāyif*	Lippe	š-f-f
liḥya PL *liḥāya*	Bart	l-ḥ-y
ḥinič	Kinn	ḥ-n-č
šwārib (PL)	Schnurrbart	š-r-b
rugba PL *rgāb*	Hals, Nacken	r-g-b
čitif PL *čtāf*	Schulter	č-t-f
ʕikis PL *ʕkūs*	Ellenbogen	ʕ-k-s
īd (F) PL *īdēn* ~ *īdēnāt*	Hand, Arm	ʔ-y-d
iṣbuʕ PL *aṣābiʕ* aber: *iṣubʕi*	Finger, Zehe mein Finger/meine Zehe	ṣ-b-ʕ
ṣadir PL *ṣdūr*	Brust	ṣ-d-r
baṭin PL *bṭūna*	Bauch	b-ṭ-n
miʕda PL *miʕad*	Magen	m-ʕ-d
ḏ̣ahar PL *ḏ̣hūr*	Rücken	ḏ̣-h-r
ṭīz	Hintern	ṭ-y-z
riğil (F) PL *riğlēn* ~ *riğlēnāt*	Fuß, Bein	r-ğ-l
rukba PL *rukab* ~ *rkabbāt*	Knie	r-k-b
ğisim PL *ağsām*	Körper	ğ-s-m
ʕaḏ̣um (KOLL)	Knochen	ʕ-ḏ̣-m
ʕaḏ̣ala PL *-āt*	Muskel	ʕ-ḏ̣-l

✓ Idiomatische Phrase: *ṣār ʕilič ib-ḥalg in-nās!* „Er wurde zu einem Kaugummi im Mund (wörtl. Hals) der Leute!“ ~ Alle Leute reden über ihn.

Übungen zur Grammatik

Ü 14.3 Setzen Sie die passenden Formen von *nafis* bzw. *b-waḥd-* ein und übersetzen Sie dann den Satz ins Deutsche:

1. is-sana l fātat riḥna il-Maṣir wiyya ṣadīqna, bass is-sana raḥ-inrūḥ ____________________.
2. il-wāǧib kulla ṣaḥḥ. minu sāʕadak bī? – āni kitabta kulla ____________.
3. wiyyā-man ṭubxat Maryam kull ha-l-akil? – hiyya ṭubxata kulla _______.
4. Aḥmad yitʕārak yōmiyya wiyya uxūta. yrīd yʕīš ___________.
5. ǧīrānna dāyman yištiri sayyāra ________________ il-mūdēl.
6. kull-ma ǧ-ǧahāl ykissrūn fadd šī ygūlūn: huwwa nkisar ______________.
7. huwwa ma yigdar ysawwi ayy šī [*gar nichts*] ________________, kull marra lāzim wāḥid ysāʕda.
8. kull-ma arīd aḥči wiyyā́, ygul-li: ʕūfīni ____________.
9. hāḏa r-riǧǧāl imxabbaḷ w dāyman yiḥči wiyya ______________ .
10. il-wazīra _____________ ǧattī-na l-il-madrasa l-bārḥa.

Ü 14.4 Übersetzen Sie:

1. Wir möchten heute alleine ins Kino gehen.
2. Du (F) musst deine Aufgaben selbst machen.
3. Wir haben gehört, dass deine Schwester geheiratet hat. Stimmt das?
4. Meine Tante ist noch ledig. Sie lebt alleine.
5. Er hat den schweren Jutesack ganz alleine getragen.
6. Dieser Termin wird lange dauern.
7. Warum bist du alleine gekommen? – Weil mein Mann keine Zeit hat.
8. Dieser Schriftsteller aus Mossul ist sehr berühmt. Seine Bücher wurden sogar ins Englische übersetzt.

Ü 14.5 Ergänzen Sie die folgenden – sich jeweils auf zukünftige Ereignisse beziehenden – Fragen, indem Sie das in Klammer angegebene Verb verwenden. Anschließend beantworten Sie die Fragen.

1. š- ________________________ b-ǧāmʕat Baġdād? (diras)
2. wēn ________________________ b-iṣ-ṣēf? (rāḥ)
3. š- ________________________ b-il-lēl? (sawwa)
4. ašu ṭābxa hwāya il-yōm, šinu ______________ -lič xuṭṭār? (iǧa)

5. šwakit ________________________ il-filim? (ballaš)
6. āni kulliš ǧūʕān. šwakit ________________ l-il-maṭʕam? (wuṣal)
7. b-yā yōm ________________________ l-in-Namsa? (riǧaʕ)
8. š- ________________________ b-il-ḥafla? (libas)
9. ________________________ Maryam l-yōm? (šāf)
10. ________________________ ib-ǧāmʕat Baġdād, Fāṭma? (štiġaḷ)

Ü 14.6 Fügen Sie im folgenden Text die richtigen Futur-Formen ein! Benutzen Sie dabei die folgenden Verben: *rāwa, ykammil, yšūf, yuṭbux, yitʕarraf, ykūn* (2x), *yrūḥ, ysōlif, yṭūl, ydawwur ʕala, yiltiqi, ynargil.*

xiṭṭat bāčir

Claudia maʕzūma bāčir ʕidd Maryam ʕa-l-ġada. uṃṃ Maryam ______________ qūzi. w čēf Claudia ma mǧarrba l-qūzi gabuḷ, kulliš firḥat innu ______________ ʕala akil ʕirāqi ǧidīd w akīd ṭayyib bass hamm yimkin ______________ ṯigīl ʕalēha.

waṛa l-akil Maryam ______________ Claudia ṣuwar imn-iṣ-ṣayfiyya ir rāḥat, min čānat Maryam w-ahilha b-il-iǧbāl. w baʕdēn ______________ musalsala [*Serie*] ʕirāqiyya ʕa-t-tilfizyōn. b-il-lēl ______________ yāklan mōṭa w yitmaššan b-is-sūg w ______________ fadd badla ḥilwa l-Maryam liʔan ʕiris uxutha ______________ waṛa šahar.

mn-is-sūg ______________ maši l-il-Manṣūr. w-ihnāk iš-šabāb ______________ ib-fadd gahwa. ihnāk akīd ______________ kullhum suwiyya w ______________ wāḥid wiyya l-lax. w ṭabīʕi ______________ is-sahra.

Ü 14.7 Beantworten Sie folgende Fragen zu obigem Text:

1. minu maʕzūm ʕidd minu? w-išwakit? w ʕala šinu?
2. minu raḥ-yuṭbux? w šinu?
3. lēš Claudia farḥāna kulliš?
4. šinu raḥ-ysawwūn waṛa l-ġada?
5. wēn čānat Maryam w-ahilha s-sana ir rāḥat?
6. š-raḥ-yšūfūn b-it-tilfizyōn?
7. lēš raḥ-yrūḥūn yitmaššūn b-is-sūg?
8. wiyyā-man raḥ-yiltiqūn b-il-Manṣūr?

Ü 14.8 Führen Sie die folgenden Sätze in sinnvoller Weise fort, indem Sie eine Futurform verwenden:

1. yōm il-xamīs ʕiddna mtiḥān ṭuwīl, bass waṛāha ____________________.
2. bāčir nāwīn inrūḥ l-il-masbaḥ, bass ʕugub bāčir ____________________.
3. ha-l-yōmēn išwayya mašġūl, bass ʕugba ____________________.
4. bāčir iḏ-ḏuhur lāzim awaddi abūya l-id-diktōr, bass b-il-lēl ____________.
5. hassa dā-drus w ma ʕindi wakit, bass il-ʕaṣir ____________________.

Ü 14.9 Setzen Sie die richtigen Formen des Präsens und des Perfekts ein und übersetzen Sie sie dann ins Deutsche: *iḥna* (*nkital*) → *ninkitil* → *nkitalna* „wir werden geschlagen, wir wurden geschlagen“.

	nġiḷab	*nsiḥab*	*nšāf*
āni			
intu			
huṃṃa			
inta			
iḥna			
hiyya			
inti			

Ü 14.10 Setzen Sie in den folgenden Sätzen die entsprechende Verbform des VII. Stammes ein und übersetzen Sie dann den Satz ins Deutsche: *ḥaṭṭ* „(hinein)legen, hineingeben“, *bāg* „stehlen“, *šuwa* „grillen“, *siḥab* „ziehen“, *ṭaffa* „auslöschen“, *ġuḷab* „besiegen“.

1. ġatti hawya qawiyya w-iš-šamʕa ____________________.
2. il-faḥim čān kulliš ḥārr, bi-ḥayṯ bass ḥaṭṭēna il-kaḅāḅ ʕa-l-manqal raʔsan ____________________.
3. iṭ-ṭamāṭa ______________________________ b-kull iẓ-ẓalāṭāt taqrīban.

4. ṭabʕan kulliš fazzēt min ṭilaʕit w ma šift is-sayyāra, ʕala bāli ______________.

5. Sāmi w Ḥasan ______________ mn-id-dōmna gabuḷ-ma ______________.

Ü 14.11 Ordnen Sie die folgenden Wörter zu sinnvollen Sätzen und übersetzen Sie sie anschließend ins Deutsche.

1. ʕala, rās, tōṣal, iš-šāriʕ, iṭlaʕ, adallīk, inta, il-bāqi, bass, w, āni
2. ğilid, bass, ʕindak, w, il-mūdēl, aṣli, nafs, azrag, lōn
3. ğigāyir, is-sana, gilt, min, ğ-ğāya, ir-rūḥi, iẓ-ẓalāṭāt, abaṭṭil
4. ʕa-, il-yōm, l-ġada, š-imsawwīn
5. ṣiʕdat, ʕa-, w, il-bazzūna, w-, l-mēz, wigaʕ, l-igḷāṣ, b-, il-gāʕ, inkisar

Ü 14.12 Wortschatzwiederholung: Ordnen Sie die folgenden Wörter der passenden Kategorie zu und übersetzen Sie dann:

gubaḷ; ğuwārīb; fağir; daxla; tannūra; šāriʕ; darbūna; nuṣṣ il-lēl; b-ir-rukun; ṣubuḥ; il-ʕaṣir; fānēla; ylūf; nahār; fariʕ; sitra; baʕdēn; klāw; b-is-sāḥa; raʔsan; māyō; masa; naʕāl; gabuḷ iḏ-ḏuhur; badla.

ʕa-l-yamīn	*banṭarūn*	*il-lēla*

Ü 14.13 Erfinden Sie einen Dialog über eine Taxifahrt.

Dafür können Sie folgende Phrasen verwenden: „Wie viel willst du (für die Fahrt) nach …?“ *šqadd itrīd li- …* „Es gibt einen Stau.“ *aku zaḥma.* „Warum schaltest du den Taxometer nicht ein?“ *lēš ma tšaġġiḷ il-ʕaddād?*

Ü 14.14 Setzen Sie fort, indem Sie einen „dass-Satz“ bilden.

1. simaʕna ____________________.
2. aḥsan šī ____________________.
3. gitt-la ____________________.
4. fihamti ____________________?
5. ḥassēt ____________________.
6. tuʕruf ____________________?
7. ḥičā-li ____________________.
8. fakkarna ____________________.
9. šifti ____________________?
10. ma smaʕtu ____________________?

Ü 14.15 Beschreiben Sie das Bild dieses Bagdader Gemüsehändlers.

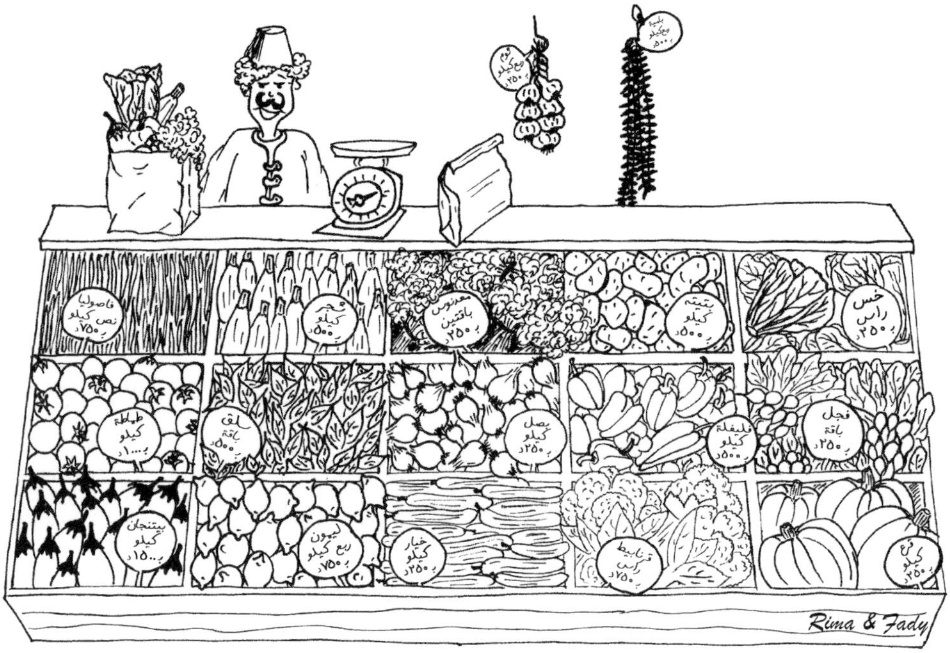

Lektion XV – Wiederholungslektion

Texte

Text XV/1: Flussfahrt auf dem Tigris – *ǧawla b-il-ʕabbāra b-nahar Diǧla*

Zyād, huwwa w zumalāʔa Fahad w Sāra w Zīna w Fādi w Ḍuḥa, gāʕdīn b-il-kāftirya māl iǧ-ǧāmiʕa w da-ysōlfūn ʕa-d-dirūs w-il-imtiḥānāt w š-aku māku b-id-dinya…

Zyād: hā šabāb! hassa baʕdēn iš-raḥ-insawwi yōm iǧ-ǧumʕa waṛa l-imtiḥān māl ingilīzi?

Sāra: ma mṣaddga wa-ʔaxīran raḥ-inxaḷḷiṣ il-imtiḥānāt iǧ-ǧumʕa iǧ-ǧāya.

Fahad: īīī yā AḷḷA, hamm zēn xilṣat is-sana.

Fādi: šinu raʔīkum inrūḥ ǧawla nahriyya. il-yōm qirēt ib-safḥat il-bayt iṯ-ṯaqāfi l-ʕirāqi ʕa-l-inistigrām, msawwīn ǧawla nahriyya iǧ-ǧumʕa sāʕa b-il-idaʕaš, yaʕni waṛa sāʕa mn-il-imtiḥān, it-taǧammuʕ raḥ-ykūn ib-maḥaṭṭat ʕabbārt il-Mutanabbi, iǧ-ǧawla raḥ-itkūn sāʕtēn min il-Mutanabbi l-ǧisr iṣ-Ṣarrāfiyya.

Ḍuḥa: āni mwāfqa, xōš fikra, simaʕit hammēn raḥ-itkūn aku muḥāḏara ʕan it-tārīx w ʕan nahar Diǧla xilāl iǧ-ǧawla.

Zyād: ahūū! hamm muḥāḏara, iḥna nxaḷḷiṣ imtiḥānāt ḥatta nrūḥ muḥāḏara?

Zīna: Zyād mālak ʕalāqa, taʕāl waḷḷa nitwannas kulliš.

waṛa-ma wāfaq il-kull ʕa-l-fikra, riǧʕaw l-ibyūthum.

iǧa yōm iǧ-ǧumʕa w-iš-šabāb xaḷḷṣaw kull imtiḥānāthum, w-rāḥaw ʕala mukān it-taǧammuʕ ib-maḥaṭṭat il-ʕabbāra.

Fahad: yaḷḷa šabāb haḏīč-iyya il-ʕabbāra mālatna, xall nistaʕğil ḥatta nḥaṣṣil mukānāt.

waṛa-ma ṣiʕdaw kullhum ʕa-l-ʕabbāra w dabbrō-lhum mukānāt, bidat timši l-ʕabbāra w-iš-šabāb da-yitfarrğūn ʕa-l-manāḏir w-il-bināyāt illi b-ṣaff in-nahar.

Zyād: agul-lak Fādi, hāḏa šinu l-buriğ il bī sāʕa?
Fādi: hāy sāʕt il-Qišla, kulliš qadīma min ayyām il-ʕUṯmāniyyīn.
Zīna: banāt! šūfu il-madrasa il-Musṭanṣiriyya, ġēr ḥilwa yā Aḷḷa!
Sāra: ī, abūya ḥāčī-li ḥwāya ʕalēha, ygūlūn čānat wiḥda min aqdam iğ-ğāmiʕāt, w čānat maktabatha wiḥda min akbar il-maktabāt hammātēn.

xilṣat is-sāʕtēn ib-surʕa bala-ma yḥissūn iš-šabāb w wuṣlat il-ʕabbāra l-il-maḥaṭṭa māl l-Mutanabbi.

Zyād: hāy šinu, š-ib-surʕa ṭār il-wakit, walā ḥassēna bī.
Zīna: hā yāba mū ginnā-lak raḥ-nitwannas? ḥatta la tʕānid baʕad.
Zyād: māši sitt Zīna baʕad iš-ḥadda l yfukk ḥalga wyāč.

ihnā š-šabāb kullhum gāmaw yḏiḥkūn ʕala ḥčāyat Zyād. waṛāha wāḥid waddaʕ iṯ-ṯāni, w kull wāḥid minhum rāḥ ib-darba.

Text XV/2: Noch einmal im Kaffeehaus – *marra lux b-il-kāfē*

il-bōy: marḥaba banāt! š-itḥibbūn itširbūn?
Claudia: āni ʕafya arīd gahwa sāda.
Sāmya: w āni čāy.
Fāṭma: w āni kapaččīno.
il-bōy: itʔumrūni! w-itḥibbūn wiyyāha ḥalawiyyāt?
Claudia: ī yārēt! šinu aku ʕiddkum il-yōm?
il-bōy: il-yōm ʕiddna ḥalawiyyāt ʕarabiyya mšakkal w ʕiddna hamm anwāʕ kēkāt b-in-nastala w b-il-fawākih.
Claudia: ʕēni ğīb-li laʕad ḥalawiyyāt imšakkal.
Sāmya: w āni hamm ʕafya.
Fāṭma: āni ma mištahya šī, šukran!

Text XV/3: Irakisches Essen 3: Ein Rezept für Dolma – *ṭarīqat taḥḏīr id-dōḷma*

id-dōḷma wiḥda min akṯar il-aklāt il-ʕirāqiyya šaʕbiyya w-intišār w māku bēt ʕirāqi yixla min ʕiddha w xuṣūṣan ib-Baġdād.

ḥatta nsawwi d-dōḷma niḥtāğ laḥam ġanam maṯrūm xašin w yārēt ykūn maṯrūm b-il-īd w niṯrum wiyyā šwayya buṣal w ṯūm w-inxulṭa wiyya t-timman w baʕdēn inxalli l-bahārāt w-il-miliḥ w-išwayya maʕğūn ṭamāṭa. waṛāha nğīb il-xiḏrāwāt ʕalamūd inḥaššīha w ahamm šī l-buṣal, illi lāzim infitḥa ṭabaqa ṭabaqa. w-iš-šiğar w-il-bētinğān w-il-filfil il-ḥilu, kullhum hadōla nḥaḏḏirhum w-infarriġhum, w baʕdēn inḥaḏḏir is-silig w waṛaq il-ʕinab aw marrāt wāḥid minhum.

inḥašši kull il-xiḏrāwāt ib-ḥašwat il-laḥam w-it-timman, w-inṣaffiṭha b-iğ-ğidir ṭabaqa ṭabaqa, w-ihwāya nās itḥuṭṭ ib-čaʕb iğ-ğidir ḏlūʕ ġanam aw bāgilla xaḏra mangūʕa, w baʕdēn inṣaffiṭ fōgāha l-xiḏrāwāt il-maḥšiyya, w b-il-axīr inḏīf ʕalēha ʕaṣrat ḥāmuḏ aw in-nāringّ aw mangūʕ is-simmāg aw it-tamur hindi. baʕad-ma nṣaffiṭha, inʕūf hāy il-mukawwināt kullha tiġli ila an tistuwi w yinšaf ṃayyha w baʕdēn nugluḅha b-ṣīniyya čibīra, w ʕādatan yitqaddam wiyyāha š-šinīna w-il-xubuz, w-alif ʕāfya.

Wortfeld 13: Höflichkeitsformeln (2) – *ʕibārāt il-muğāmala w-il-adab*

Dieses Wortfeld stellt eine Ergänzung zu *Wortfeld 8* in Lektion IX dar.

Zum Geburtstag

kull ʕām M *w-inta b-xēr* / F *w-inti b-xēr* [„Jedes Jahr soll es dir gut gehen!"]
ʕīd mīlād saʕīd! [Glückliches Geburtstagsfest]

Wenn sich Nachwuchs eingestellt hat

mbārak ma ğākum [„Gesegnet sei, was zu euch gekommen ist."]
yitrabba/titrabba b-ʕizzkum [„Hoffentlich wächst er/sie auf und (macht) euch Ehre."]

Wenn jemand von seinen Kindern spricht

Aḷḷa yiḥfaḏhum „Gott möge sie erhalten!"
Aḷḷa yxallī-lič/-lak yāhum „Gott möge sie dir (F/M) erhalten!"
Antwort: *Aḷḷa yxallīč/-k!*

Wenn jemand krank ist („Gute Besserung!")

inšaḷḷa tgūm/tgūmīn b-is-salāma [„So Gott will, sollst du mit Wohlbefinden aufstehen!"]
ʕindič/-ak il-ʕāfya! – Antwort: *Aḷḷa yʕāfīč/-k!*

Kondolenz („Herzliches Beileid!")

il-baqiyya b-ḥayātak / F *ḥayātič* [„Mögest du am Leben bleiben!"]
inšāḷḷa āxir il-aḥzān! [„Hoffentlich ist es die letzte Trauer!"]

Wenn man von einem Verstorbenen spricht

A̤l̤a yirḥama/yruḥma / F *A̤l̤a yirḥamha* „Gott habe ihn/sie selig!“ [„Gott erbarme sich seiner/ihrer!“]

Wenn jemand aus dem Bad oder vom Friseur kommt

naʕīman! – Antwort: (*A̤l̤a*) *yinʕim ʕalēk/-č/-kum* [„Wohl bekomm’s! – Gott soll es dir wohlergehen lassen!“]

Wenn jemand von einer Reise zurückkommt

il-ḥamdilla ʕa-s-salāma! – Antwort: *A̤l̤a ysallmak* / F *A̤l̤a ysallmič* [„Gott sei Dank (bist du) wohlbehalten zurück.“]

Wenn jemand etwas Schlechtes gemacht hat

ʕēb ʕalēk/-č/-kum [„Schande über dich!“]
čān istaḥēt / F *istaḥēti* [„Du solltest dich schämen!“]

Übungen zu den Texten

Ü 15.1 Fragen zu Text XV/1:

1. lēš ma rāḥaw iğ-ğawla yōm il-xamīs aw gabuḷha?
2. wēn šāf Fādi l-iʕlān?
3. šgadd ṭawwlat riḥlathum?
4. šinu l-maʕālim iš šāfōha š-šabāb ib-ğawlathum?
5. šlōn čānat iğ-ğawla? twannis lō mumilla?

Ü 15.2 Fragen zu Text XV/2: Sind die folgenden Aussagen richtig? Wenn nicht, schildern Sie den wahren Sachverhalt.

1. Claudia w Sāmya w Fāṭma kullhum yšurbūn gahwathum sāda.
2. b-il-kāfē aku ḥalawiyyāt ʕarabiyya mšakkal.
3. Claudia waṣṣat kēka b-in-nastala.
4. Fāṭma ma aklat šī abad.
5. Sāmya wi-Claudia waṣṣaw nafs iš-šī.

Übungen zu Grammatik und Wortschatz

Ü 15.3 Lesen Sie die folgende kurze Einleitung und ordnen Sie dann die Sätze unten zu einem sinnvollen Dialog: *zbūn yrūḥ il-maḥall māl aḥḏiya riǧāliyya ḥatta yištirī-la pōtīn. w yibdi huwwa w-abu l-maḥall yiḥčūn:*

l-izbūn	*abu l-maḥall*
• ī, hāḏa tōp, bass ʕafya xall agaddra awwal! • is-salāmu ʕalaykum! • alif šukur! itfaḏḏal! • ḥabībi tislam! • arbaʕa w-arbaʕīn. • hāḏa l-qiyās kulliš tamām. bass arīdak itdārīni šwayya b-is-siʕir! • ʕēni! ʕindak pōtīn ǧilid aṣli lōn ǧōzi ṭōx aw aswad?	• maʕa s-salāma! • ī tiddallal hāḏa maḥallak! ʕēni xamsa w-itlāṯīn! • yā hala, wa-ʕalaykum. itfaḏḏal aġāti, š-tuʔmur? • hīči šī yaʕni? • tfaḏḏal uxuḏ rāḥtak! • yā qiyās? • alif ʕāfya!

Ü 15.4 Vervollständigen Sie die Sätze, indem Sie mit dem angegebenen Verb einen passenden Relativsatz anschließen. Übersetzen Sie dann den gesamten Satz ins Deutsche.

Muster: *arīd arāwīč il-fistān ... (štira) → arīd arāwīč il-fistān l ištarēta il-bārḥa.* „Ich möchte dir das Kleid zeigen, das ich gestern gekauft habe.“

1. wēn ič-čīs ____________________________. (ḥaṭṭ)
2. ḏāk-uwwa l-walad ____________________________? (gāl)
3. ma ligēt il-qalam ____________________________. (dawwar ʕala)
4. hāḏa huwwa r-riǧǧāl ____________________________. (štira)
5. šinu ʕinwān il-maṭʕam ____________________________? (akal)
6. minu širab igḷāṣ il-ḥalīb mālti ____________________________? (čān)
7. rāwīni ṣ-ṣuwar ____________________________! (axaḏ)
8. ḏōlāk-umma l-wilid ____________________________. (sāʕad)
9. ḏīč-iyya ṭ-ṭāliba ____________________________. (niṭa)
10. ma trīdūn nitfarraǧ ʕa-l-filim ____________________________? (ǧāb wiyyāya)

Ü 15.5 Setzen Sie das passende direkte oder indirekte Objektsuffix ein. Verändern Sie gegebenenfalls auch die phonologische Struktur des Verbs und berücksichtigen Sie auch mehrere semantisch sinnvolle Möglichkeiten.

Muster: *rāwī__________ l-kombyūtar iğ-ğidīd mālak!* → *rāwīni / rāwīna / rāwī́ / rāwīha / rāwīhum*

1. gallō-_________________ innu ṣār-________________ santēn ihnā.
2. ṭilabna gḷāṣēn čāy bass il-bōy ğāb-________________________ tlāṯa.
3. bībi- ________________ ʕiddha qiṣaṣ kulliš qadīma w ḥilwa. yōmiyya tsōlf-________________ wiḥda.
4. hāḏa l-bōy iš-gadd taʕbān. gilit-_____________ ğīb-______________ gahwa, sawwā-________________ čāy.
5. aṣṣawwar itġayyar ʕinwān______________. gāʕd adizz-______________ rasāyil, w māku ğawāb.

Ü 15.6 Übersetzen Sie die folgenden Sätze:

1. Gestern gab es bei uns eine Party und alle unsere Freunde brachten uns Geschenke.
2. Du kannst in jeden Salat Olivenöl und ein wenig Petersilie geben.
3. Ich habe viel gelernt, aber alles vergessen.
4. Am Samstag gingen meine Freundin Maryam und ich einkaufen. Maryam ging in jedes Geschäft hinein, aber nichts gefiel ihr.
5. In jedem Viertel gibt es eine Moschee und einen kleinen Markt.
6. Habt ihr mich alle verstanden?
7. Wir warteten den ganzen Tag auf sie, aber sie kamen nicht.
8. Im Sūg iš-Šōrğa fragte uns jeder: Woher kommt ihr?
9. Morgen werde ich kommen und dir alles bezahlen.
10. Sebastian und Thomas blieben ein ganzes Jahr in Bagdad und lernten dort sehr gut Arabisch.

Ü 15.7 Setzen Sie die passende Form (Präsens, Perfekt, Partizip, Imperativ, Futur, Verlaufsform) des in Klammern angegebenen Verbs ein:

Muster: *minu* _______ *il-buṭil ʕa-l-mēz? āni ma* _______*a ʕa-l-mēz. yimkin uṃṃi* ____________*a ʕalē̆.* (ḥaṭṭ 3x) → *minu ḥāṭṭ il-buṭil ʕa-l-mēz? āni ma ḥaṭṭēta ʕa-l-mēz. yimkin uṃṃi ḥāṭṭata ʕalē̆.*

1. iṣ-ṣēf il fāt ma ____________________ l-ʔayy mukān, bass ha-ṣ-ṣēf ____________________ ʕala Maṣir. (sāfar 2x)
2. xall inrūḥ il-Bābil hassa, liʔan baʕdēn ______________. (muṭrat)
3. trīdīn ________________ il-kuḅḅa? – lā, šukran! ğarrabitha marra w ma ________________ -ni. (ḏāg, ʕiğab)
4. il-yōm abūya gal-li: min ____________________ imn-iğ-ğāmiʕa, ____________________ ʕala ʕammtak w sāʕidha! (riğaʕ, marr)
5. xallīna ______________ il-yōm b-il-lēl b-il-gahwa w______________ w ______________ gēmēn itlāṯa dōmna. (tšāwaf, sōlaf, liʕab)
6. bitt ʕammi Zaynab marīḏa kulliš, bass inšāḷḷa ________________ ib-surʕa. (tḥassan)
7. āni bardāna. ________________ iš-šubbāk! (sadd)
8. wēna Aḥmad? – gabḷ išwayya šifta ______________ l-il-maḥall. (ṭabb)
9. ha-s-sana kull šī ma ______________, liʔan činna ______________ l-il-bakalōrya. (sawwa, diras)
10. ma trīdīn ______________-ni fistānič l ištarēti awwalt il-bārḥa? – bali, bass baʕdēn, hassa ________________ il-bēt. (rāwa, rattab)

Ü 15.8 Übersetzen Sie:

1. Die Stadt Basra ist viel größer als Samarra, aber kleiner als Bagdad.
2. In Bāb iš-Šarği sind Schuhe und Kleider billiger als in al-Manṣūr.
3. Mein Freund Ali ist fleißiger als ich, aber Zaynab ist die fleißigste Studentin in unserer Klasse.
4. Im Irak ist das Wetter im Winter viel wärmer als in Europa.
5. Die Straßen in Bagdad sind breiter und moderner (neuer) als in Nasriyya.

Ü 15.9 Vervollständigen Sie die Sätze und übersetzen Sie sie anschließend:

Muster: *yirham ribāṭ aswad ʕala qamīṣ abyaḍ?* „Passt eine schwarze Krawatte zu einem weißen Hemd?“

1. yirham blūz azrag fātiḥ ʕala _______________________________?
2. ha-s-sāʕa ḏ-ḏahabiyya ma tirham ʕala ____________________________.
3. ma tirham tannūra ḥamra ʕala_______________________________.
4. hāy iğ-ğunṭa l-xaḏ̣ra ma tirham ʕalē- ____________________________.
5. hāy iğ-ğuwārīb il-wardiyya ma tirham ʕala _____________________.
6. ha-s-sayyāra l-ġālya ma tirham ʕalē-____________________________.
7. hāḏōla l-iskamliyyāt il-xišab ma tirham ʕala ___________________.
8. il-ʕadas yirham wiyya _____________________________________?

Ü 15.10 Beantworten Sie die folgenden Fragen:

1. lēš nilbas čākētāt b-iš-šita?
2. lēš lāzim nākul imxaḏ̣ḏ̣ar w fākiha kull yōm?
3. lēš kull is-suwwāḥ yzūrūn Bābil?
4. lēš itrūḥūn l-iğ-ğāmʕa?
5. lēš il-bānzīn b-il-ʕIrāq arxaṣ min Aḷmānya?

Ü 15.11 Setzen Sie die jeweils passende Konjunktion ein und übersetzen Sie anschließend den Satz ins Deutsche: *liʔan, innu* (2x), *gabuḷ-ma, bēn-ma, min, min wakit-ma, awwal-ma, l-ḥadd-ma, waṛa-ma.*

1. _____________ trūḥūn li-s-sūg, raḥ-axaḷḷiṣ šuġḷi.
2. _____________ zzawwağtu, ma šifnākum baʕad.
3. xābirni _____________ tōṣal l-il-bēt!
4. ḏ̣allēna b-bēt ʕammi _____________ iğa abūya.
5. _____________ nrūḥ l-il-ḥafla xalli nirtāḥ.
6. š-sawwētu _____________ wuṣaltu l-il-findiq?
7. ma ḥičēt-lič _____________ iḥna rāydīn ništiri bēt akbar?
8. ma činit aʕruf _____________ Sāmi da-yʕīš b-Amrīka hassa.
9. _____________ txaḷḷiṣ iğ-ğāmʕa, šinu raḥ-tištuġuḷ?
10. āni kulliš ğūʕān _____________ ma akalit ši mn-iṣ-ṣubuḥ.

Ü 15.12 Setzen Sie das richtige Verbpräfix ein (da-/raḥ-/kein Präfix):

1. š- _______ ysawwi Mḥammad? ________ ydawwur ʕala mifātīḥ sayyārta.
2. _________ tsāʕidni b-iṭ-ṭabux? lā, _________ aḥaḏ̣ḏ̣ir wāğbāti.
3. baʕdič_________ tdursīn? lā _________ aštuġuḷ ib-šarika aḷmāniyya.

4. ahli ma ʕiddhum wakit hassa, __________ yiḥčūn wiyya l-muḥāmi māl ʕāʔila.
5. kull yōm ğumʕa __________ yuxṭub iš-šēx b-iğ-ğāmiʕ.
6. ma ʕindi ğawāb ʕala suʔālkum, bass __________ asʔal-ilkum w-aridd-ilkum xabar bāčir inšāḷḷa.
7. (*b-it-taksi:*) mumkin __________ itnazzilni yamm l-itrafik lāyt, min ruxuṣtak!
8. __________ tʕurfūn wēn Ḥasan? ṣār-li sāʕa __________ adawwur ʕalē̆. – huwwa b-ġurufta w __________ ytarğim quṣṣa inglīziyya.

Ü 15.13 Wiederholung Wortschatz: Ordnen Sie die folgenden Wörter der passenden Kategorie zu und übersetzen Sie dann. Anschließend bilden Sie, wo es semantisch sinnvoll ist, den Plural.

bībi, māʕūn, gṣayyir, čanna, finğān, simīn, niḏ̣īf, ʕamm, čaṭal, ğidd, siččīna, waṣix, garāyib, klīnis, ṯigīl, gḷāṣ, ʕamma, faqīr, xāšūga, biʕīd, ḥafīda

ma-ḥilu	*buṭil*	*xāḷti*

Ü 15.14 Erkennen Sie in den Wortgruppen jeweils das semantisch nicht dazupassende Wort. Kreisen Sie es ein und bilden Sie dann damit einen Satz.

1. agraʕ – aṭraš – azrag – aḥdab – aʕrağ
2. blūz – qamīṣ – daftar – klāw – ğuwārīb – tannūra
3. bēt – nargīla – madrasa – maṭʕam – mustašfa – ğāmʕa
4. gāl – māt – rāḥ – nār – ṣār – ğāb
5. aṭwal – abʕad – akbar – axḏ̣ar – agṣar – asraʕ

Lektion XVI

Texte

Text XVI/1: Ramadan und andere Feste – *Rumḏ̣ān w-il-aʕyād*

Rumḏ̣ān ʕidd ahil Baġdād yixtilif išwayya ʕan bāqi ayyām is-sana. ahil Baġdād yitḥaḏ̣ḏ̣rū-la min gabuḷ šahar taqrīban. yaʕni maṯalan uṃṃ il-bēt itḥaḏ̣ḏ̣ir ġarāḏ̣ Rumḏ̣ān min akil w min iš-šaġḷāt illi tiḥtāġha b-il-maṭbax min gabuḷ šahar w xuṣūṣan min sūg iš-Šōrġa liʔan huwwa aḥsan w akbar mukān il-wāḥid yigdar yištiri minna ġarāḏ̣ il-bēt w b-il-axaṣṣ iš-šaġḷāt il ilha ʕalāqa b-il-akil. liʔan il-akil ib-Rumḏ̣ān fadd ši kulliš muhimm ʕidd ahil Baġdād w-is-sufra māl ifṭūr sufra kulliš čibīra w bīha anwāʕ w-aškāl il-akil, illi aṣlan qisim minna ykūn imn-iġ-ġuwārīn. ahil Baġdād čānaw dāʔiman yiḥtaflūn ib-ha-š-šahar iḥtifāl xāṣṣ ġēr ʕan bāqi l-iḥtifālāt w-il-munāsabāt.

b-in-nahār la yinwikil wa-lā yinšurub. gabḷ il-miġrib ib-fadd sāʕa sāʕtēn yinṭubux w yitḥaḏ̣ḏ̣ar il-akil l-il-ifṭūr. w aku b-il-lēl waġba ṯānya ysammūha l-isḥūr. hāy itkūn axfaf w lāzim itkūn gabuḷ-ma tiṭlaʕ iš-šamis, liʔan waṛa-ma tḏ̣awwi d-dinya yibdi ṣ-ṣōm māl il-yōm iṯ-ṯāni. b-il-lēl tikṯar iz-ziyārāt w-iṭ-ṭalʕāt w-itfattiḥ il-maḥallāt w-il-maṭāʕim. hāḏa l-ḥāl yistamirr ṭūl šahar Rumḏ̣ān w yintihi ṣ-ṣōm ṭabʕan min yiṭlaʕ il-hilāl māl iš-šahr il waṛā́ w huwwa šahar Šawwāl. w ḥatta ysammūn il-hilāl hilāl il-ʕīd. waṛāha yballiš il-ʕīd l-izġayyir il isma ʕīd il-fiṭir, w yṭawwil itlat tiyyām. awwal yōm b-il-ʕīd yṣallūn ṣalāt il-ʕīd b-iġ-ġāmiʕ. waṛāha tibdi il-muʕāyadāt w-in-nās yibdūn yrūḥūn ybārkūn garāyibhum w-aṣdiqāʔhum w-ġuwārīnhum w tibdi tikṯar il-ʕazāyim. b-il-ʕīd yištirūn l-ahil l-iġ-ġahāl hadiyya w yinṭūhum il-ʕīdāniyya illi tkūn iflūs yāxḏūha ġ-ġahāl w kulliš yfirḥūn bīha w ʕa-l-akṯar yrūḥūn yištirūn bīha nasātil w ḥalawiyyāt.

baʕad ḥawāli tlat tišhūr yiġi wakt il-ḥiġġ w-il-ʕīd ič-čibīr il isma ʕīd il-aḏḥa. awwal yōm b-il-ʕīd yḏibḥūn in-nās aḏāḥi, illi tkūn ʕa-l-aġlab xirfān, w-yṭawwil il-ʕīd arbaʕ tiyyām.

ġēr ha-l-ʕīdēn l-iṭwāl aku hwāya aʕyād dīniyya gṣayyra miṯil ʕīd il-ġadīr w ʕīd il-mawlid in-nabawi w rās is-sana l-hiġriyya w ġērha. b-yōm ʕĀšūrā – w huwwa l-ʕāšir min šahar Muḥarram – yitḏakkarūn iš-Šīʕa maqtal l-imām il-Ḥusayn.

Text XVI/2: E-mail an meine Freundin Faraḥ – *īmēḷ il-Faraḥ ṣadīqti*

iṣ-ṣadīqa Faraḥ il-ġālya!

šlōnič? axbārič? wēn ma wēn? kitbī-li b-it-tafṣīl išlōn da-tgaḏḏīn yōmič, kulliš mištāqat-lič w mištāqa l-iswālfič ḥabībti. ṭabʕan ma titxayylīn fariḥti min čayyakit īmēḷi w šifit ğāyatni risāla b-ismič, raʔsan riğʕat biyya ḏ-ḏikrayāt fōg il-ʕašr isnīn lī waṛa. itḏakkarit min činna nilʕab suwa w min činna nitzāʕal wiḥda mn-il-lux w nirğaʕ ṯāni yōm nitṣālaḥ walā ʕabālak čān aku šī, itḏakkarit id-dinya wiyyāč išgadd čānat baṣīṭa w ḥilwa.

w hassa raḥ-agul-lič āni šlōn agaḏḏi yōmi. il-yōm giʕadt iṣ-ṣubuḥ sāʕa 7:15 mn-in-nōm w farračt isnūni b-il-firča w maʕğūn l-isnān. uxūti w ahli sawwaw nafs iš-šī. waṛa-ma sbaḥit w-ilbast ihdūmi, miṯil kull yōm itrayyagit wiyya ahli w-uxūti. ha-l-marra, ir-rayūg čān kāhi w gēmar w bēḏ maxfūg w fōgá dibis wi-šrabna wyā čāy ḥalīb. w waṛa r-rayūg axaḏit ğunuṭṭi w ḥaṭṭēt bīha kutbi w malāzmi w dafātri w riḥit l-iğ-ğāmʕa b-il-xaṭṭ mālatna. il-muḥāḏarāt čānat mumilla kulliš w ma ṣaddagit išwakit tixlaṣ.

bass ʕala kull ḥāl ʕa-l-ġada itwannasit min riḥit wiyya l-igrūp mālna l-il-kāftirya māl iğ-ğāmʕa – marrāt inrūḥ hammātēn il-maṭʕam qarīb imn-iğ-ğāmʕa, ysawwi pītza ṭayyba kulliš, w ʕinda hamm aklāt ġarbiyya hwāya. waṛa l-ġada rigaʕna l-iğ-ğāmʕa liʔan čān baʕad aku ʕiddna čam muḥāḏara, w baʕdēn riḥna l-is-sūg w-itmaššēna w šifna š-aku māku šaġḷāt ğidīda. čān iğ-ğaww ḥilu w-ʕalamūd hāy giʕadna b-il-ḥadīqa w akalna mōṭa w-širabna kōktēl fawākih. w waṛāha rāḥ kull wāḥid min ʕiddna l-bēta.

b-il-bēt dirasit šwayya – marrāt tiği ṣadīqti Sawsan yammi w nidrus suwiyya – bass il-yōm dirast ib-baḥdi. w baʕdēn sāʕadit uṃṃi b-taḥḏīr il-ʕašwiyya. akalna kullna suwa w kammalna s-sahra ʕa-t-tilfizyōn. šifna l-axbār w-in-našra ğ-ğawwiyya w baʕdēn šifna ḥalqa ğidīda min wilāyat baṭṭīx. waṛa-ma gitt-ilhum il-ahli »tiṣbaḥūn ʕala xēr!« gallō-li »w-inti min ahlu!«, riḥit il-ġurufti w kitabit muḏakkarāti ʕa-d-daftar māl yawmiyyāt mālti. is-sāʕa 10 sibaḥit ʕa-s-sarīʕ w farračit isnūni w ḥaḏḏarit ġarāḏi l-ṯāni yōm l-iğ-ğāmʕa. w hasstawwni ğēt dā-ktib il-īmēḷ w raḥ-ʔanṣub is-sāʕa ʕa-7:15 w-anām.

Text XVI/3: Eine Reise nach Mossul – *safra l-il-Mūṣil*

Wāʔil w aṣdiqāʔa ṣār-ilhum fatra mašġūl wāḥid ʕan il-lax w min zamān ma mitšāwfīn. bass hassa axīran itšāwfaw marra lux.

Wāʔil: šabāb axīran itšāwafna kullna w hassa nigdar nitnāqaš w niḥči ʕala mawḏūʕ il-fikra lli qtiraḥha Ḥasan gabuḷ čam yōm. fa-šinu raʔīkum ib-safra l-il-Mūṣil ib-ʕīd nawrūz?

Dāna: hāy kulliš xōš fikra xāṣṣatan innu min zamān ma-ṭlaʕna barra Baġdād w-iğ-ğaww hamm ṣār rabīʕi w dāfi w ṭayyib.

Claudia: anī ṭabʕan hammēn imwāfqa w kulliš ḥābba ašūf mudun ʕirāqiyya ğidīda ġēr Baġdād. bass, māku b-il-Mūṣil baʕad irhābiyyīn? w šlōn iṭ-ṭarīq lī hnāk, mū xaṭir?

Wāʔil: lā, min wakit-ma ḥarrarōha ğ-ğayš w-il-ḥašid, il-waḏiʕ ṣār aḥsan. w-iṭ-ṭarīq ṣār amān.

Claudia: tamām, iḥčū-li šwayya ʕan il-Mūṣil. iš-bīha šī mumayyaz? ib-šinu tištihir?

Aḥmad: il-Mūṣil madīna qadīma kulliš. w hiyya ṯāni akbar madīna b-il-ʕIrāq waṛa Baġdād w čānat min zamān ʕāṣimat l-imbirāṭōriyya l-āšūriyya gabuḷ ḥawāli tlat tālāf sana. il-Mūṣil bīha hammēn sūr ṭuwīl w āṯār ihwāya w qadīma, w bīha ğawāmiʕ w kanāyis qadīma w ḥadīṯa. il-Mūṣil bīha ğānibēn. il-ğānib illi ykūn ʕala yamīn nahar Diğla ysammū́ il-ğānib il-ayman w-il-lax il-aysar.

Dāna: w-il-Mūṣil hamm mašhūra b-kull il-ʕIrāq ib-ʔakilha ṭ-ṭayyib.

Claudia: miṯil šinu maṯalan?

Dāna: miṯl il-kuḅḅa b-kull anwāʕha, ič-čibīra w-il-burġul w-il-ḥamra w ġērha. ha-š-ši b-il-iḏāfa l-id-dōḷma w anwāʕ it-timman w-il-marag.

Claudia: bass ib-Bāġdād mawğūda hāy il-aklāt akṯarha.

Ḥasan: ṣaḥḥ! bass aku aklāt aṣilha mn-il-Mūṣil hāḏa ʕada innu l-mawāṣla ṭabixhum aṭyab w bī anwāʕ akṯar.

Dāna: zēn agul-lkum šabāb! intu qarrartu wēn raḥ-ninzil ihnāk? w šlōn raḥ-inrūḥ?

Aḥmad: hāy sahla nigdar inrūḥ ib-taksi aryaḥ ši.

Wāʔil: āni ʕindi garāyib b-il-Mūṣil. w agdar adallīkum ʕal-mukānāt iz-zēna hnāk. liʔan rāyḥ-ilha hwāya gabuḷ w ḥatta aʕruf aḥči miṣlāwi miṯilhum.

Claudia: lēš? tixtilif il-lahğa il-miṣlāwiyya ʕan il-baġdādiyya?

Wāʔil: ī ṭabʕan! ahl il-Mūṣil mašhūrīn ib-ḥarf il-qāf, maṯalan ygūlūn »qəttū-lak« bidāl gilit-lak aw »qūm« bidāl gūm w mašhūrīn hamm ib-lafiḏhum l-ir-rāʔ miṯl il-ġayn, yaʕni maṯalan ma-ygūlun miṯilna raḥ-yrūḥ w riḥit, ygūlūn »ġāḥ yġōḥ w ġəḥtu«.

Claudia: āhāāā, hāy miṯilna b-il-aḷmāni hamm nilfuḏ ir-rāʔ ġayn.

Ḥasan: ʕalamūd sālfat il-mukān xābur inta ʕala garāybak ḥatta yḥiğzū-lna min yammhum aḥsan.

Wāʔil: xōš fikra laʕad hassa axāburhum! w-agull-ilhum yḥiğzūn il-xamis nafarāt, min ruxṣatkum ṯawāni.

Wāʕil ittiṣal ib-ʔibin ʕammta ʕUmar ʕalamūd il-ḥağiz…

ʕUmar: alū!*

Wāʔil: alū! halaw ʕAmmūri! aššōnak?

ʕUmar: malīḥ, asʔal ʕalēkəm, ənta ššōnak, w xālu aššōnu?

Wāʔil: ilḥamdillā kəllətna mlāḥ w nəsʔal ʕankəm, aqəl-lak ma ṭawwəl ʕalēk. ġayyəd balki təḥğəz-li b-əl-ġābāt māl Mōṣəl ġərfətēn wəḥdi māl nafarēn, banāt hiyyəm, w wəḥdi ləx māl tatt nafaṛāt.

ʕUmar: ḥilu walā yhimmak, hala bīkəm, bass ēmati ġāḥ təğōn w-ašqadd ġāḥ təbqōn?

Wāʔil: əḥğəz-ənna baʕəd ġada tatt tiyyām.

ʕUmar: wall abūyi, aš-ni tatt tiyyām, dəqʕədū-lkəm fadd əsbōʕ ʕašš tiyyām.

Wāʔil: lā ṣaddiqni ṣaʕbi, kəll wēḥəd ʕəndu ašġālu w ḏurūfu.

ʕUmar: ōkay ʕala rāḥətkəm. bass lā tənsōn ətmərrū-nna!

Wāʔil: akīd ṭabʕan, nətxābar mən nəṣal yammkəm. yaḷḷa laʕad salləm-ənna ʕa-l-kəll. maʕa s-salāmi.

ʕUmar: Aḷḷa ysalləmkəm maʕa s-salāmi.

Wāʔil sadd it-talifōn w gall-ilhum il-aṣdiqāʔa kull it-tafāṣīl illi ḥičāha wiyya ibin ʕammta. waṛāha l-kull rāḥ il-bēta ḥatta yḥaḏḏrūn ġarāḏhum māl is-safra.

* Hier sprechen die beiden Männer im Dialekt von Mossul, der sehr anders ist als jener von Bagdad. Typisch für Mossul ist unter anderem der Vokal *ə* statt *i/u*.

Übungen zu den Texten

Ü 16.1 Fragen zu Text XVI/1

1. šwakit masmūḥ in-nās yāklūn ib-Rumḏān?
2. šinu yaʕni l-isḥūr?
3. šlōn yʕurfūn in-nās xilaṣ Rumḏān?
4. š-isim il-ʕīd il yiği waṛa Rumḏān w š-ysawwūn in-nās bī?
5. š-yitḏakkarūn iš-Šīʕa b-ʕĀšūrā?

Ü 16.2 Übung zu Text XVI/2. Da in E-Mails und Handy-Nachrichten fast immer im Dialekt kommuniziert wird, hier der Text auch in arabischer Schrift. Falls Sie diese beherrschen, versuchen Sie den Text zu lesen und zu verstehen.

الصديقة فرح الغالية.

شلونچ؟ أخبارچ؟ وين ما وين، كتبيلي بالتفصيل شلون دتگضين يومچ، كلش مشتاقتلچ ومشتاقة لسوالفچ حبيبتي. طبعا ما تتخيلين فرحتي من چيكت إيميلي وشفت جايتني رسالة بإسمچ، رأسا رجعت بيه الذكريات فوگ العشر سنين لي ورا. اتذكرت من چنا نلعب سوا ومن چنا نتزاعل وحدة من اللخ ونرجع ثاني يوم نتصالح ولا عبالك چان أكو شي، اتذكرت الدنية وياچ شگد چانت بسيطة وحلوة.

وهسة رح اگلچ اني شلون اگضي يومي. اليوم گعدت الصبح ساعة سبعة وربع من النوم وفرچت اسنوني بالفرچة ومعجون السنان. أخوتي واهلي سوو نفس الشي. ورا ما سبحت ولبست اهدومي، مثل كل يوم اتريگت ويه اهلي واخوتي. هالمرة الريوگ چان كاهي وگيمر وبيض مخفوگ وفوگاه دبس وشربنا وياه چاي حليب. وورا الريوگ اخذت جنطتي وحطيت بيها كتبي وملازمي ودفاتري ورحت عالجامعة بالخط مالتنا. المحاضرات چانت مملة كلش وما صدگت شوكت تخلص.

بس على كل حال عالغده اتونست من رحت ويه الگروپ مالنا للكافترية مال الجامعة – مرات انروح هماتين لمطعم قريب من الجامعة، يسوي پيتزا طيبة كلش، وعنده هم اكلات غربية هواية. ورا الغده رجعنا للجامعة لأن چان بعد اكو عدنا چم محاضرة، وبعدين رحنا للسوق واتمشينا وشفنا شكو ماكو شغلات جديدة. چان الجو حلو وعلمود هاي گعدنا بالحديقة واكلنا موطة وشربنا كوكتيل فواكه. ووراها راح كل واحد من عدنا لبيته.

بالبيت درست شوية – مرات تجي صديقتي سوسن يمي وندرس سويه – بس اليوم درست ابحدي. وبعدين ساعدت امي بتحضير العشوية. اكلنا كلنا سوا وكملنا السهرة عالتلفزيون. شفنا الاخبار والنشرة الجوية وبعدين شفنا حلقة جديدة من ولاية بطيخ. ورا ما گلتلهم لاهلي "تصبحون على خير!" گلولي "وانتي من اهلو!"، رحت لغرفتي وكتبت مذكراتي عالدفتر مال يوميات مالتي. الساعة عشرة سبحت عالسريع وفرچت سنوني وحضرت غراضي لثاني يوم للجامعة، وهستوني جيت داكتب الإيميل ورح انصب الساعة عالسبعة وربع وانام.

Ü 16.3 Fragen zu Text XVI/3:

1. ib-yā faṣil b-is-sana ʕīd nawrūz?
2. lēš Claudia ʕa-bālha innu ṭarīq il-Mūṣil xaṭir?
3. šwakit čānat il-Mūṣil ʕāṣimat l-imbirāṭōriyya l-āšūriyya?
4. ib-šinu tištihir madīnt il-Mūṣil?
5. čam ġurfa ḥiğaz Wāʔil w-il čam šaxiṣ w wēn?

Grammatik

16.1 Reziprozität „einander“

Gegenseitigkeit wird entweder durch *wāḥid...l-lax* (F *wiḥda...l-lux*) oder seltener mittels *baʕaḍ*+SUFFIX *il-baʕaḍ* ausgedrückt.

> *nšūf wāḥid il-lax yōmiyya.* „Wir sehen einander jeden Tag.“
> *ğīrānna ykirhūn baʕaḍhum il-baʕaḍ.* „Unsere Nachbar hassen einander.“

Um Adverbien wie „nebeneinander“, „voneinander“, „miteinander“ usw. auszudrücken, wird die entsprechende Präposition zwischen *wāḥid* und *il-lax* bzw. *wiḥda* und *il-lux* gestellt, also: *yamm il-lax, wāḥid ʕan il-lax, wāḥid wiyya l-lax.* Statt letzterem kann man auch *suwa* „miteinander, gemeinsam“ verwenden.

> *giʕdaw wāḥid yamm il-lax.* „Sie saßen nebeneinander.“
> *ʕAli w Aḥmad da-ydirsūn wāḥid wiyya l-lax.* „Ali und Aḥmad lernen gerade miteinander.“
> *il-banāt da-yiḥtaflūn wiḥda wiyya l-lux ib-taxarruğhum.* ~ *il-banāt da-yiḥtaflūn suwa b-taxarruğhum.* „Die Mädchen feiern zusammen ihren Studienabschluss.“

16.2 Das Wort *ġēr*

Das Wort *ġēr* kommt mit einer Ausnahme nur zusammen mit einem Nomen oder Suffix vor und hat je nach Konstruktion verschiedene Bedeutungen. Ist das folgende Wort unbestimmt, so bedeutet *ġēr* „eine andere, ein anderer, ein anderes“:

> *raḥ-niği ġēr yōm.* „Wir werden an einem anderen Tag kommen.“
> *ma ʕindak ġēr ġurfa?* „Hast du kein anderes Zimmer?“
> *siʔli ġēr wāḥid!* „Frag (F) jemand anderen!“

Ebenfalls vor einem unbestimmten Adjektiv oder Substantiv kann es jedoch auch eine intensivierende Funktion haben, und zwar sowohl bewundernd als auch ablehnend.

hāḏi ġēr gahwa! „Das ist aber ein Kaffeehaus!“ (je nach Kontext sehr gut oder sehr schlecht)
ḏīč is-sayyāra ġēr ḥilwa! „Das ist ein tolles Auto!“ – „Was für ein ein tolles Auto ist das!“

Folgt ein bestimmtes Wort oder ein Pronominalsuffix, bedeutet *ġēr* „eine andere, ein anderer, ein anderes als“ bzw. mit Negation auch „niemand/nichts anderer/s als“. Oft kann man *ġēr* hier mit der Präposition „außer“ übersetzen.

ma yrīd ġēr Maḥmūd ib-ha-l-waḏīfa. „Er will niemand anderen als (~ niemanden außer) Mahmud für diesen Job!“
arīd aḥči wiyya ġērha. „Ich möchte mit jemand anderem als ihr sprechen.“
aku hammēn il-labna w-iz-zaytūn w ġērhum. „Es gibt auch Joghurt, Oliven und anderes (als diese).“
š-ʕiddhum ihnā ġēr ič-čāy w-il-gahwa? „Was haben sie hier außer Kaffee und Tee?“

Vor einem Substantiv entspricht *ġēr* auch deutschem Nicht-: *ġēr il-muslimīn* „die Nichtmuslime“. Alleinstehend am Ende einer Aussage bedeutet *ġēr?* „oder?“ bzw. „nicht wahr?“ (ganz ähnlich wird auch *mū* verwendet).

bittič itrūḥ l-il-madrasa, ġēr? „Deine Tochter geht in die Schule, oder?“
nisēt itǧīb il-muʕāmala, mū? „Du hast vergessen, dass du das Formular mitbringst, nicht wahr?“

16.3 Das Verb (13): Der IV. Stamm

Verben des IV. Stamms kommen im ursprünglichen Dialekt praktisch nicht vor, sondern sind fast immer Entlehnungen aus der Hochsprache. Daher gibt es für viele dieser Verben Varianten im I. (oder II.) Stamm. Im Präsens und Imperativ unterscheiden sich Verben des IV. Stammes sowieso nicht von jenen des I. Stammes. Nur in den Perfektformen weisen sie im Gegensatz zum I. Stamm ein anlautendes *a-* auf. Verben des IV. Stammes sind so gut wie immer transitiv.

Beispiele für reguläre Verben des IV. Stammes sind *azʕaǧ, yizʕiǧ* „j-n stören“ und *aʕlan, yiʕlin* „etw. ankündigen“; ein assimiliertes Verb im IV. Stamm ist *awdaʕ, yōdiʕ* „anlegen (Geld auf der Bank)“, ein konkaves *aḏāʕ, yḏīʕ* „ausstrahlen (Sendung)“, ein defektives *alġa, yilġi* „etw. absagen, stornieren“ (siehe Pd.-12A-C).

16.4 Das Verb (14): Der VIII. Stamm

Die Verben des VIII. Stammes weisen ein eingeschobenes *t* nach dem ersten Radikal auf. Sie sind semantisch sehr unterschiedlich und lassen sich kaum bestimmten Funktionen zuordnen. Die Schemata für reguläre Wurzeln lauten *ftiʕal* (selten *ftuʕal*), *yiftiʕil* / *yiftuʕul*, z.B. *xtilaf, yixtilif* „anderer Meinung sein; sich unterscheiden (mit *ʕan*), *štiġal, yištuġul* „arbeiten", *ḥtifal, yiḥtifil b-* „(etw.) feiern".

Analog zum Grundstamm weisen die von nicht-regulären Wurzeln gebildeten Verben eigene Formen auf. Dabei gilt Folgendes:

- Die geminierten Verben des VIII. Stamms werden konjugiert wie *ʕaḏḏ, yʕaḏḏ*, z.B. *htamm, yihtamm* „sich interessieren".
- Bei den assimilierten Verben des VIII. Stamms verschmilzt der erste Radikal *w* mit dem folgenden *t* zu *tt* (**wtiğah → ttiğah l-* „zugehen auf"). Die Verben werden sonst jedoch regulär konjugiert.
- Die konkaven Verben werden konjugiert wie *nām, ynām*, z.B. *rtāḥ, yirtāḥ* „sich ausrasten".
- Die defektiven Verben werden konjugiert wie *ḥača, yiḥči*, z.B. *štira, yištiri* „kaufen".

Zur Konjugation des VIII. Stammes siehe Paradigmen 16A-D.

16.5 Relativsätze (2)

A. Relativsätze mit unbestimmtem Bezugswort

Ist das Bezugswort eines Relativsatzes unbestimmt, wird *kein* Relativpronomen verwendet, weshalb solche Sätze auch als asyndetische Relativsätze bezeichnet werden (jene in §13.4 als syndetische). Auch hier gilt jedoch die Regel, dass auf ein im Nebensatz nicht in Subjektposition stehendes Wort mit einem Pronominalsuffix hingewiesen werden muss.

Relativsätze ohne rückweisendes Pronomen (identisches Subjekt):

> *ib-ṣaffna aku ṭālib īrāni sāfar b-il-ʕīd l-in-Nağaf.* „In unserer Klasse gibt es einen iranischen Studenten, der zum Feiertag nach Najaf gefahren ist."
> *il-bārḥa iğat mara siʔlat ʕalēk.* „Gestern kam eine Frau, die nach dir gefragt hat."

Beispiele für Relativsätze mit rückweisendem Pronomen (Bezugswort und Pronomen sind fett gedruckt):

qarīb min bētna aku ***madrasa*** *yištuġuḷ* ***bīha*** *akṯar min mīt muʕallim.* „In der Nähe unseres Hauses gibt es eine Schule, in der mehr als hundert Lehrer arbeiten."

gālat ***kilma*** *ma* ***fihamnāha.*** „Sie sagte ein Wort, das wir nicht verstanden."

B. Substantivierte Relativsätze

So wie im Deutschen gibt es auch Relativsätze ohne Bezugswort. Diese müssen natürlich immer ein Relativpronomen haben.

ma nḥibb illi yxūn aṣdiqāʔa. „Wir mögen den nicht (= keinen), der seine Freunde verrät."

yā ṭāliba? – illi sāfarat il-bārḥa l-il-Mūṣil. „Welche Studentin? – Die, die gestern nach Mossul fuhr."

16.6 Kollektiv- und Einzelnomina sowie „Zählwörter"

Vor allem Bezeichnungen von Obst- und Gemüsesorten sowie (Nutz-)Tieren zeigen die Besonderheit, dass das unmarkierte Grundwort einen Kollektivbegriff ausdrückt (ähnlich wie deutsch „Vieh", oder „Gemüse"). D.h., *tiffāḥ* bedeutet „Äpfel" (als Obstsorte), nicht einen einzelnen Apfel, aber auch nicht eine zählbare Menge von Äpfeln. Die Kollektivwörter sind grammatikalisch Singular (z.B. *il-yōm il-burtuqāl ġāli.* „Heute sind die Orangen teuer.") und werden niemals zusammen mit Zahlwörtern gebraucht.

Um ein einzelnes Stück der Gattung zu bezeichnen, wird in den meisten Fällen die Femininendung *-a* angefügt (*tiffāḥ* → *tiffāḥa* „ein Apfel"), wobei es oft zum Ausfall von einem Vokal im Stammwort kommt. Bei einigen Wörtern ist das Suffix *-āya* üblicher, bei denen, die auf *-a* enden ist es obligatorisch. Bei Kollektivnomen auf *i-* hängt man *-yya* an.

Das Einzelnomen (auch *nomen unitatis* genannt) ist grammatikalisch Singular feminin; davon kann regelmäßig ein Dual (*-ēn*) und ein Plural (*-āt*) gebildet werden. Letzterer dient zum Ausdruck einer bestimmten Anzahl von Vertretern der Gattung, z.B. *xamis tiffāḥāt* „fünf Äpfel".

KOLLEKTIVNOMEN	EINZELNOMEN	BEDEUTUNG
OBST		
ǧōz	*ǧōza*	Walnüsse / Walnuss
tamur	*tamrāya*	Datteln / Dattel
mōz	*mōzāya*	Bananen / Banane
raggi	*ragiyya*	Wassermelonen / Wassermelone
GEMÜSE		
ṭamāṭa	*ṭamāṭāya*	Tomaten / Tomate
xyār	*xyāra*	Gurken / Gurke
TIERE		
diǧāǧ	*diǧāǧa*	Hühner / Huhn
baṭṭ	*baṭṭa*	Enten / Ente
ḥamām	*ḥamāma*	Tauben / Taube
baqar	*baqara*	Kühe, Rinder / Kuh
simač	*simča*	Fische / Fisch
bagg	*baggāya*	Moskito/s
ḏubbān	*ḏubbāna*	Fliege/n
bēḏ̣	*bēḏ̣a*	Eier / Ei
ANDERES		
rīš	*rīša*	Federn / Feder
šaʕar	*šaʕrāya*	Haare / Haar
ġēm	*ġēma*	Wolken / Wolke
līlu	*līluwwa*	Perlen / Perle

Weitere Beispiele für Obst und Gemüse siehe Wortfeld 14.

Für manche Kollektivnomen wird ein sogenanntes Zählwort gebraucht, um ein oder mehrere Einzelstücke zu bezeichnen. Das häufigste davon ist *rās.*

rās ṯūm	„eine Knoblauchknolle“
rās buṣal	„eine Zwiebel“ (man hört aber auch *buṣlāya*)
rās xass	„ein Häupl (Kopf) Salat“

Mithilfe dieser Zählwörter können auch mehrere Einzelstücke bezeichnet werden, z.B. *rāsēn ṯūm, tlaṯ rūs ṯūm* „zwei, drei Knoblauchknollen“.

Wortfeld 14: Obst und Gemüse – *fākiha w-imxaḏḏar*

KOLLEKTIVNOMEN	EINZELNOMEN	BEDEUTUNG
OBSTSORTEN		
burtuqāl	*burtuqāla*	Orangen / Orange
tiffāḥ	*tiffāḥa*	Äpfel / Apfel
ʕarmūṭ	*ʕarmūṭa*	Birnen / Birne
mišmiš	*mišmišāya*	Aprikosen / Aprikose Marillen / Marille
nāring̃	*nāring̃āya*	Bitterorange
rummān	*rummāna*	Granatäpfel / Granatapfel
laymūn ~ nūmi ḥāmuḍ	*laymūna*	Zitronen / Zitrone
lālingi	*lālingāya*	Mandarinen / Mandarine
tīn	*tīnāya*	Feigen / Feige
tukki	nicht üblich	Maulbeeren
farāwla	*farāwlāya*	Erdbeeren / Erdbeere
baṭṭīx *raggi*	*baṭṭīxa* *raggiyya*	Zuckermelone/n Wassermelone/n
mōz	*mōzāya*	Bananen / Banane
tamur	*tamrāya*	Datteln / Dattel
nabug	*nabgāya*	Brustbeeren, Jujuba
ʕinab	*ʕinabāya*	Trauben / Traube
GEMÜSESORTEN		
buṣal	*buṣla/buṣlāya*	Zwiebeln / Zwiebel
bāmya	*bāmyāya*	Okraschote/n
xass	*rās xass*	(grüner) Salat
šig̃ar	*šig̃rāya*	Zucchini
silig	nicht üblich	Mangold
bētin̆g̃ān	*bētin̆g̃ānāya*	Auberginen / Aubergine Melanzani
xyār	*xyāra*	Gurken / Gurke
ṭamāṭa	*ṭamāṭāya*	Tomaten
butēta	*butētāya*	Kartoffeln / Kartoffel

Getreide und Hülsenfrüchte		
bazālya	*bazālyāya*	Erbsen / Erbse
fāṣūliyya ~ faṣūlya	*fāṣūlyāya*	Grüne Bohnen, Fisole/n
bāgilla	*bāgillāya*	Bohne/n
ḥummuṣ	*ḥummuṣāya*	Kichererbse/n
timman	*timmanāya*	Reis, Reiskorn
ʕadas	*ʕadasāya*	Linse/n

Übungen zur Grammatik

Ü 16.4 Setzen Sie die Sätze fort, indem Sie die Gegenseitigkeit beschreiben:
Muster: *Zaynab sākna yamm Fāṭma, yaʕni ... → Zaynab sākna yamm Fāṭma, yaʕni hinna sāknāt wiḥda yamm il-lux.*

1. Layla tḥibb Qays w Qays yḥibb Layla, yaʕni huṃṃa …
2. āni šifit uṃṃi w uṃṃi šāfatni, yaʕni iḥna …
3. Fādi tġadda wiyya ṣadīqa, yaʕni huṃṃa …
4. Rāmi rāḥ wiyya uxta l-iğ-ğāmʕa, yaʕni huṃṃa …
5. inti rikaḏti wiyya Aḥmad l-il-madrasa, yaʕni intu …
6. la titʕārkūn bass liʕbu …
7. ṣadīqāti da-ydursūn il-yōm ʕidd Sāmi, yaʕni huṃṃa …
8. Hāni yuštuġuḷ wiyyāya, yaʕni iḥna…

Ü 16.5 Beantworten Sie die Fragen.
Muster: *huṃṃa raḥ-yğūn ib-ġēr yōm, mū? → laʔ, huṃṃa raḥ-yğūn ib-nafs il-yōm.* bzw. *huṃṃa raḥ-yğūn ib-nafs il-yōm? → laʔ, huṃṃa raḥ-yğūn ib-ġēr yōm.*

1. štirētu bēt ğidīd ib-nafs id-darbūna? – laʔ, …
2. iğākum il-yōm ġēr muʕallim b-id-daris, mū? – laʔ, …
3. qirēti nafs il-iktāb māli? – laʔ, …
4. intu b-ğāmʕatkum itlibsūn nafs iz-ziyy il-muwaḥḥad [*Schuluniform*] mālna? – laʔ, …
5. tḥibbūn niltiqi b-ġēr maṭʕam? – laʔ, …
6. ʕiddkum garāyib sāknīn ib-ġēr madīna? – laʔ, …
7. intu hamm riḥtu ha-l-marra nafs il-mōḷ? – laʔ, …
8. trīd tismaʕ nafs il-mōsīqa? – laʔ, …

Ü 16.6 Ordnen Sie folgende Wörter zu sinnvollen Sätzen.

1. šī, w, tḥibbūn, it-timman, ġēr, marag, tāklūn?
2. iṣ-ṣōm, intu, ṣōm, ġēr, māl, ʕiddkum, Rumḏān, šahar?
3. yiḥčūn, ġēr, b-il-Mūṣil, lahǧa, in-nās.
4. ṣāyrāt, yamm, Karbala, il-lux, wiḥda, w-in-Naǧaf.
5. garāybi, min, šāyfa, b-il-Baṣra, wāḥid, isnīn, yʕīš, ma, ʕašr.
6. iḥčēt, il-bārḥa, il-walad, -ilkum, xābarni, ʕalḗ, il.

Ü 16.7 Übersetzen Sie:

1. Das ist aber ein schöner Korb!
2. Ich habe meine Mutter seit zwei Jahren nicht gesehen. Ich vermisse sie sehr.
3. Meine Schwester will einen Kühlschrank kaufen, der größer ist als unserer.
4. Morgen werden wir Fadys Geburtstag feiern.
5. Sie sind aufeinander böse und reden seit zwei Monaten nicht mehr miteinander.
6. Habt ihr keine andere Idee?
7. Vor der Tür ist ein Junge, der schon eine Stunde auf dich wartet.
8. Beim Gemüsehändler gibt es Gurken, Kartoffeln, Zucchini und anderes.

Ü 16.8 Ergänzen Sie bei den folgenden Relativsätzen – wo nötig – das Relativpronomen und das rückweisende Pronominalsuffix.

1. rāwīni ǧ-ǧunṭa ____________________ štirēt__________ b-Berlin!
2. simaʕit innu Aḥmad ʕinda uxut čibīra ____________ isim ____________ Maryam.
3. wēn ḥāṭṭ l-iktāb _______________ qirēt ____________ l-isbūʕ il fāt?
4. ligētu l-miftāḥ _______________ čintu tdawwrūn ʕalḗ?
5. š-isim ir-riǧǧāl _______________ gāʕid yamm Dāna?
6. ǧābat-ilna ṣūra ______________________ ʕiǧbatna hwāya.
7. wēn is-salla ____________ štirēna ___________ awwalt il-bārḥa?
8. tmarraḏ imn-il-akil ______________ akal ____________ b-il-maṭʕam il-bārḥa.
9. lēš ma širabti l-ʕaṣīr ____________________ giddāmič ʕa-l-mēz?
10. la trūḥ wiyya riǧǧāl ___________________ ma tʕurf ________!

Ü 16.9 Antworten Sie, indem Sie das entsprechende *Nomen unitatis* (Einzelwort) verwenden.

Muster: *akalti l-burtuqāl kulla? – lā, akalit burtuqāla wiḥda bass.*

1. gaššarti l-butēta kullha? – lā, …
2. akalaw il-mišmiš kulla? – lā, …
3. ġisaltu l-bētinğān kulla? – lā, …
4. ṭubaxit kull is-simač? – lā, …
5. ʕiṣarti r-rummān kulla? – lā, …
6. šuwēt kull id-diğāğ? – lā, …
7. gaṣgaṣti kull il-buṣal? – lā, …
8. akalit kull il-mōz? – lā, …
9. ʕiṣraw in-nūmi kulla? – lā, …
10. gaššarti l-baṭṭīx kulla? – lā, …

Lektion XVII

Texte

Text XVII/1: Wallfahrten nach Kāḏimayn und Najaf – *ziyārāt il-Kāḏimayn w-in-Nağaf*

min ʕādat il-ʕirāqiyyīn ib-ṣūra ʕāmma ziyārāt il-magābur w-il-aḏriḥa w-il-mazārāt. w-il-ḥilu b-il-mawḏūʕ huwwa innu l-mazārāt id-dīniyya tistaqbil kull in-nās w mū bass ğamāʕathum. yaʕni l-masīḥiyyīn ygidrūn yzūrūn mazārāt il-muslimīn w-il-muslimīn kanāyis w adyirat il-masīḥiyyīn hammēn. il-masīḥiyyīn maṯalan ʕiddhum adyira hwāya b-il-ʕIrāq miṯil Dēr Šēx Matti w Dēr Mār Hirmiz w ġērhum. il-muslimīn nafs il-ḥāla w b-iʕtibār iš-Šīʕa huṃṃa il-aġlabiyya fa- akīd mazārāthum hiyya l-ašhar w-il-akbar miṯil marqad il-Imām ʕAli b-in-Nağaf aw marqad il-Imām il-Ḥusayn w ġērhum min marāqid il-aʔimma. ahamm marqad ib-Baġdād huwwa māl il-imāmēn Mūsa l-Kāḏim w ḥafīda Mḥammad iğ-Ğawād. hāḏa l-marqad ysammū́ l-ʕAtaba l-Kāḏimiyya w-il-manṭaqa id dāyir ma-dāyra isim-ha hamm il-Kāḏimiyya.

il-muslimīn ʕāmma w-iš-Šīʕa xāṣṣa yrūḥūn yzūrūn ib-ʔawqāt mixtalfa b-is-sana, ʕalamūd yāxḏūn baraka aw iḏa wāḥid ʕinda fadd imrād aw il yrīd yinṭi niḏir.

Text XVII/2: Dalias Geburtstag – *ʕīd mīlād Dālya*

Dālya raḥ-tiḥtifil bāčir ib-ʕīd mīlādha l-wāḥid w-itlāṯīn. w miṯil kull marra raḥ-itkūn il-ḥafla čbīra w raḥ-yintiris il-bēt xuṭṭār. kull sana tiʕzim Dālya kull ṣadīqātha w-aṣdiqāʔha w kull garāyibha ʕala ʕīd mīlādha. uṃṃha tḥaḍḍir-ilha t-tabbūla w-il-kuḅḅa w bāqi n- *tfaḍḍal* w wiḥda min xawāt Dālya tsāʕidha. amma l-kēk w-il-kāstar kull marra Dālya hiyya tsawwīha b-nafisha b-aʕyād mīlād xawātha w ahilha w ḥatta b-il-ʕīd mīlād mālha.

bāčir akīd raḥ-yğūn il-xuṭṭār kullhum w raḥ-yğībūn wiyyāhum hadāya ḥilwa w raḥ-yšibʕūn winsa b-il-liʕib w-il-aklāt iṭ-ṭayyba l ḥaḍḍrōha, w raḥ-yšaġġlūn aġāni bṣōṭ ʕāli w-yrigṣūn w-yliʕbūn liʕbāt kulliš itwannis. w akīd baʕdēn raḥ-yġannūn id-Dālya »sana ḥilwa ya gamīl, w happy birthday to Dālya«. w waṛa-ma tinfux Dālya ʕa-š-šamiʕ w-ittaffīhum kullhum, il-kull raḥ-ybārkū-lha w-yhannūha w yitmannū-lha sanat xēr w ṣiḥḥa w muwaffaqiyya w ḥubb. w akīd b-il-axīr maḥḥad ma raḥ-yinsa yākul il-kēka mālta.

Text XVII/3 ʕAli lernt Autofahren – *ʕAli da-yitʕallam isyāqa*

ʕAli xaḷḷaṣ iṯ-ṯānawiyya w da-yrīd yitʕallam isyāqa ḥāla ḥāl bāqi aṣdiqāʔa:

ʕAli:	ḅāḅa, il-yōm dā-fakkir asaǧǧil ib-maʕhad māl taʕlīm isyāqa, š-itgūl? ib-yā maʕhad asaǧǧil?
il-abu:	šinu s-sālfa ʕAllāwi!? uxūtak kullhum āni ʕallamithum ʕa-l-isyāqa. mū ʕēb itsaǧǧil ib-maʕhad w-āni mawǧūd!?
ʕAli:	lā ḅāḅa, Aḷḷa yxallīk xallīni atʕallam ib-maʕhad. mū āni aʕurfak gubaḷ titʕaṣṣab w-itd̠ūǧ w tizʕal.
il-abu:	hāy iš-bīk ya mʕawwad, hiyya syāqa, xō ma ʕilm id̠-d̠arra hiyya. xallīni atfarraġ-lak il-yōm il-ʕaṣir! w-āxd̠ak il-hāy is-sāḥa l-qarība min Sūg iṯ-Ṯilāṯā, w-aʕallmak, w hassa tšūf išlōn is-sālfa māku ashal minha.
ʕAli:	yaḷḷa š-asawwi baʕad amri l-Aḷḷa.

ṣār il-ʕaṣir w-abu ʕAli axad̠ ʕAllāwi l-is-sāḥa l-qarība min yammhum.

il-abu:	yaḷḷa ʕAllāwi, hassa taʕāl ugʕud ib-mukāni. awwal šī tsawwī lāzim itšidd il-iḥzām w-itʕaddil l-imrāyāt w-il-kursi mālak.
ʕAli:	ōkay ḅāḅa, māši.
il-abu:	ʕafya ʕAllāwi, hāk il-iswīč w gabuḷ-ma tšaġġiḷ is-sayyāra, xalli riǧlak il-yisra ʕa-l-iklačč w bawwiš il-gēr w šaġġiḷ.
ʕAli:	xōš, hāy šaġġaḷnāha, hassa šlōn amaššīha?
il-abu:	ī hassa bida š-šuguḷ iṣ-ṣudug. ibqa ḥāṭṭha r-riǧlak ʕa-l-iklačč w baddil il-gēr ʕa-l-wāḥid, w-iświayya šwayya ǧurrha r-riǧlak w-iwyāha dōsat bānzīn kulliš xafīfa.
ʕAli:	ḥēēēl, hāy inta kull marra tsawwi kull had̠anni š-šaġḷāt, ōkay raḥ-aḥāwil.

w hāy marrat sāʕa kāmla w ʕAllāwi l-ḥadd hassa ma da-yuʕruf ybaddil il-gēr ʕa-l-wāḥid, w kull-ma yǧarrub marra ṯānya tgūm itʕatʕit is-sayyāra b-īda, w abū bida yitʕaṣṣab.

il-abu:	lak ibni mū ṣār-li sāʕa dā-gul-lak iświayya šwayya, iświayya šwayya, w-inta walā ʕa-bālak, itfawwit minnā w-itṭalliʕ minnā, wilak mū ḥatta il-gēr raḥ-ygūm min waṛāk.

ʕAli:	hassa di-yaḷḷa xall tiʕṭal, tgūl fīrāri, hiyya barāzīli msakruba, ʕa-l-aqall iḏa xurbat ništirī-lna sayyāra ǧidīda b-rāsha xēr.
il-abu:	ašu di-ǧīb il-iswīč, inta ma yfīd bīk, lō tiṭlaʕ-lak naxḷa b-rāsak hamm ma tuʕruf itsūq.
ʕAli:	mū gitt-lak min il-bidāya arūḥ il-maʕhad w-afuḏḏha.
il-abu:	rūḥ saǧǧil, iš-ma tsawwi sawwi, māli ʕalāqa bīk baʕad.

Übungen zu den Texten

Ü 17.1 Übung zu Text XVII/2

Schildern Sie ihre eigene Geburtstagsfeier.

Ü 17.2 Fragen zu Text XVII/3

1. yrīd ʕAli yitʕallam isyāqa wiyya abū́ lō b-maʕhad?
2. lēš ma rād abū́ lli yʕallma?
3. šwakit ballaš abu ʕAli yʕallim ʕAli syāqa w wēn?
4. š-lāzim ysawwi ʕAli gabuḷ-ma yšaġġiḷ is-sayyāra?
5. šlōn yigdar il-wāḥid ybaddil il-gēr?
6. lēš bida abu ʕAli yitʕaṣṣab?
7. šinu nōʕ is-sayyāra māl abu ʕAli?
8. yitwaqqaʕ abu ʕAli innu ʕAli b-fadd yōm raḥ-yuʕruf ysūq?

Grammatik

17.1 Das Verb (15) – Der IX. Stamm

Der IX. Stamm ist nicht produktiv, d.h., es gibt nur eine relativ kleine Anzahl von Verben, die entweder einen Bezug zu Farben haben oder körperliche Defekte bezeichnen (so wie die Adjektive des Schemas *afʕal*). Die Schemata für sämtliche Wurzeln lauten *fʕall, yifʕall.* Beispiele sind:

> *ḥmarr, yiḥmarr* „rot werden, erröten" – vgl. *aḥmar*
> *ṣfarr, yiṣfarr* „gelb werden; erbleichen" – vgl. *aṣfar*
> *byaḏḏ, yibyaḏḏ* „weiß werden" – vgl. *abyaḏ*
> *swadd, yiswadd* „schwarz werden" – vgl. *aswad*
> *ṣlaʕʕ, yislaʕʕ* „glatzköpfig werden" – vgl. *aṣlaʕ*

Zur Konjugation des IX. Stammes siehe Paradigma 17.

17.2 Das Verb (16) – Der X. Stamm

Die Verben des X. Stammes besitzen eine Vorsilbe *sta-* (selten *sti-*) und sind oft Entlehnungen aus der Hochsprache. Semantisch sind sie sehr unterschiedlich und lassen sich kaum bestimmten Funktionen zuordnen. Die Schemata für reguläre Wurzeln lauten *stafʕal, yistafʕil*, z.B. *staʕmal, yistaʕmil* „verwenden".

Analog zum Grundstamm weisen die von nicht-regulären Wurzeln gebildeten Verben eigene Formen auf. Dabei gilt Folgendes:

- Die geminierten Verben des X. Stammes haben zwei Perfektbasen (*a/i*) und werden konjugiert wie *ḥabb, yḥibb*, z.B. *staḥaqq, yistaḥiqq* „etw. verdienen" und *stixaff, yistaxiff* „j-n (*bi-*) nicht ernst nehmen".
- Die konkaven Verben des X. Stammes haben auch zwei Perfektbasen (*a/i*) und werden konjugiert wie *ğāb, yğīb*, z.B. *starāḥ, yistirīḥ* „sich ausruhen", *stafād, yistifīd* „Nutzen ziehen (aus)". Manche werden aber auch regelmäßig gebildet, z.B. *stağwab / yistağwib* „befragen".
- Die defektiven Verben des X. Stammes werden konjugiert wie *ḥača, yiḥči*, z.B. *stağna, yistağni ʕan* „verzichten auf".
- Assimilierte Wurzeln sind sehr selten und werden regulär gebildet.

Zur Konjugation des X. Stammes siehe Paradigmen 18A-B.

17.3 Hilfsverben

Im Irakischen gibt es eine ganze Reihe von Hilfsverben, die bestimmte Aktionsarten und temporale Aspekte ausdrücken. Im Gegensatz zum Deutschen werden sowohl das Hilfsverb und das Hauptverb voll konjugiert.

17.3.1 *gām*

Das Hilfsverb *gām* dient der Kennzeichnung einer Handlung, die neu und meist auch plötzlich beginnt. Es steht sowohl im Perfekt als im Präsens.

> *lamma šāf il-muʕallim, gām yibči.* „Als er den Lehrer erblickte, begann er zu weinen."
> *kull-ma yirğaʕ sakrān ygūm ykassir il-imwāʕīn.* „Immer wenn er betrunken heimkommt, fängt er an die Teller zu zerschlagen."

17.3.2 *rāḥ* und *ğā*

Diese beiden Verben können eine leichte Absicht ausdrücken, werden aber manchmal auch ähnlich wie *gām* verwendet.

iš-Šīʕa yrūḥūn yzūrūn il-Kāḏim ʕalamūd yāxḏūn baraka min ʕinda. „Die Schiiten besuchen (das Heiligtum) von al-Kāḏim um Segen von ihm zu erhalten."
garāyibna b-in-Namsa yğūn yğību-lna hadāya kull sana b-il-ʕīd „Unsere Verwandten in Österreich (kommen und) bringen uns jedes Jahr zum Fest Geschenke."

17.3.3 *buqa* und *ḏall*

Diese beiden Hilfsverben drücken aus, dass eine Handlung andauert oder fortgesetzt wird. Sie können sowohl im Perfekt also auch im Präsens stehen.

buqēna nidrus ʕarabi l-is-sāʕa tisʕa b-il-lēl. „Wir lernten bis 9 Uhr Abend Arabisch."
Sāra tḏall tištuġuḷ l-iṣ-ṣubuḥ. „Sara arbeitet bis zum Morgen durch."

17.4 Besondere Zeitausdrücke

17.4.1 „noch immer"/„noch nicht"

Deutsch „noch immer" und „noch nicht" werden im Irakischen durch die Präposition *baʕad* ausgedrückt, an welche meistens ein entsprechendes Pronominalsuffix tritt, vor allem wenn die Person im Satz nicht explizit genannt wird. Um anzugeben, dass etwas „noch nicht" geschehen ist, wird *baʕad* mit einem verneinten Verb kombiniert. Wie im letzten Beispielsatz kann dieses negierte Verb aber auch ausgelassen werden, wenn der Bezug eindeutig ist.

Die folgende Tabelle zeigt die Präposition *baʕad* mit allen Pronominalsuffixen.

	SINGULAR	PLURAL
1. PERS.	*baʕadni*	*baʕadna*
2. PERS. M.	*baʕdak*	*baʕadkum*
2. PERS. F.	*baʕdič*	*baʕadčin*
3. PERS. M.	*baʕda*	*baʕadhum*
3. PERS. F.	*baʕadha*	*baʕadhin*

Beispiele:

hāy iš-biyya? nimit ʕašir sāʕāt bass baʕadni naʕsān. „Was ist los mit mir? Ich habe zehn Stunden geschlafen, aber ich bin noch immer schläfrig."
min čānat uxti baʕad itrūḥ l-il-madrasa ~ min čānat uxti baʕad-ha trūḥ l-il-madrasa... „Als meine Schwester noch zur Schule ging..."
wēn Zēnab? – baʕad(ha) ma wuṣlat. „Wo ist Zēnab? – Sie ist noch nicht angekommen."
itġaddētu lō baʕadkum (ma tġaddētu)? – lā, baʕadna (ma tġaddēna). „Habt ihr schon gegessen oder noch nicht? – Nein, noch nicht."

17.4.2 „nicht mehr"

Auch für die Zeitangabe „nicht mehr" wird *baʕad* mit der Negation *ma* verwendet. In diesem Fall wird es allerdings nicht mit den Pronominalsuffixen kombiniert.

Zaynab čānat ǧīrānna, bass baʕad ma tiskun ihnāna. „Zaynab war unsere Nachbarin, aber sie wohnt (jetzt) nicht mehr hier."
čān yzūrna kull isbūʕ bass min ḥawali šahar baʕad ma iǧa. „Er besuchte uns jede Woche, aber seit ca. einem Monat ist er nicht mehr gekommen."
baʕad ma tištuġuḷ b-iš-šarika. „Sie arbeitet nicht mehr in der Firma."
baʕad ma ʕindi wakit. „Ich habe keine Zeit mehr."

17.4.3 „niemals" und „noch nie"

abad zusammen mit einer Negation kann in beiden Bedeutungen verwendet werden. *walā marra* heißt nur „noch nie". Es steht entweder vor dem Verb ohne Negation oder nach einem negierten Verb.

āni abad ma šāyifha gabuḷ. „Ich habe sie noch nie gesehen."
āni walā marra šāyifha gabuḷ. ——"——
āni ma šāyifha gabuḷ walā marra. ——"——
abad la tākul min hāya n-nastala! „Iss niemals von dieser Schokolade!"
ibnič ma raḥ-yṣīr ib-rāsa xēr abad. „Dein Sohn wird niemals gescheiter werden."

17.5 Reale Konditionalsätze

Bei einem realen Konditionalsatz wird angenommen, dass die darin geäußerte Bedingung wirklich eintreffen kann. Als Konjunktion wird in solchen Sätzen *iḏa* „wenn, falls" verwendet. Solche Sätze sind schon des öfteren vorgekommen (s. z.B. Ü 8.6). Üblicherweise geht der Wenn-Satz dem Hauptsatz voraus. Im Wenn-Satz steht meistens ein Präsens, doch ist auch das Perfekt möglich (was aber nicht impliziert, dass sich der Satz auf die Vergangenheit bezieht). Im Hauptsatz steht entweder das Präsens oder ein Imperativ.

iḏa tintiḏirni daqīqa, nrūḥ suwa. „Wenn du eine Minute auf mich wartest, gehen wir gemeinsam."
iḏa inta marīḏ lēš ma trūḥ l-id-diktōr? „Wenn du krank bist, warum gehst du dann nicht zum Arzt?"
iḏa ma raḥ-itkammlīn dirāstič, ma raḥ-tilgī-lič šuġuḷ imrattab. „Wenn du (F) dein Studium nicht abschließt, wirst du keine ordentliche Arbeit finden."
iḏa taʕbāna, la tiǧīn! „Falls du müde bist, komm nicht!"

Wenn der Satz eine Möglichkeit in der Zukunft ausdrückt, wird manchmal auch die Konjunktion *lō* verwendet.

lō tiǧīn ib-waḥdič, aḥsan. „Wenn du (F) alleine kommst, ist es besser."

17.6 Ausdrücke der Unbestimmtheit

17.6.1 *čam* „ein paar"

Außer als Fragewort „wie viele?" wird *čam* auch im Sinne von „ein paar" gebraucht. Auch in diesem Fall steht das folgende Substantiv (und ggf. auch das Attribut) im Singular.

ḏallēna čam yōm b-il-Baṣra. „Wir blieben ein paar Tage in Basra."
inṭīni čam dīnār! „Gib mir ein paar Dinar!"
ʕinda čam bēt čibīr ib-markaz il-madīna. „Er besitzt ein paar große Häuser im Stadtzentrum."

Wird *čam* ohne Bezugswort verwendet, muss es durch *wāḥid* bzw. *wiḥda* (letzteres nur in Bezug auf rein weibliche Gruppen) ergänzt werden.

iǧa čam wāḥid. „Ein paar sind gekommen."

17.6.2 Die Indefinitpronomen *wāḥid* und *aḥḥad*

Das Zahlwort *wāḥid* wird auch als unbestimmtes Pronomen im Sinne von „einer, jemand" verwendet. Die entsprechende Femininform ist *wiḥda.* Normalerweise werden *wāḥid* und *wiḥda* nur in positiven Aussagesätzen verwendet. Häufig wird *wāḥid* mit *fadd* kombiniert.

Beispiele:

il-bārḥa iğa wāḥid siʔal ʕalēk. „Gestern kam einer und fragte nach dir."
čān aku wiḥda b-il-ḥafla mā-ʕrufha. „Auf der Party war eine, die ich nicht kenne."
xiṭabha fadd wāḥid imn-il-Mūṣil yištuġuḷ diktōr. „Einer aus Mossul, der als Arzt arbeitet, hat sich mit ihr verlobt."

Die Formen *wāḥid lax* und *wiḥda lux* bedeuten „ein anderer/s, eine andere". In derselben Bedeutung wird auch *ġēr wāḥid/wiḥda* verwendet.

xallīna nğarrib wāḥid lax. „Lass uns ein anderes probieren!"
il-maṭʕam hāḏa malyān, xall inšūf-inna ġēr wāḥid. „Dieses Restaurant ist voll, lass uns zu einem anderen schauen."

Vor allem in verneinten Sätzen sowie in Frage- und Konditionalsätzen wird das unveränderliche *aḥḥad* (auch *aḥad*) gebraucht. Wenn es direkt nach der Negation steht, verwendet man die zusammengesetzte Form *maḥḥad.* Um es zu verstärken („gar niemand"), kann der Satz noch einmal verneint werden.

maḥḥad (ma) čān wiyyāya, čint ib-baḥdi. „(Gar) niemand war bei mir, ich war ganz alleine."
ma šifit aḥḥad min ğamāʕatna b-is-sūg? „Hast du niemanden von unserer Gruppe am Markt gesehen?"
aku aḥḥad šāf qalami? „Hat jemand meinen Stift gesehen?"
māku aḥḥad mumkin ysāʕidni? „Kann mir keiner helfen?"
iḏa šiftu aḥad xābrūna. „Wenn ihr jemanden seht, gebt uns Bescheid!"

17.6.3 *šī* „etwas"

Mit Bezug auf Dinge wird *šī* als unbestimmtes Pronomen verwendet; es kann auch durch *fadd* ergänzt werden.

miḥtāğ šī baʕad? „Brauchst du noch etwas?"
bīk šī? „Alles okay bei dir?" (wörtl. „Ist etwas mit dir?")
ʕindak šī lax? „Hast du etwas anderes?"
arīd agul-lič fadd šī, bass ʕafya xallīha bēnātna „Ich möchte dir (F) etwas sagen, aber es soll bitte unter uns bleiben."

17.6.4 *ayy*

Das Wort *ayy* wird verwendet, wenn aus einer bestimmten Menge etwas ganz Beliebiges benannt wird (ähnlich wie deutsch *irgend-*).

> *nrīd inrūḥ il-ʔayy maṭʕam.* „Wir wollen in *irgend*ein Restaurant gehen.“ (egal welches, weil wir schon solchen Hunger haben)
> *xtārī-lič ayy šī trīdī!* „Such dir aus, was immer du möchtest!“

17.6.5 *š-isma* „Dings“

š-isma „Dings“ ist ein Füllwort, wenn einem das richtige Wort nicht einfällt. Es kann auch bestimmt werden und heißt dann *il-š-isma* oder *iš-š-isma* „der Dingsda, der Dingsbums“ (wird auch verwendet, wenn man den Namen nicht sagen möchte, weil es sich z.B. um eine gefährliche Person handelt):

> *Zaynab kull yōm xamīs tuṭbux ... š-isma ... dōḷma.* „Jeden Donnerstag kocht Zaynab … Dings … Dolma.“
> *agul-lak wēn ḥaṭṭēt ... š-isma?* „Sag einmal, wo ist denn das … Dingsda?“
> *hāḏa š-š-isma xābarni ṣ-ṣubuḥ.* „Der, du weißt schon, hat mich in der Früh angerufen.“

17.7 Ausdruck von Beziehungen und Eigenschaften mit *abu* und *uṃṃ*

Im Irakischen werden die beiden Nomen *abu*, wörtl. „Vater“, und *uṃṃ*, wörtl. „Mutter“ häufig verwendet, um verschiedenste Arten von Zugehörigkeit auszudrücken. Phrasen mit *abu* und *uṃṃ* werden unter anderem für Berufsbezeichnungen oder für Personen, die bestimmte Waren verkaufen, verwendet:

> *abu t-tamur* „Dattelverkäufer“
> *abu l-iʕyūn* „Augenarzt“
> *abu l-imxaḏḏar* „Gemüsehändler“
> *uṃṃ ir-rōba* „Joghurtverkäuferin“

Man verwendet Phrasen mit *abu* und *uṃṃ* auch oft, um Personen anhand von Äußerlichkeiten (z.B. körperliche Merkmale, Kleidungsstücke) zu beschreiben:

> *abu xašim* „einer mit einer auffälligen (~ großen) Nase“
> *uṃṃ iš-šaʕar iṭ-ṭuwīl.* „die mit den langen Haaren“
> *uṃṃ in-nafnūf il-aḥmar* „die mit dem roten Kleid“

Die Phrase mit *abu* und *uṃṃ* kann auch wie ein Adjektiv verwendet werden und einem Nomen folgen, um dieses näher zu bestimmen oder zu modifizieren.

Beispiele:

arīd hāḏa l-mōbāyḷ abu l-kāmira. „Ich will dieses Handy mit Kamera."
inṭī-ni (waraqa) uṃṃ il-xamsa w ʕišrīn „Gib mir einen 25.000-Dinar-Schein!"
sayyāra uṃṃ il-gēr il-ʕādi „ein Auto mit normaler Gangschaltung"

Zudem verwendet man Phrasen mit *abu* und *uṃṃ* zur Bezeichnung mancher Tiere und Krankheiten, zum Beispiel:

abu brēṣ „Gecko"
abu ṣfār „Gelbsucht"
abu xrayyān „Windpocken"
uṃṃ arbaʕa w arbaʕīn „Tausendfüßler"

Wortfeld 15: Zustimmung und Ablehnung – *il-qubūl w-ir-rafuḍ*

ZUSTIMMUNG	
ī	Ja!
bali	Doch! ~ Ja!
ṣaḥḥ ~ ṣaḥīḥ	Richtig!
xōš!	Gut!
māši! ōkēy!	Okay!
tamām!	Super! Perfekt!
mumtāz!	Wunderbar!
āni wyāk	Ich stimme dir zu.
mwāfiq F *mwāfqa*	Einverstanden!
raʔyi min raʔyak	Ich bin ganz deiner Meinung.
ABLEHNUNG	
laʔ!	Nein!
mū hīč!	So nicht!
ġalaṭ!	Falsch!
kāfi!	Es reicht! Genug!
ma-ʕlēk! ~ mālak ʕalāqa!	Das geht dich nichts an!
la titdaxxal (biyya)!	Misch dich nicht ein!
ʕūfni b-baḥdi!	Lass mich in Ruhe!
la tilzamni! ~ la tṭuxxni!	Rühr mich nicht an! Fass mich nicht an!
la tbāwiʕ-li hīči	Schau mich nicht so an!

waxxir min yammi/giddāmi!	Geh weg!
āni axtilif wiyyāk.	Ich bin nicht deiner Meinung.
āni wiyyāk, bass…	Du hast recht, aber …
SCHIMPFWÖRTER	
muṭi / ḥmār	Dummkopf! [wörtl. Esel]
kalb ibn il-kalb	Du Hund (Sohn eines Hundes)!
ġabi! F *ġabiyya!*	Trottel!
aṯwal F *ṯōla*	Wirrkopf!
wiǧaʕ (ma tiskut ʕād)!	Halt das Maul!
lūgi (F ungebräuchlich)	Du Schleimer!
lūti (F ungebräuchlich)	Trickser!
čaḏḏāb! F *čaḏḏāba!*	Lügner/in!
(hay inta) min kull ʕaqlak	Meinst du das ernst?
čān istiḥēt	Schäm dich!
bala mazʕaṭa	Sei nicht kindisch!
walli min-nā!	Hau ab!
xōš iklāwāt	Das ist alles Quatsch!
hiyya māl idrūb / xalli ywallan	Willst du mich verarschen?
xāb gūm	Geh hör auf!
(hāy il-iswālif) mū ʕalēna	Mit dieser Geschichte kommst du bei uns nicht durch!

Übungen zur Grammatik

Ü 17.3 Setzen Sie die passenden Zeitausdrücke und/oder Hilfsverben ein und übersetzen Sie dann die Sätze ins Deutsche. Zur Auswahl stehen: *baʕad, abad* (2x), *gām, ḏall, buqa.*

1. šifna fadd ḥarāmi min biʕīd w ____________ nurkuḏ warā́.
2. šifit kampyūtar ib-šāriʕ iṣ-Ṣināʕa, bass _________________-ni ma štarēta.
3. ahli rāḥaw l-is-sūg w āni ____________ adrus b-il-bēt ib-baḥdi.
4. šifit ṣadīqi čān lābis kammāma [*Maske*] w _________________ ma ʕrafta l-ḥadd-ma nizaʕha w sallam ʕalayya.
5. wugafna b-il-maḥaṭṭa, bass il-pāṣ itʔaxxar w _______ nintaḏra sāʕa kāmla.
6. āni __________ ma mākil laḥam ǧimal ib-ḥayāti.

Ü 17.4 Setzen Sie die passenden Formen der angegebenen Verben des VIII., IX. und X. Stammes ein: *staʕmal, rtāḥ, stağwab, starāḥ, ṣfarr, staḥaqq, štāq, ḥmarr, stafād, ṣlaʕʕ.*

1. min šāfat id-damm b-il-gāʕ ________ wuğihha.
2. il-yōm riḥit l-is-safāra s-suʕūdiyya w gallō-li ma __________ vīza.
3. ṭūl il-yōm činna b-is-sūg w ma ṣār ʕiddna wakit ___________ bī.
4. in-nās l itʕīš b-il-ġurba __________ l-il-waṭan.
5. iš-šurṭa l-bārḥa __________ wāḥid min manṭaqatna.
6. ṣadīqi Muṣṭafa kull-ma yšūf wiḥda ḥilwa _________ wičča.
7. štirēt-li kampyūtar ġāli bass ṭilaʕ fāgis w kull šī ma __________ minna.
8. hāy inta iš-wakit _________? min šiftak gabuḷ santēn čān ʕindak šaʕar.
9. il-xuṭṭār wāgfīn b-il-bāb, gullī-lhum xall yitfaḍḍlūn __________.
10. ___________ hāḏa d-duwa! ğarrabta w ṭilaʕ mumtāz.

Ü 17.5 Übersetzen Sie die folgenden Sätze:

1. Meine Schwester ist noch nicht nach Hause gekommen.
2. Wir haben Babylon noch nie besucht.
3. Mein Vater ist 70 Jahre alt, aber er arbeitet noch immer.
4. ʕAli hat in Europa Asyl bekommen. Ich glaube, er wird nicht mehr in den Irak zurückkehren.
5. Was machen die Leute hier? – Sie warten noch immer auf den Bus.
6. Kommst du mit? – Nein, ich muss noch ein paar Aufgaben machen.
7. Hast du noch nie eine Wasserpfeife geraucht? Das musst du ausprobieren!
8. Ich war viermal im Iran, aber ich habe niemals die Region Aḥwāz besucht. Ich habe gehört, dass die Menschen dort Arabisch sprechen.
9. Was macht unsere Freundin Zaynab? – Sie studiert noch immer Medizin.
10. Sie waren 20 Jahre verheiratet, aber jetzt sprechen sie nicht mehr miteinander.

Ü 17.6 Setzen Sie die folgenden Bedingungssätze fort.

1. iḏa wiʕadit …
2. iḏa ʕindič wakit …
3. iḏa intu bardānīn …
4. iḏa ʕiddkum iflūs ihwāya …

5. iḏa ǧāy il-yōm …
6. iḏa lgētī-li mifātīḥi …
7. iḏa širabit ʕarag ihwāya …
8. iḏa ʕaṭšān aw ǧūʕān …
9. iḏa ʕindak imtiḥān …
10. iḏa inti taʕbāna …

Ü 17.7 Erzählen Sie, was Sie noch niemals gemacht haben, indem Sie *abad* oder *walā marra* verwenden und die folgenden Sätze sinnvoll fortführen.

Muster: *ākul laḥam kull yōm, bass …* → *ākul laḥam kull yōm, bass abad ma akalit pāča. ~ walā marra akalit pāča.*

1. zirit taqrīban kull il-muḥāfaḏāt b-il-ʕIrāq, bass …
2. āni sāyiq kull anwāʕ is-sayyārāt, bass …
3. marrāt nišrab bīra, bass …
4. adaxxin ihwāya, bass …
5. asmaʕ aġāni maṣriyya kull misa waṛa š-šuġuḷ, bass …

Ü 17.8 Verbinden Sie jeweils einen Satzteil aus der linken Spalte mit einem aus der rechten Spalte, sodass sich sinnvolle und grammatisch richtige Sätze ergeben. Übersetzen Sie diese dann ins Deutsche.

iḏa miḥtāǧ is-sayyāra		bass baʕadni ma mitxarriǧ
āni ṣār-li sitt isnīn dā-drus		gullū-li āni ʕindi yyāha
iḏa nāwi trūḥ l-iš-šuġuḷ la tāxuḏ iṭ-ṭarīq is-sarīʕ		lō ōtōmātīk
iḏa trīdūn čam kitāb māl iṣ-ṣaff il-awwal		il gāʕid yamm ibin ʕammak
inta sayyārtak uṃṃ gēr ʕādi		rudd-li xabar
tuʕruf haḏāk ir-riǧǧāl abu š-šafqa l-xaḏra		liʔan kulliš izdiḥām

Ü 17.9 Übersetzen Sie:

1. Wenn ich ʕAli sehe, werde ich dich anrufen.
2. Wenn du alleine Angst hast, kannst du bei uns übernachten.
3. Wenn du krank bist, musst du zum Arzt gehen.
4. Wenn ihr einen Ausflug macht, möchte ich mit euch kommen.
5. Wenn der Polizist dich fragt, musst du ihm antworten.
6. Wenn du willst, iss mit uns zu Mittag!
7. Wenn mein Cousin nicht kommt, bin ich böse auf ihn.
8. Wenn meine Freunde mir nicht helfen, werde ich bei der Prüfung durchfallen.

Ü 17.10 Setzen Sie die passende Form der Unbestimmtheit ein: *čam, fadd* (2x), *čam wāḥid, maḥḥad, fadd šī, wāḥid, ayy, aḥḥad.*

1. tuʕruf __________ yigdar ysāʕidni b-imtiḥān l-inglīzi?
2. aku __________ sālfa arīd aḥčī-lak iyyāha.
3. __________ raḥ-yiği l-il-ḥafla?
4. arīd aštirī-li __________ ḏarūri mn-il-maḥall. ma-yxālif itdāyinni __________ yōro?
5. čān ʕidna l-yōm muḥāḏara bass __________ ma rāḥ.
6. tʕurfūn __________ maṭʕam zēn qarīb minnā?
7. aku __________ bīkum yuʕruf yiḥči kurdi?
8. ma-yxālif nāxuḏ min waktak __________ daqīqa, min ruxuṣtak?

Lektion XVIII

Texte

Text XVIII/1 Beim Arzt – *ʕidd id-diktōr*

A: *mn-itlat tiyyām Claudia da-tḥiss rūḥha mū tamām. ʕalamūd ha-š-šī rāḥat l-il ʕiyāda māl id-diktōr illi b-fariʕhum ḥatta yifḥaṣha.*

Claudia:	marḥaba, diktōr.
id-diktōr:	ahlan wa sahlan bīč uxti! tfaḏḏali rtāḥi! xēr? iš-da-yōğʕič?
Claudia:	diktōr, aḥiss kull ğismi da-yōğaʕni.
id-diktōr:	inti imṣaxxna?
Claudia:	ī diktōr dā-ḥiss ʕindi šwayya ṣxūna bass ma mitʔakkda, w mafāṣli mḥalḥila ʕabālak.
id-diktōr:	w ḥāssa b-ʔayy aʕrāḏ ṯānya?
Claudia:	ī diktōr! ḥāssa ʕindi gaḥḥa.
id-diktōr:	lā txāfīn, sahla! fukki ḥalgič w gūli āāāāā!
Claudia:	āāāāāāāā!
id-diktōr:	ʕindič iltihāb il-lawiztēn. lō ğēti raʔsan awwal-ma bdēti tḥissīn b-il-wiğaʕ čān aḥsan. ʕala kull ḥāl raḥ-ʔōṣif-lič antibāyatik. tāxḏīha marrtēn b-il-yōm gabḷ il-akil il-muddat isbūʕ. w ḥāwli tbaṭṭlīn il-mašrūbāt il-bārda w kaṯṯri mn-iš-šōrbāt w-iš-šaġḷāt id-dāfya w-il-fītāmīnāt.
Claudia:	šukran, bass mumkin tōṣif-li šarāb bidāl l-ḥubūb liʔan āni ma dā-gdar ablaʕ zēn.
id-diktōr:	ṭabʕan mumkin. laʕad uxḏi min hāḏa d-duwa xāšūga čbīra wiyya gḷāṣ ṃayy!
Claudia:	xōš, šukran marra ṯānya.
id-diktōr:	tiddallilīn, w lā txāfīn bāčir lō ʕugba itṣīrīn zēna!
Claudia:	inšāḷḷa diktōr, maʕa s-salāma.
id-diktōr:	maʕa s-salāma bitti! Aḷḷa wyāč!

B: il-bārḥa rāḥ Aḥmad da-yilʕab ṭōba wiyya aṣdiqāʔa b-is-sāḥa. fa-waṛa fadd sāʕa liʕib, wigaʕ w ma gām yigdar ygūm waṛāha. aṣdiqāʔa xāfaw ʕalḗ w gubaḷ xābrō-la l-isʕāf. bēn-ma wiṣlaw l-il-mustašfa wurmat riğla w gāmat kulliš itʔaḏḏī́. hnāka d-diktōr gubaḷ fiḥaṣ-la riğla w-axaḏ-ilhaašiʕʕa. b-il-ašiʕʕa bayyan innu riğla ma čānat maksūra bass čān bīha faṭir b-il-ʕaḏ̣im. waṛāha ğabbas-la d-diktōr riğla w wiṣaf-la ḥabābi musakkin w gal-la lāzim yirǧaʕ-la waṛa sbūʕ ḥatta yifḥaṣ-la ǧ-ǧibis w yšūf iḏa kull šī čān tamām. w b-il-axīr inṭā mawʕid waṛa šahrēn ḥatta yāxuḏ ašiʕʕa maṛa lux il-riǧla w yitʔakkad ṭābat ḥatta yiftaḥ-la ǧ-ǧibis.

Text XVIII/2 Visum verlängern – *taǧdīd il-vīza*

Gisela ṣār-ilha šahar ib-Baġdād w ṣār lāzim itrūḥ ʕala dāʔirt il-iqāma w-iǧ-ǧawāzāt ib-wizārt id-dāxiliyya ḥatta itǧaddid l-iqāma mālatha.

Gisela: is-salāmu ʕalaykum!
l-muwaḍḍaf: wa ʕalaykum uxti! tfaḍḍli!
Gisela: āni ṭāliba w dā-drus ib-ǧāmʕat Baġdād w lāzim aǧaddid iqāmti.
l-muwaḍḍaf: min ruxuṣtič, imli haḏanni t-tlaṯ istimārāt, w tiḥtāǧīn itlaṯ ṣuwar šaxṣiyya, w lāzim itrūḥīn l-il-muḥāsib itdifʕīn yamma ir-risūm, w tāxḏīn minna l-waṣil. w waṛāha riǧʕī-li!

waṛa rubuʕ sāʕa riǧʕat-la, w-il-muwaḍḍaf čayyak il-awrāq māl muʕāmala, kibas il-waṣil w-iṣ-ṣuwar wiyya l-istimāra w waqqaʕ ʕalēhum w gal-lha l-Gisela: »uxḏi l-muʕāmala w rūḥi ʕala maktab il-mudīr ḥatta ywaqqiʕ-lič ʕalēha.« *waṛa-ma waqqaʕha l-mudīr dazz Gisela l-il-muwaḍḍaf il-masʔūl il-awwal.*

Gisela: tfaḍḍal hāy kull šī miṯil-ma ṭlabit!
l-muwaḍḍaf: mumtāz šukran! laʕad inṭīni ǧawāz is-safar mālič w taʕālī-li fadd yōmēn!

Gisela tirǧaʕ waṛa yōmēn w-il-mwaḍḍaf yinṭīha ǧawāzha. hiyya itfitḥa ḥatta titʔakkad min il-maʕlūmāt māl taǧdīd w itšūf ib-dāxla xatm it-taǧdīd ṣāliḥ il-muddat sana.

Gisela: ʕafwan, šwakit aǧi marra ṯānya ʕalamūd it-taǧdīd māl is-sana iǧ-ǧāya?
l-muwaḍḍaf: ʕēni taʕāli gabuḷ šahar, xāf ykūn ʕindič naqiṣ aw ittawwil il-muʕāmala l-ʔayy sabab ič čān, fa-l-il-amān taʕāli fadd šahar gabḷ intihāʔ il-iqāma.
Gisela: šukran ǧazīlan! maʕa s-salāma!
l-muwaḍḍaf: Aḷḷa wyāč uxti, b-is-salāma!

Text XVIII/3 Witze – *nukat*

► it-tanābla: yigul-lak fadd yōm, il-wāli ǧimaʕ it-tanābla, w gal-lhum l-iǧ-ǧinūd, »haḏōla t-tanābla tṣaʕʕdūhum ib-ʕarabāna w-itwaddūhum ʕadil l-iǧ-ǧisir, w minnāk itḏibbūhum gubaḷ b-iš-šaṭṭ, ḥatta nixlaṣ minhum.« b-iṭ-ṭarīq šāfhum fadd wāḥid tāǧir, xōš insān, gal-lhum l-iǧ-ǧinūd, »yāba ḏōla lēš da-tḏibbūhum? xaṭiyya! ǧībūhum yammi w āni awakkilhum w-ašarribhum ʕindi, w hamm aksab bīhum ağir.« it-tāğir ʕinda b-il-mazraʕa mālta xubuz yābis, fa-gal-lhum: »anṭīkum il-xubuz il-yābis, bass yitnaggaʕ w waṛāha iklū ila an Aḷḷa yifriğha w titḥassan ḥālatkum.« fa-wāḥid min it-tanābla čān yğāwba l-it-tāğir w gal-la: »mawlāna, minu ynaggiʕ-ilna l-xubuz b-il-ṃayy?« fa-ğāwabhum w gal-lhum: »qābil āni, ġēr intu!«, fa-hāḏa t-tambal gal-la l-iğ-ğundi: »ʕammi, kammil šuġlak w waddīna l-iš-šaṭṭ!«

► il-kuḥla: aku fadd wāḥid šāf ṣāḥba mitkaḥḥil, fa-hāḏa tʕağğab w čān ygul-la: »lak hāy ši-msawwi b-rūḥak? hāy inta min išwakit itḥuṭṭ kuḥla?« fa-gal-la ṣāḥba: »ya mʕawwad xallīha sakta, min maṛti ligfat qalam il-kuḥla b-is-sayyāra.«

Text XVIII/4 Abschied von Bagdad – *wadāʕiyyat Claudia*

xilṣat is-sana d-dirāsiyya. Claudia xilṣat minḥatha w ṣār lāzim tirğaʕ l-in-Namsa. ṣadīqātha w-aṣdiqāʔha qarraraw ysawwū-lha wadāʕiyya b-fadd maṭʕam ʕirāqi turāṯi b-šāriʕ Abu Nuwās w-yʕizmūha ʕala masgūf, ḥatta tkūn ḏikra ḥilwa tibqa dāyman ib-bālha.

Gisela:	ma dā-ṣaddig raḥ-itkūn hāy āxir gaʕda bēnātna.
Claudia:	ī, fiʕlan. ma dā-txayyal raḥ-aʕūf ha-l-mukān ib-kull ḏikrayāta.
Maryam:	banāt! haḏāk-uwwa l-maṭʕam, raḥ-axābir Sāmi ašūf wiṣlaw lō baʕad.
Mays:	Maryam haḏāk Sāmi wāguf ib-bāb il-maṭʕam yimkin da-yintiḏ̣irna.
Sāmi:	banāāāt! taʕālu minnấ! iš-šabāb gāʕdīn ihnāk.
il-banāt:	halaw šabāb!
Gisela:	agul-lič Maryam, min-uwwa hāḏa Abu Nuwās?
Maryam:	Abu Nuwās wāḥid min ašhar iš-šuʕarāʔ b-il-ʕaṣr il-ʕabbāsi.
Claudia:	w šinu l-akil ir raḥ-nākla hnā?
Maryam:	simač masgūf, hāy akla baġdādiyya qadīma w kulliš mašhūra. yğībūn simač šabbūṭ, yfitḥū́ b-iṭ-ṭūl min ḏahra w-ynaḏḏfū́ w-yḥuṭṭū-la miliḥ. waṛāha yṯabbtūn fadd sitt sabiʕ simčāt ʕala šikil dāʔira, w-ykūn baṭn is-simač b-ittiğāh id-dāʔira. baʕdēn yğībūn ḥaṭab yxallū́ b-nuṣṣ id-dāʔira w-yšiʕlū́.
Sāmi:	yaḷḷa, iğa l-akil, itfaḏḏ̣lu šabāb, alif ʕāfya.

waṛa-ma aklaw w šibʕaw

Claudia:	šabāb āni ṭaggēt baʕad mā-gdar ākul akṯar min hīč. čān il-akil kulliš kulliš ṭayyib.
Maryam:	Claudia atmanna itkūn ʕiğbatič hāy il-ʕazīma.
Claudia:	šabāb, ṭabʕan mā-ʕruf šlōn aškurkum ʕala hāy il-gaʕda l-ḥilwa.

b-il-axīr Claudia šikrat kull ṣadīqātha w-aṣdiqāʔha ʕala kull šī sawwṓ ilha b-ṭūl fatrat iqāmatha b-il-ʕIrāq. hāy il-fatra ma raḥ-tinsāha ṭūl ḥayātha.

Maryam: Claudia! la tgiṭʕīn! dāyman kitbī-lna w ṭammnīna ʕalēč. w-inšāḷḷa nirǧaʕ nitšāwaf b-aqrab wakit.

Claudia: ṭabʕan akīd. w raḥ-nibqa dāyman ʕala tawāṣul. ṭabʕan atmannā-lkum kullkum kull il-muwaffaqiyya w-in-naǧāḥ. balki tiǧūni zyāra l-iVyanna, ḥatta ašawwifkum il-balad mālti w-afarfirkum bīha.

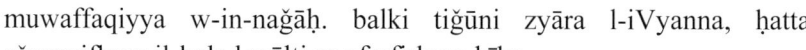

waṛāha aṣdiqāʔ Claudia waddōha l-il-maṭār. ṣadīqātha waṣlōha l-il-ḥāǧiz māl it-taftīš w bāsōha w waddaʕōha.

Übungen zu den Texten

Ü 18.1 Verfassen Sie einen Dialog zwischen einer Ärztin und einem männlichen Patienten, der ähnlich wie Text XVIII/1 struktuiert ist. Der Mann leidet unter Fieber, Schwindel, Kopfschmerzen und Durchfall.

Ü 18.2 Erzählen Sie ihrem irakischen Freund, wie Sie einmal in einem arabischen Land ein Visum verlängern mussten.

Ü 18.3 Fragen zu Text XVIII/4

1. lēš čān lāzim tirǧaʕ Claudia l-baladha?
2. šlōn waddaʕōha l-iClaudia aṣdiqāʔha?
3. šinuwwa l-masgūf?
4. il-yā madīna diʕat Claudia aṣdiqāʔha?

Grammatik

18.1 Irreale Konditionalsätze

Die Konjunktion *lō* (die auch „oder“ bedeutet) dient zur Einleitung von Konditionalsätzen, deren Bedingung nur hypothetisch ist. Wenn sich der wenn-Satz auf die Vergangenheit bezieht, steht meistens *čān* + Präsens, aber eine Präsensform alleine ist auch möglich. Im Hauptsatz wird im Allgemeinen *čān* + Perfekt verwendet, wobei *čān* nicht immer konjugiert wird.

> *lō čān ʕindi wakit, činit/čān riḥit wiyyāk.* „Wenn ich Zeit gehabt hätte, wäre ich mit dir gegangen.“
> *lō adri ʕindič ha-l-gadd mašākil, čān ğētič min wakit.* „Wenn ich gewusst hätte, dass du so viele Probleme hast, wäre ich früher gekommen.“

Bezieht sich der Satzinhalt auf die Gegenwart, so steht im wenn-Satz üblicherweise das Präsens (aber auch *čān*), im Hauptsatz wieder *čān* + Perfekt:

> *lō āni b-mukān il-mudīra, čān ṭiradtak.* „Wenn ich die Direktorin wäre, würde ich dich kündigen.“
> *lō umṃna hnā, čān ginnā-lha.* „Wenn unsere Mutter hier wäre, würden wir ihr es erzählen.“
> *lō kull in-nās čānaw miṯla čān ṣārat id-dinya b-xēr.* „Wenn alle Leute so wären wie er, wäre die Welt besser.“

Soll der Nebensatz verneint werden, wird *ma* gebraucht.

> *lō ma sāʕaditni walā (~ ma) čān niğaḥit.* „Wenn du mir nicht geholfen hättest, hätte ich keinen Erfolg gehabt.“
> *lō ma ahli, čān riğaʕit.* „Wenn meine Familie nicht wäre, würde ich (in die Heimat) zurückgehen/ wäre ich (in die Heimat) zurückgegangen.“

18.2 Das Verb *xalla* „lassen“

Das Verb *xalla / yxalli* ist in den Texten schon des Öfteren vorgekommen. Seine Grundbedeutung ist „lassen“; wenn ein von *xalla* abhängiges Verb folgt, steht dieses im einfachen Präsens.

> *lēš ma txallī-ha tṭubb l-il-ġurfa?* „Warum lässt du sie nicht ins Zimmer eintreten?“
> *xall asōlf-ilkum fadd sālfa!* „Lasst mich euch eine Geschichte erzählen!“

Als Aufforderung an die 1. Person (Hortativ) steht der Imperativ *xalli* meist auch dann, wenn das Subjekt ein Plural ist (bei Letzterem ist aber auch *xallu* möglich):

> *xallīni ašūf iš-ṣāyir!* „Lass mich schauen, was passiert ist!"
> *xallīna nišrab čāy!* „Trinken wir einen Tee! ~ Lasst uns Tee trinken!"
> *xallūna nšūf!* „Lasst uns einmal sehen!"

Sehr häufig kommt es auch in der unveränderlichen Form *xall* vor. Es wird oft mit dem *di*-Präfix (siehe §8.3) kombiniert.

> *di-xall aḥči.* „Lass mich sprechen!"
> *xall itnām ma-yxālif.* „Lass sie (F.SG) doch schlafen, mir ist es egal."

18.3 Finalsätze

Finalsätze werden häufig durch die Konjunktion *ḥatta* eingeleitet, auf die unmittelbar eine Präsensform folgt.

> *riḥna l-il-maṭār ḥatta nšūf aṣdiqāʔna* „Wir fuhren zum Flughafen, um unsere Freunde zu sehen."
> *iğāna l-bārḥa ḥatta yğīb-ilna l-iflūs.* „Gestern kam er, um uns das Geld zu bringen."

18.4 Wunschsätze

Wunschsätze werden hauptsächlich durch *yārēt* eingeleitet, das auch im Sinne von „hoffentlich" verwendet wird. Manchmal wird auch *lō (bass)* gebraucht.

> *yārēt fadd yōm ašūfha!* „Wenn ich sie eines Tages wieder sehen würde!"
> *yārēt tigdar tiḥči ʕarabi.* „Wenn sie doch Arabisch könnte!"
> *yārēt lō tumṭur!* „Wenn es doch regnen würde!"
> *lō bass aʕruf wēna!* „Wenn ich nur wüsste, wo er ist!"

In feststehenden Formeln wird das Perfekt auch für Wünsche gebraucht.

> *ʕāšt īdič!* „Deine Hand (F) möge leben!" (sagt man, wenn jemand etwas Gutes gemacht hat)

18.5 Doppelte Markierung von Objekten

Manchmal wird ein direktes (Akkusativ-)Objekt durch eine ganz spezielle Konstruktion ausgedrückt, in welcher an das Verb ein Pronominalsuffix tritt, während das eigentliche direkte Objekt durch die Präposition *l-* eingeleitet wird. Das vorangehende Pronomen muss mit dem folgenden Objekt übereingestimmt werden.

Diese Konstruktion bewirkt eine gewisse Betonung und kann nur verwendet werden, wenn das Objekt bestimmt ist (meistens im Zusammenhang mit Personen).

*l-bārḥa šift**a** **l**-axūk.* „Gestern sah ich deinen Bruder."
*aʕruf**ha** **l**-Fāṭma tmūt ʕa-s-safrāt.* „Ich kenne Fatima, sie liebt Ausflüge über alles."

Auch indirekte Objekte werden sehr häufig in ähnlicher Weise ausgedrückt, nämlich durch *l-* und ein vorwegnehmendes Pronomen, dem dann das indirekte Objekt folgt.

*gitt-**la** **l**-abūk...* „Ich habe deinem Vater gesagt..."

18.6 Die Partikel *xō* ~ *xōb*

Die beiden Partikel *xō* und *xōb* (letzteres nicht mit Negation verwendet) sind dem Persischen entlehnt und werden oft am Beginn von Fragen und Aussagen, mitunter auch vor Befehlen, verwendet. Sie entsprechen oft den deutschen Partikeln „so", oder „doch", ihre genaue Bedeutung ist jedoch stark kontextabhängig. Häufig können sie nicht wörtlich übersetzt werden und verleihen dem Gesagten einfach einen gewissen Nachdruck. Beispiele:

xō (~ xōb) murr ʕalēna fadd yōm! „Komm uns doch einmal besuchen!"
xō ma tʔaxxarit ʕalēk. „Habe ich mich hoffentlich nicht verspätet?"
xō ayy wāḥid yigdar ysawwi hāḏa! „Also, das kann doch jeder machen!"
lēš itrūḥīn ib-baḥdič? xōb āni awaṣṣlič ib-ṭarīqi. „Warum gehst du allein dorthin? Ich habe doch denselben Weg und (kann) dich dort hinbringen."
xō ma nāwi tsāfir hassa w-il-waḏʕiyya xaṭra? „Willst du denn wirklich verreisen, wo doch die Lage gefährlich ist."

Wortfeld 16: Krankheiten und Beschwerden – *amrāḏ w mašākil ṣiḥḥiyya*

wiǧaʕ, yōǧaʕ	schmerzen, wehtun	w-ǧ-ʕ
wiǧaʕ PL *awǧāʕ*	Schmerz, Schmerzen	w-ǧ-ʕ
wiǧaʕ rās *ṣudāʕ*	Kopfweh, Kopfschmerzen	w-ǧ-ʕ / ṣ-d-ʕ
wiǧaʕ b-il-balāʕīm	Halsweh	
mašākil id-dawra / *mašākil il-ʕāda (iš-šahriyya)*	Regelschmerzen	
wuram, yōram	anschwellen, geschwollen sein	w-r-m

gaḥḥ, yguḥḥ	husten	g-ḥ-ḥ
gaḥḥa	Husten	g-ḥ-ḥ
našla	Schnupfen, Erkältung	n-š-l
manšūl	verschnupft, erkältet	n-š-l
ishāl	Durchfall	s-h-l
qabiḍ	Verstopfung	q-b-ḍ
baṭni ṣārat qabiḍ	ich habe Verstopfung	
zwāʕ	Erbrechen	z-w-ʕ
zawwaʕ, yzawwiʕ	erbrechen, sich übergeben	z-w-ʕ
dōxa	Schwindel	d-w-x
dāx, ydūx	schwindelig sein	d-w-x
ṣxūna	Fieber	ṣ-x-n
mṣaxxin	fiebrig sein	ṣ-x-n
ṣaxxan, yṣaxxin	Fieber bekommen	ṣ-x-n
ḥarāra (mirtifʕa)	erhöhte Temperatur	ḥ-r-r
araq	Schlaflosigkeit	ʔ-r-q
iltihāb	Entzündung	l-h-b
ltihab, yiltihib	sich entzünden	l-h-b
iktiʔāb	Depression	k-ʔ-b
ʕaraḍ PL *aʕrāḍ*	Symptom	ʕ-r-ḍ
ḥakk, yḥukk	jucken, kratzen	ḥ-k-k
īdi da-tḥukkni	meine Hand juckt (mich)	
kisar, yiksir ~ yiksur	brechen	k-s-r
kisarit īdi / kisarit riğli	ich habe mir die Hand/ das Bein gebrochen	
irtiğāğ (b-id-dimāġ)	Gehirnerschütterung	r-ğ-ğ d-m-ġ
iḍ-ḍaġiṭ mirtifiʕ / minxifiḍ	erhöhter/niedriger Blutdruck	ḍ-ġ-ṭ
nabiḍ ʕāli / nāṣi	hoher/niedriger Puls	n-b-ḍ
bōl ~ idrār	Harn	b-w-l
xurūğ	Stuhlgang	x-r-ğ
damm	Blut	d-m-m
flāwanza	Grippe	
duwa PL *adwiya*	Medikament	d-w-y
ḥabbāya PL *ḥabābi*	Tablette	ḥ-b-b
šarāb	Sirup	š-r-b

musakkin (alam)	Schmerzmittel	s-k-n
antibāyatik ~ muḏādd ḥayawi	Antibiotikum	
ašiʕʕa	Röntgenbild	š-ʕ-ʕ
ğibis	Gips	ğ-b-s
ğabbas, yğabbis	eingipsen, einen Gips anlegen	ğ-b-s
ḥassāsiyya min	Allergie gegen	ḥ-s-s
ʕindi ḥassāsiyya mn-il-ḥalīb	ich habe eine Allergie gegen Milch/Laktose	
ʕiyāda PL *-āt* *ʕiyādat diktōr*	Praxis, Ordination Arztpraxis	ʕ-w-d
fiḥaṣ, yifḥaṣ	untersuchen	f-ḥ-ṣ
wiṣaf, yōṣif	verschreiben	w-ṣ-f
rāčēta *waṣfa*	Rezept	r-č-y-t w-ṣ-f
nṣāb, yinṣāb	infiziert werden	ṣ-w-b
iṣāba	Infektion	ṣ-w-b
ğiraḥ, yiğraḥ	verletzen (körperlich und seelisch), verwunden	ğ-r-ḥ
ğariḥ PL *ğrūḥ*	Wunde, Verletzung	ğ-r-ḥ

Übungen zur Grammatik und Wortschatz

Ü 18.4 Übersetzen Sie:

1. Wenn du in Mossul geblieben wärst, hättest du Sami kennengelernt.
2. Wenn wir ein Auto gemietet hätten, wären wir nach Babylon gefahren.
3. Wenn wir doch wüssten, wo der Schatz (*kanz*) vergraben ist!
4. Wenn Dana kein Fieber hätte, wäre sie heute Abend zu uns gekommen.
5. Wenn ich viel Geld hätte, würde ich den Armen (*il-fuqarāʔ*) helfen.
6. Wenn es im Dorf (*qarya*) ein Spital gegeben hätte, wäre sie nicht gestorben.
7. Wenn du das Visum verlängert hättest, hättest du keine Probleme mit der Polizei gehabt.
8. Wenn meine Familie mich doch zum Fest besuchen würde!
9. Wenn ich einen Witz wüsste, würde ich ihn euch erzählen.
10. Wenn ich mir nicht den Fuß gebrochen hätte, wäre ich noch zwei Wochen in Bagdad geblieben.

Ü 18.5 Verbinden Sie jeweils einen Satzteil aus der linken Spalte mit einem aus der rechten Spalte, sodass sich sinnvolle und grammatisch richtige Sätze ergeben. Übersetzen Sie diese dann ins Deutsche.

lō čān ʕindi ǧawāz aḷmāni		čān šuwēna šabbūṭ il-yōm.
atmanna ʕindi hwāya flūs		alʕab šāṭi bāṭi.
lō ʕiddna bēt ib-xamis ġuraf		čān māt il-marīḏ̣.
lō yirǧaʕ iz-zaman biyya ʕašr isnīn lī waṛa		w-aštiri aḥdaṯ sayyāra.
lō bīna ḥēl miṯil gabuḷ		čān gidarit asāfir l-Amrīka.
lō ma iǧa d-diktōr il-bārḥa w-itlaḥḥaga		nugḷub id-dinya gaḷub.
lō čān ʕiddna wakit		čān kaffa kull ʕāʔilti.

Ü 18.6 Verwenden Sie die Möglichkeit der doppelten Markierung des Objekts.
Muster: *āni aʕruf Aḥmad.* → *āni aʕurfa l-Aḥmad.*

1. šiftu l-mudarris abu l-ʕarabi?
2. waddi s-sayyāra l-il-fītar!
3. xall insāʕid ha-l-maṛa č-čibīra!
4. abu ʕAli biṣaṭ ibna fadd baṣṭa mrattiba.
5. raḥ-aštiri l-gḷāda ḏ-ḏahab il-maṛti.

Ü 18.7 Verbinden Sie jeweils einen Satzteil aus der linken Spalte mit einem aus der rechten Spalte, sodass sich sinnvolle und grammatisch richtige Sätze ergeben. Übersetzen Sie diese dann ins Deutsche.

rāḥ yamm bēt ʕamma		ḥatta nʔammin mustaqbal banātna.
ṣadīqi xābarni l-yōm		ḥatta ašūf ʕadil!
ṣāḥōni		ḥatta tsāʕidni.
waddēt sayyārti l-il-fītar		ḥatta alaʕʕib iǧ-ǧahāl.
da-ništuġuḷ lēl nahār		ḥatta yuṭlub īd bitta.
hassa arūḥ l-il-bēt		ḥatta yṣalliḥha.
iǧētak il-yōm		ḥatta niṭlaʕ nilʕab ṭōba.
šaġġḷi l-igḷōb		ḥatta nišrab nargīla suwa.

Ü 18.8 Vervollständigen Sie die Sätze in sinnvoller Weise.

1. riḥna l-il-mōḷ ḥatta …
2. ǧīb wiyyāk sayyāra ḥatta …
3. min axaḏt id-diktōrā zārōni kull ṣadīqāti ḥatta …
4. ʕalli ṣōṭ it-tilfizyōn ḥatta …
5. riǧʕat umṃi l-is-sūg ḥatta …

Ü 18.9 Setzen Sie ein passendes Wort ein und übersetzen Sie dann: *xall-, xōb, umṃ, xō, abu, ḏall, ġēr.*

1. __________ ma štirēt-li hadiyya?
2. haḏāk ir-riǧǧāl __________ l-qamīṣ l-imxaṭṭaṭ yṣīr ibin ʕammi.
3. __________ ǧībū-li wyākum fadd čīs fawākih!
4. yaḷḷa l-xāṭri __________ l-yōm yammna!
5. šūfi hāy il-banūta! __________ ḥilwa māšāḷḷa!
6. __________ nistaʕǧil čēf mawʕidna baʕad wakit.
7. tʕurfīn hāy il-maṛa __________ šaʕar aḥmar?

Ü 18.10 Ordnen Sie die Wörter der passenden Kategorie zu und übersetzen Sie sie dann. Anschließend bilden Sie, wo es semantisch sinnvoll ist, den Plural.

laʔ! guṣṣa, yōǧaʕni, baṭin, āni wiyyāk, wiǧaʕ, xašim, xōš!, iṣbuʕ, mustašfa, ʕūfīni b-baḥdi, ḥinič, iltihāb, ī, čitif, tamām! rukba

rās	*gaḥḥa*	*bali*

Weiterführende Literatur

Abu-Haidar, Farida. "Baghdad Arabic." In *Encyclopedia of Arabic Language and Linguistics*. Band 1, Leiden: Brill, 2006: 222–231.

———. *Christian Arabic of Baghdad*. Wiesbaden: Harrassowitz, 1991.

Bar-Moshe, Assaf. *The Arabic Dialect of the Jews of Baghdad: Phonology, Morphology, and Texts*. Wiesbaden: Harrassowitz, 2019.

Bițună, Gabriel. "Politeness in the Spoken Arabic of Baghdad. A Pragmatic Approach." *Romano-Arabica* 12 (2012): 59–70.

Blanc, Haim. *Communal Dialects in Baghdad.* Cambridge (USA): Harvard Univ. Press, 1964.

Erwin, Wallace M. *A Basic Course in Iraqi Arabic*. Washington D.C.: Georgetown Univeristy Press, 1969.

———. *A Short Reference Grammar of Iraqi Arabic*. Washington D.C.: Georgetown University Press, 1963.

Grigore, George. "Expressing Certainty and Uncertainty in Baghdadi Arabic." In *Arabic Varieties: Far and Wide.* Hrsg. v. George Grigore und Gabriel Bițună, 259–66. Bucharest: Editura Universității din București, 2016.

———. "Expressing Conditionality in the Spoken Arabic of Baghdad." *Folia Orientalia* 41 (2005): 39–48.

Holes, Clive. "Colloquial Iraqi Arabic." In *Languages of Iraq, Ancient and Modern.* Hrsg. von John Nicholas Postgate. British School of Archaeology in Iraq, 2007: 123–134.

Jastrow, Otto. "Iraq." In *Encyclopaedia of Arabic Language and Linguistics*. Band 2, Leiden: Brill, 2007: 414–424.

———. "Zur arabischen Mundart von Mossul." *Zeitschrift für Arabische Linguistik* 2 (1979): 36–76.

Leitner, Bettina. 2019. "Khuzestan Arabic and the Discourse Particle *ča*." In *Studies on Arabic Dialectology and Sociolinguistics.* Hrsg. von Catherine Miller et al. Aix-en-Provence: IREMAM.

Maamouri, Mohamed. *The Georgetown Dictionary of Iraqi Arabic: Arabic-English, English-Arabic*. Washington, D.C.: Georgetown University Press, 2013.

Mahdi, Hussein Ali. *Die Routineformeln im Deutschen und im Irakisch-Arabischen*. Dissertation, Universität Marburg, 2010.

Malaika, Nisar. *Grundzüge der Grammatik des arabischen Dialektes von Bagdad.* Wiesbaden: Harrassowitz, 1963.

Masliyah, Sadok. "Abu and Umm in the Iraqi Dialect." *Journal of Semitic Studies* 43 (1998): 113–29.

———. "Colours in Iraqi Arabic." *Zeitschrift für Arabische Linguistik* 43 (2004): 26–42.

———. "Curses and Insults in Iraqi Arabic." *Journal of Semitic Studies* 46 (2001): 267–308.

———. "Oaths in Spoken Iraqi Arabic." *Journal of Semitic Studies* 44 (1999): 83–103.

———. "The Diminutive in Spoken Iraqi Arabic." *Zeitschrift für Arabische Linguistik* 33 (1997): 68–88.

McCarthy, R. J. & Faraj Raffouli. *Spoken Arabic of Baghdad.* 2 Bände. Beirut: Librairie Orientale, 1964.

Nasrallah, Nawal & Nadia Hassani. *Beginner's Iraqi Arabic with 2 Audio Cds: An Introduction to the Spoken Language of Iraq*. New York: Hippocrene Books, 2006.

Procházka, Stephan. "The Arabic Dialects of Northern Iraq." In *The Languages and Linguistics of Western Asia.* Hrsg. von Geoffrey Haig and Geoffrey Khan, Berlin-Boston: De Gruyter Mouton, 2019: 243–66.

Stowasser, Karl, Ronald G. Wolfe, Beverly E. Clarity. *A Dictionary of Iraqi Arabic. English-Arabic*. Washington D.C.: Georgetown University Press, 1964.

Woodhead, D.R. & Wayne Beene. *A Dictionary of Iraqi Arabic (Arabic-English).* Washington D.C.: Georgetown University Press, 1967.

* * * * *

* * *

*

Semitica Viva – Series Didactica

Herausgegeben von Otto Jastrow

5,2: Rima Aldoukhi, Stephan Procházka, Anna Telič

Lehrbuch des Syrisch-Arabischen 2

Damaszenisch für Fortgeschrittene
Unter Mitarbeit von Narine Grigoryan

2014. XII, 201 Seiten, 11 Abb., 1 Karte, 98 Tabellen, br
170x240 mm
ISBN 978-3-447-10222-3 *€ 38,– (D)*

Schwerpunkte dieses Bandes sind eine Vertiefung der Grammatik, insbesondere der Syntax, sowie der weitere Ausbau eines Grundwortschatzes. Er ist sowohl für allgemein am syrischen Dialekt Interessierte als auch für Studierende der Arabistik und Semitistik gedacht. Die Arbeit mit diesem Buch erfordert solide Kenntnisse der wichtigsten grammatikalischen Strukturen und einen Basiswortschatz des Syrisch-Arabischen.

6: Janet C.E. Watson

Təghamk Āfyət

A course in Mehri of Dhofar
with Abdullah al-Mahri, Ali al-Mahri, Bxayta Musallam Blēḥ Ḳhōr al-Mahri & Ahmed Musallam al-Mahri

2020. XXII, 324 pages, 1 ill., 3 maps, 175 tables, pb
170x240 mm
ISBN 978-3-447-11373-1 *€ 49,– (D)*

This book is the first coursebook to deal with the Modern South Arabian language, Mehri. Focussing on Mehri as spoken in Central Dhofar, Oman, the work results from several years' close collaboration with four native speakers of Mehri. The book is multimodal, supported by a large number of audio and audio-visual texts from the Mehri archive housed at the Endangered Languages Archive (ELAR) at the School of Oriental and African Studies, London. It comprises twenty lessons and a glossary of all terms occurring in the lessons. Dialogues within the lessons focus as far as possible on aspects of the traditional culture of the Mahrah, thus introducing the student not only to the language, but also to issues of cultural importance.